Messages de l'au-delà

La vie sur Terre et celle de l'après-mort

Serge Girard

Messages de l'au-delà

La vie sur Terre et celle de l'après-mort

FRANCE LOISIRS

Édition du Club France Loisirs,
avec l'autorisation des Éditions JCL.

France Loisirs,
123, boulevard de Grenelle, Paris
www.franceloisirs.com

ISBN 2-7441-7227-8

À toi qui as déjà ouvert ton cœur au plan divin.
À toi qui cherches et veux savoir.

TABLE DES MATIÈRES

Deuxième partie

LE MONDE DE L'AU-DELÀ

NOTE AU LECTEUR

Pour rendre le plus fidèlement possible l'enseignement que j'ai reçu, j'ai structuré chacun des chapitres de ce livre un peu comme me sont venus les propos tenus par nos frères de l'au-delà. Comme ceux-ci le faisaient dans nos échanges, je reprends sporadiquement, au fil du développement, des éléments qui apparaissent dans des lignes antérieures. Bien que cet ouvrage n'ait aucune prétention littéraire, il ne s'agit non pas d'un accroc aux règles de la composition, mais bien d'un procédé nécessaire à la compréhension des aspects traités.

Cette façon d'avancer dans notre sujet permet une intégration progressive de tout l'enseignement donné. Elle rappelle à notre Esprit les éléments clés qui situent chacune des parties en un tout cohérent et harmonieux.

*
* *

Désirant simplement partager mon expérience avec vous, j'ai cru approprié de ne pas vous plonger dans les dédales de mon analyse subjective. Je crois cependant que le modeste but de cet ouvrage implique que je me soumette humblement à celle que votre Esprit pourrait juger pertinente. J'ai donc préféré vous livrer tel quel ce que mon Esprit a intégré et accepté comme étant une base valable pouvant appuyer une honnête compréhension de l'homme et de sa destinée. C'est d'ailleurs la richesse morale de ce que j'ai reçu qui m'a finalement convaincu de vous dévoiler les fruits de ma recherche.

Si je regarde la période allant du décès de ma sœur Denise jusqu'à la fin des échanges médiumniques qui furent d'un niveau spirituel intéressant, soit de décembre 1981 à décembre 1986, j'y vois que je lus et analysai un très grand nombre d'ouvrages, dans le but d'abord de bien me préparer puis de confronter ce que les Esprits m'enseignaient. Bien sûr, cela ne me conférait pas une véritable culture ésotérique, du moins dans le sens intellectuel du terme, je sais que j'en suis encore bien loin, mais j'ai quand même pu me convaincre qu'on me livrait un solide fondement de vérité, du moins de celle qui est à notre pauvre portée.

***

J'aimerais attirer votre attention sur la concordance de certains messages que j'ai obtenus, notamment en ce qui concerne la composante de l'homme et l'évolution spirituelle de celui-ci, avec ce que nous enseigne déjà la thèse kardéciste. Sur ce point, il serait peut-être pertinent que vous sachiez que beaucoup de contre-interrogations furent soumises à mes interlocuteurs désincarnés pour en comprendre la raison d'être. Après tout, me disais-je, le monde de l'au-delà n'a-t-il pas intérêt à nous apporter de plus en plus d'éléments pouvant faire « progresser » notre réflexion métaphysique ?

À cela, je vous transmets leur réponse un peu parabolique qui vous plaira sans doute autant qu'à moi-même : « Si nous demandons à plusieurs chercheurs de différentes races, de différentes nations et de différentes cultures de nous définir la composition chimique d'une molécule d'eau pure, et ce par différentes façons, tous, sans exception, en arriveront à la même conclusion. »

Il en serait donc ainsi des messages déjà connus que les Esprits m'ont livrés. En d'autres mots, nous devons n'y voir qu'une confirmation que les Spirites du dix-neuvième siècle et leurs successeurs ne se sont pas trompés dans l'essentiel de ce qu'ils nous ont transmis : l'homme est bel et bien un Esprit réincarné en quête d'une plus grande évolution vers son Créateur.

S. G.

AVANT-PROPOS

Ce livre se veut avant tout un message d'espérance pour tous ceux et celles qui, assiégés par les assauts du monde actuel, cherchent la lumière pouvant raviver leur croyance en la survie de l'après-mort.

Partager l'expérience particulière que Dieu m'a permis de vivre peut, je le crois, contribuer à aiguiser chez ces derniers le désir d'avancer dans le sens véritable de la vie sur cette Terre.

Comme chacun des hommes d'ici-bas, l'après-mort m'intrigua dès la prise de conscience de mon existence. Comme vous tous, je cherchai à saisir le pourquoi de la mort au bout de la vie, elle-même parfois difficile à comprendre. Or, des événements peu communs m'ont amené à vivre une expérience extraordinaire qui dura un peu plus de trois ans : celle d'échanger directement avec ceux que nous appelons les morts. Ces échanges m'apportèrent de précieuses réponses aux questions que me posait mon interrogation spirituelle.

Je vous invite maintenant à suivre avec moi nos frères désincarnés qui ont eu la générosité de bien vouloir abreuver nos cœurs de l'eau vive du grand savoir.

Lorsque j'ai entrepris ma démarche spirituelle, j'étais à la recherche de réponses strictement personnelles ; par conséquent, je ne crois nullement être investi d'une mission divine particulière. C'est en observant mon entourage, en l'écoutant, que j'ai pensé que cet ouvrage pourrait rendre service à l'âme sincère en quête de DIEU.

C'est donc sans aucune prétention que je me livre dans ces lignes. Je veux simplement partager avec tous ceux et celles qui sont assoiffés du savoir spirituel l'humble chemin que j'ai pu parcourir.

Serge Girard

INTRODUCTION

Le véritable point de départ de ma recherche fut le décès de ma sœur Denise, survenu au crépuscule de sa trente-quatrième année.

De son vivant, ma sœur et moi avions convenu d'une entente touchant la preuve de la survie après la mort. Le premier qui mourrait devait, si Dieu le permettait, tenter de se manifester à l'autre. Or, elle respecta notre pacte. La nuit de sa mort, je me trouvais à plus de trois cents kilomètres d'où elle était hospitalisée. Je ne parvenais pas à m'endormir et je vis soudainement devant moi deux mains de femme, d'une grandeur démesurée, s'avancer lentement vers moi. Je sursautai dans mon lit et au même instant le téléphone sonna. On m'annonçait que ma sœur était agonisante et que ce n'était plus qu'une question de quelques heures. En raccrochant le téléphone, je vis, dans mon émotion, l'heure précise de sa mort imminente. J'en avertis tristement mes proches. Quand on nous confirma son décès, je priai et lui demandai un signe qui démontrerait sa survie. Aussitôt, un bout de papier depuis longtemps oublié, sur lequel j'avais écrit l'adresse d'un guérisseur huit ans auparavant, apparut soudainement au beau milieu d'une valise que mon épouse venait tout juste d'ouvrir.

À l'époque où j'avais utilisé ce bout de papier, un guérisseur réputé avait publicisé sa venue dans la ville où j'habitais. Ma sœur Denise m'avait alors téléphoné pour me demander de prendre rendez-vous pour elle. Lorsque j'avais enfin pu rejoindre le guérisseur en question, j'avais noté sur un feuillet à moitié déchiré les coordonnées qu'on m'avait données. C'est ce feuillet, disparu depuis que je l'avais remis à Denise elle-même, qui se matérialisait devant nous.

Une grande surprise, mêlée à une profonde émotion, nous en fit conclure que Denise nous signifiait non seulement sa survie, mais aussi le bien-être de son nouvel état.

À cinquante kilomètres de là, chez mes parents, des coups frappaient doucement à la fenêtre alors que rien ni personne n'était visible à cet endroit.

Plusieurs autres manifestations d'une nature très évidente se produisirent pendant toute la durée de l'exposition du corps. C'était comme si elle voulait nous dire qu'elle vivait toujours, tout en prenant soin de ne pas nous effrayer. Le calme revint et trois semaines plus tard, elle se manifesta à nouveau. Je m'étais éveillé au beau milieu de la nuit et je ne parvenais pas à me rendormir. Tout était silencieux et, soudain, j'entendis nettement sa voix. C'était comme si elle me parlait directement dans mon oreille interne droite. Quand elle cessa de parler, j'eus la nette impression qu'on l'avait empêchée de continuer. C'était la première fois que j'entendais ma sœur me parler de vive voix, directement de l'autre monde.

Après cette expérience impressionnante, j'entrepris résolument la recherche des moyens qui me permettraient d'entrer en communication avec l'au-delà. J'avais lu bien des ouvrages sur les manifestations spontanées, mais je ne m'étais encore jamais arrêté sur les moyens permettant d'échanger directement avec nos frères désincarnés.

Par mes nombreuses recherches, je découvris l'œuvre d'Allan Kardec, le père du spiritisme moderne. C'est à partir de ses consignes que j'entrepris de vérifier si je ne possédais pas quelques capacités médiumniques pouvant répondre à mes objectifs. Par un long et laborieux travail d'exercices d'écriture, un Guide de l'au-delà développa en moi le don de médiumnité d'écrivain. C'est par ce don merveilleux que l'on me transmit la plus grande partie des informations faisant l'objet de cet ouvrage.

Dès les premiers échanges, mon Esprit-Guide communiqua avec moi. C'est lui qui me mit en relation avec d'autres entités de l'au-delà. Il fut mon principal protecteur et mon conseiller spirituel. Son haut savoir et son niveau moral imprégnés d'une bonté débordante en firent un interlocuteur d'une très grande qualité. Grâce à lui, je pus enfin savoir et comprendre. Ma soif de connaître put enfin s'étancher, calmant ainsi mes protestations morales et mes objections spirituelles que nourrissait mon ignorance.

Pendant un peu plus de trois années d'échanges assidus avec l'au-delà, j'ai recueilli environ mille deux cents pages, écrites directement par les Esprits communicateurs. Dans ces pages apparurent les précieuses réponses aux multiples interrogations qui leur étaient posées. Pendant cette période, soit de septembre 1983 à décembre 1986, une ambiance de grande amitié régna constamment dans mes rapports avec nos frères désincarnés. Je trouvai une oreille attentive, un souci de vérité et un profond amour de l'humain.

En faisant l'inventaire des communications reçues, j'ai

regroupé en deux parties principales les informations susceptibles de vous intéresser.

Première partie

La première partie, que j'intitule « L'homme et sa nature », porte sur la compréhension de l'être humain. Elle fournit des explications sur ce que nous sommes dans notre nature la plus fondamentale. Des aspects de la vie humaine, qui nous semblent absurdes, y prennent un sens logique. Elle suggère un certain enseignement moral, en ce sens qu'elle nous indique l'orientation à donner à notre vie, mais elle apporte surtout l'explication des principales lois qui régissent notre existence. Cette première partie nous livre le point de vue de ceux de l'au-delà, sur vingt-huit aspects de la vie humaine nous concernant directement. De plus, elle nous prépare à mieux saisir les « pourquoi » et les « comment » de ce qui nous est appris sur la vie de nos frères d'outre-tombe.

Deuxième partie

La deuxième partie, que j'intitule « Le monde de l'au-delà », nous décrit directement de nombreux aspects de l'existence d'après-mort. Nous nous y faisons une idée des conséquences que certaines de nos actions, bonnes ou mauvaises, peuvent avoir sur notre vie posthume. Plusieurs témoignages que nos frères bienveillants ont bien voulu nous confier rendent encore plus vivantes les explications reçues. Enfin, les Esprits communicateurs nous apportent une vision concrète de l'autre monde, en prenant bien soin de nous faire comprendre l'intime relation qui l'unit étroitement au nôtre.

Comprendre ce que nous sommes et savoir où nous

allons sont là des conditions essentielles pour établir un rapprochement avec notre Créateur.

Je ne saurai jamais assez remercier Dieu d'avoir permis que je vive cette expérience extraordinaire. Je souhaite maintenant qu'elle puisse profiter à tous ceux et celles qui liront les humbles lignes qui vont suivre.

Première partie

L'HOMME ET SA NATURE

1

LES COMPOSANTES DE L'HOMME

La réflexion humaine sur la définition de l'homme a donné lieu à bien des conceptions philosophiques allant des plus sombres aux plus éclairées. Depuis les premières étincelles de son Esprit, l'homme de la terre cherche à se connaître et à comprendre l'intimité de son être. Or cette préoccupation du « qui suis-je ? » fut soulevée très tôt dans mes échanges avec l'au-delà.

Je pourrais résumer tout ce qu'on m'a enseigné sur la définition de l'homme par la simple phrase suivante : l'homme est un Esprit en phase d'incarnation. En d'autres mots, selon le langage de l'au-delà, l'homme est un Esprit dont l'enveloppe permanente est momentanément rattachée à un corps physique, véhicule intime de son incarnation, ce qui lui confère quatre composantes fondamentales : le corps physique, l'Esprit, le périsprit et la corde d'argent.

Le corps physique

La composante la plus évidente pour chacun des hommes de la Terre est sans contredit le corps physique. Il constitue le véhicule matériel permettant à l'Esprit d'agir directement dans le monde des incarnations. Le corps physique est essentiellement un instrument temporaire dont se sert l'Esprit en vue de sa progression spirituelle.

Le corps physique porte en lui toutes les pulsions charnelles. Il constitue ainsi un outil exceptionnel permettant à l'Esprit de triompher des désirs trompeurs stimulés par le monde de la matière.

Du point de vue de l'Esprit, le corps physique est un véritable voile opaque l'empêchant de voir clair. Il est un poids lourd à traîner, mais tout à fait nécessaire à sa progression intellectuelle et morale.

Dans sa période d'incarnation, l'Esprit y est rattaché de la première seconde de la conception jusqu'à l'instant suprême de la mort physique.

L'Esprit

L'Esprit humain est fondamentalement une étincelle divine. Chez les Esprits avancés, il brille de tous ses feux, projetant ses rayons chaleureux d'amour et de bonté. Chez les Esprits inférieurs, il est tel un tison qui n'attend que le souffle pour s'enflammer.

L'Esprit est le siège de la personnalité. C'est le moi, avec toutes ses forces et ses faiblesses autant intellectuelles que morales. Pendant l'incarnation, c'est l'Esprit qui se personnalise dans le corps physique.

Le périsprit

C'est l'enveloppe permanente de l'Esprit. C'est grâce à cette composante que l'Esprit peut exprimer son individualité après la mort. Sans cette enveloppe, l'Esprit ne serait qu'énergie et lumière sans aucune forme déterminée. C'est en fait un corps semi-matériel qui lui donne la même forme qu'un corps physique. C'est grâce au périsprit que les Esprits peuvent se reconnaître entre eux, dans l'au-delà.

Le périsprit ou corps périsprital est très important pour la compréhension de l'être humain. Cette enveloppe de l'Esprit est le siège de la sensibilité où se répercute tout ce que vit l'Esprit dans son corps physique. Tous les événements vécus y ont leur résonance directe. Après la mort corporelle, l'Esprit y conserve la trace de ses victoires et de ses échecs. C'est pour cela que, dans l'au-delà, nul ne peut cacher quoi que ce soit, car tout est inscrit dans le périsprit, même le plus intime des secrets.

C'est aussi grâce à cette enveloppe fluidique que l'Esprit peut maîtriser son corps physique pendant son incarnation. Sans lui, l'Esprit ne pourrait pas transmettre les ordres psychomoteurs à son corps charnel. L'utilisation de ce dernier lui serait alors impossible. Il constitue le tampon indispensable à toute action de l'Esprit dans le monde matériel.

Chacune des moindres parties du corps charnel y trouve son équivalent. C'est un peu comme un corps physique complet, mais d'une nature qui se veut de plus en plus subtile au fil des incarnations.

Pendant l'incarnation, des ramifications fluidiques y apparaissent au faîte de la tête et sous les pieds, formant des genres d'antennes. Ces dernières ont pour fonction de capter les énergies cosmiques et telluriques indispensables au maintien de la santé physique et psychique.

La corde d'argent

Pour transmettre le flux vital à son corps physique, l'Esprit a besoin d'une connexion directe l'y reliant. Cette connexion constitue un genre de cordon ombilical conducteur faisant partie intégrante du périsprit. Les Esprits l'appellent la corde d'argent, à cause de son apparence argentée. Chez chacun d'entre nous, ce cordon est rattaché au corps physique dans la zone comprise entre le milieu du sternum et la partie supérieure du ventre.

La description qu'en font les Esprits qui se sont manifestés correspond exactement à ce que j'ai moi-même observé lors d'un événement douloureux que j'ai vécu il y a plusieurs années. Ma fille cadette était très gravement malade. Les médecins craignaient beaucoup pour sa vie. L'enfant dormait dans son lit d'hôpital et je la regardais en priant Dieu de bien vouloir la sauver. Je vis alors cette corde d'argent, comme si elle se matérialisait devant moi. Elle semblait attachée au buste, un peu plus haut que la pointe du sternum. Elle montait au-dessus du corps, légèrement tournée en spirale. Elle atteignait le plafond de la pièce et le traversait. Sa couleur était d'un blanc transparent avec des nuances argentées. Elle était de forme aplatie et pouvait mesurer environ cinq ou six centimètres de large. Elle me fut visible quelques secondes à peine. C'est après cette vision que mon enfant prit le chemin de la guérison.

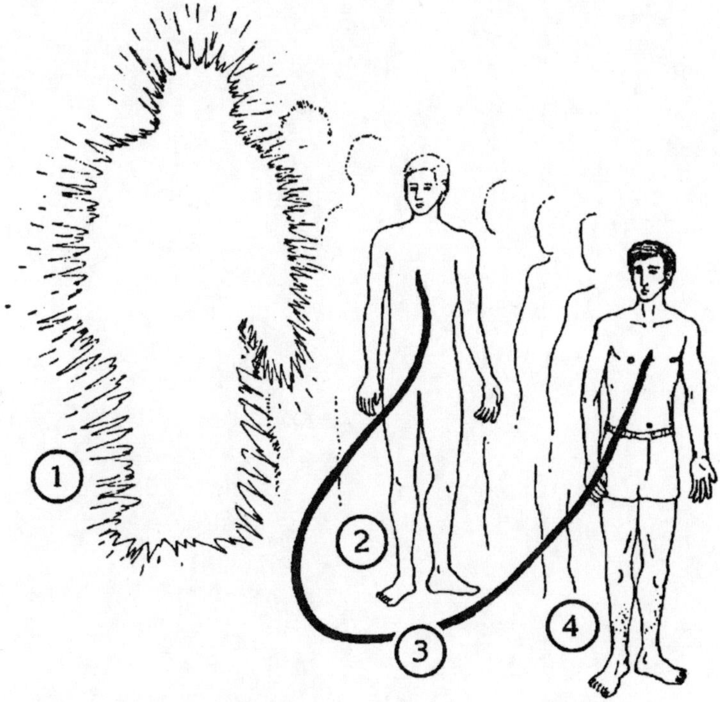

1. L'Esprit *(siège de la personnalité)*
2. Le périsprit *(enveloppe permanente de l'Esprit)*
3. La corde d'argent *(cordon transmetteur du flux vital)*
4. Le corps charnel *(véhicule temporaire de l'incarnation)*

2

LA RÉINCARNATION

Mon éducation religieuse, inspirée de l'enseignement catholique romain, m'a longtemps fait rejeter l'idée de la réincarnation. De plus, toutes les théories que je connaissais débouchaient sur des fantaisies que ma raison ne pouvait accepter. Par contre, le gros bon sens le plus élémentaire m'empêchait aussi d'admettre gratuitement qu'une seule vie puisse sceller notre sort pour toute une éternité ; la disproportion étant tout à fait incompatible avec l'idée d'un Dieu infiniment juste. De plus, en regardant autour de moi, je ne comprenais pas pourquoi il y avait toutes ces différences dans le sort de chacun.

Les inégalités sociales, affectives, morales, intellectuelles et physiques faisaient qu'il me semblait que nous ne partions pas du même pied.

Pourquoi certains étaient-ils si favorisés par rapport à d'autres ? Pourquoi naître de parents criminels ? Pourquoi devenir orphelin ? Pourquoi toutes ces jouissances aux uns et tant de souffrances aux autres ? Pourquoi certains ont-ils tant de talent, alors que d'autres n'en ont pas ?

De multiples questions fusaient en moi et personne ne m'apportait de réponses qui me semblaient vraiment valables. C'est par l'explication du principe de la réincarnation donnée par nos frères de l'au-delà que je compris enfin que tout cela entrait logiquement dans le plan divin, dont l'application ne vise qu'un seul but : la progression spirituelle de l'homme.

La croyance en la réincarnation est très ancienne. Même l'Église catholique, à ses débuts, l'a acceptée pendant près de trois siècles. Une foule d'interprétations en ont été données, allant des plus invraisemblables aux plus réalistes. Celle que j'ai reçue par mes recherches revêt un caractère tout à fait rationnel. Voici la synthèse de ce que j'en ai obtenu.

Lorsque Dieu crée un Esprit, il le crée ignorant et sans tendance ni vers le bien, ni vers le mal. Tous les Esprits, à leur création, partent donc du même point zéro. C'est par l'incarnation que chacun apprend et applique ce qu'il comprend lui être nécessaire à son avancement. Il doit donc très tôt prendre un corps de chair, d'abord pour s'essayer à la vie, puis pour sortir vainqueur du combat spirituel. Les premières vies humaines sont très proches de la vie animale, mais l'homme y apprend à se distinguer de la bête. Après ses premières morts corporelles, l'homme a déjà certains acquis. Bien que la route ne fasse que commencer, il est de moins en moins primitif. Il exprime cette potentialité qui lui permettra de finir un jour par tout savoir en toutes choses.

Une seule vie ne lui est donc pas suffisante. Il devra reprendre à nouveau d'autres corps de chair pour apprendre encore et encore et ce, jusqu'à l'atteinte de la connaissance suprême et de la perfection morale.

Des Lois immuables et éternelles régissent la succession des réincarnations ; Lois qui reflètent constamment la perfection divine. Chaque incarnation poursuit des buts à centration unique. Elle vise soit la croissance intellectuelle, soit la croissance morale, mais non les deux à la fois.

Chacun des acquis soldés à nos nombreux décès nous est garanti pour toute l'éternité. Par exemple, celui qui a déjà vaincu l'épreuve de l'honnêteté dans une vie antérieure ne deviendra jamais un voleur, même s'il est éduqué dans un milieu délinquant. Son acquis d'honnêteté lui est garanti pour toute la vie éternelle, il l'a vaillamment gagné et personne ne pourra jamais le lui enlever. Il en est ainsi pour toutes les autres faiblesses vaincues et les défauts corrigés.

D'une incarnation à l'autre, il apprend à mieux choisir et à mieux réagir. Il s'épure lentement et se grandit en connaissance. Petit à petit, il dégage de son être l'étincelle divine qui l'anime.

Toute la justice divine y applique sa perfection infinie. Les acquis ne pouvant se perdre, chacun y trouve son compte selon les mérites de ses efforts actuels et passés.

Les Esprits n'ayant pas tous le même âge, il s'en trouve qui ont déjà fait beaucoup de chemin. Les plus anciens sont déjà très avancés et ceux-ci peuvent alors aider les plus jeunes à progresser dans le bon sens. Ces Esprits anciens ont été identifiés par l'humanité comme étant soit les manitous, les divinités amis, les saints, les archanges et bien d'autres appellations propres à chacune des cultures religieuses ayant existé dans l'histoire de l'homme terrestre.

Toutes ces entités supérieures sont de même nature que nous. Ce sont des créatures divines qui ont commencé ignorantes et qui se sont grandies à travers les incarnations successives.

Cette impossibilité de régression dans notre développement donne un sens complet à l'idée d'un Dieu infiniment juste et bon. Il nous permet de comprendre enfin les semblants d'inégalités que nous observons dans les conditions humaines. Les Esprits n'ayant pas tous les mêmes acquis, n'ayant pas non plus les mêmes choses à développer, ne prenant pas les mêmes moyens pour parvenir au but, il s'ensuit que ce qui nous paraît une condition défavorable dans l'incarnation peut, en réalité, constituer le contexte idéal permettant de vaincre une faiblesse ou de grandir plus vite.

Nos incarnations terrestres visent essentiellement des objectifs d'épuration et des épreuves d'avancement. Il ne faut donc jamais trop s'attendre à y recevoir des récompenses tangibles que nous pourrions peut-être mériter. C'est uniquement dans l'au-delà et ailleurs que l'homme trouve sa récompense. Ce qui peut nous apparaître comme des conditions privilégiées ne sont jamais plus que des défis nécessaires à l'Esprit pour vivre ce qui lui est demandé.

En ce sens, celui qui souffre sur la Terre, peut très bien être un Esprit en punition, comme il peut être aussi un Esprit plus avancé qui veut monter plus vite en prenant des conditions qui l'inciteront à se dégager davantage de la matière.

Plus encore, d'après les témoignages de l'au-delà, nous ne devrions jamais envier celui qui a la vie facile sur la Terre. En effet, la réalité peut être beaucoup moins enviable. Si c'est un Esprit paresseux qui n'ose pas encore faire les pas déterminants, le ralentissement ainsi provoqué l'incitera par la suite à devoir prendre les bouchées doubles. Si c'est un Esprit en repos, il s'agit d'un être ayant beaucoup à endurer soit pour payer, soit pour s'éprouver. Les futures incarnations étant très difficiles à vivre, Dieu leur accorde des périodes de repos leur permettant de passer à travers les épreuves à venir. D'après les Esprits, Dieu permet cela pour ceux qui, autrement, auraient des réactions suicidaires quasi perpétuelles face à l'épreuve trop intensive. S'il s'agit d'Esprits s'étant surestimés dans leurs capacités de vaincre leur égoïsme dans la facilité, ils accumulent des dettes à rembourser tout en se condamnant à de pénibles rachats.

Bref, chacun vit dans des conditions qui lui conviennent, suivant les buts de l'incarnation qui ont été déterminés.

À chaque incarnation se rattache une période de préparation que doit suivre l'Esprit dans l'au-delà*. Cette période de préparation peut être plus ou moins longue, suivant le degré d'avancement de l'Esprit.

Déjà, dans les premières incarnations, les différences commencent à ressortir entre les Esprits. Certains écouteront vite les conseils alors que d'autres seront plus longtemps étourdis. Certains choisiront le bien dès le début, alors que d'autres se retarderont dans le mal. Ce qui fait qu'il y a des Esprits qui avancent vite et d'autres beaucoup plus lentement.

Grâce aux acquis garantis, l'Esprit est toujours assuré de ne jamais reculer. Il sait qu'il ne peut qu'avancer ou stagner. Les périodes de stagnation sont souvent accompagnées d'endettements supplémentaires, de comptes à régler qui s'accumulent. Mais un temps vient où chacun, sans exception, comprend que la loi est d'avancer sans cesse. Un jour, tous, du plus ignoble au plus saint, finissent par atteindre la perfection en payant le prix des souffrances de l'incarnation.

Quelques recherches scientifiques ont déjà été faites sur le phénomène de la réincarnation. Des cas assez révélateurs d'enfants se souvenant de vies antérieures ont été

* Nous verrons dans la deuxième partie, cinq témoignages sur la préparation à la réincarnation (p. 269 à 277).

étudiés pour en vérifier la véracité. Un grand nombre de cas types ont déjà fait l'objet de parutions. En voici, dans leurs grandes lignes, deux exemples qui furent répertoriés et analysés.

Sa vraie famille

Un jeune enfant ne cesse de répéter que sa vraie famille habite dans une ville éloignée. Il cite des noms précis et décrit même son ancienne demeure. Plus tard, les parents de l'enfant acceptent de soumettre le cas à une analyse approfondie. Ils partent pour la ville dont parle l'enfant. Sur place, celui-ci reconnaît la maison et décrit son intérieur avant d'y entrer.

La vérification démontre que tous les détails sont exacts. Il dirige même les enquêteurs vers une cachette qu'il dit avoir eue dans sa vie d'avant. Tous les objets décrits par l'enfant y sont trouvés. L'enfant reconnaît même sa veuve qu'il a laissée en mourant et parle des enfants qu'il a eus avec elle. Tous les détails sont encore démontrés exacts.

L'enfant à la cicatrice

Un enfant naît avec une cicatrice à la gorge. Plus tard, il raconte se souvenir d'avoir été assassiné dans un bois par deux brigands. Il ne cesse de dire que c'est pour cette raison qu'il a une cicatrice. Il se souvient même du nom qu'il portait et de la ville où il demeurait. Les enquêteurs s'y rendent avec l'enfant. Là, il reconnaît les assassins qui l'ont jadis poignardé à la gorge. Les deux hommes sont interrogés et la vérification des détails fournis par l'enfant suffit largement à les inculper de meurtre. Les deux hommes décontenancés durent avouer leur crime qu'ils croyaient oublié avec les années.

Plusieurs autres cas semblables ont été publiés. En fait, chacun d'entre nous est susceptible d'en être un jour le témoin. Mais souvent nos préjugés empêchent les enfants de s'exprimer et de nous livrer ainsi des messages qui seraient fort révélateurs.

Les cas d'enfants se souvenant de leurs vies antérieures ont deux choses en commun : ils étaient décédés de mort violente et leur réincarnation se fit très rapidement après leur décès. Les souvenirs s'effacent ensuite au fur et à mesure qu'ils approchent de la puberté.

3

LA NAISSANCE

Pour l'Esprit encore trop inférieur, la naissance dans la chair n'est qu'une nécessité inévitable. L'appel de la réincarnation exerce alors une force irrésistible et il ne peut que se plier à cette loi immuable. S'il n'a pas su profiter de son erraticité pour se préparer, c'est que son souci fut trop obnubilé par son attachement matériel et son aveuglement moral. Un mécanisme de cause à effet automatique est alors prévu pour éviter à cet Esprit un piétinement continu. Il doit subir ce que d'autres ont pensé pour lui. Il en est ainsi pour tous les Esprits encore trop moralement ignorants pour évaluer les conséquences de leurs actes passés, en fonction des actes futurs à poser.

Pour l'Esprit plus avancé, chaque naissance est un grand événement. C'est une autre étape qui lui permet de mettre en pratique tout ce qu'il a appris de neuf. C'est l'occasion d'améliorer son sort dans l'au-delà et de se rapprocher de Dieu.

Choix des parents

Que nous naissions dans telle famille plutôt que dans telle autre n'est pas le fait du hasard. Les conditions de vie dans lesquelles nous évoluons ont été étudiées avant d'être acceptées. Chaque étape de la vie que nous menons est en fonction directe de notre degré d'avancement et des buts que nous poursuivons.

Pendant la préparation qui s'effectue dans l'au-delà, plusieurs Esprits peuvent postuler pour avoir tels ou tels parents dans leur future vie. Ils procèdent, avec l'aide des Esprits plus avancés, à leur évaluation par rapport aux buts qu'ils auront à atteindre. Les futurs parents y participent pendant leurs périodes de sommeil, alors que leurs Esprits reviennent momentanément dans le monde de l'au-delà.

Lorsque le temps est venu, c'est Dieu lui-même qui détermine qui naîtra des futurs parents choisis. Ces parents sont souvent des Esprits qui ont déjà vécu avec celui qui va naître. Un grand nombre préfèrent revenir avec ceux qu'ils ont déjà connus. Ainsi, le père d'un enfant peut avoir déjà été le fils ou la fille de celui-ci ou encore son ami.

Il arrive parfois que des Esprits qui veulent absolument naître de certains parents ne puissent le faire pour des raisons biologiques. Comme exemple, on me cita le cas d'un Esprit qui devait développer son sens artistique. Il ne pouvait obtenir les parents demandés, parce que ceux-ci n'avaient pas le bagage génétique suffisant pour y arriver. Dieu accepta alors qu'il naisse d'une mère compatible ne pouvant garder son futur nouveau-né. Les Guides se chargèrent ensuite de favoriser les conditions pour que les parents voulus puissent adopter cet enfant. De cette sorte, l'Esprit reçut à la fois son talent et les parents qu'il lui fallait.

Les conditions de vie que les parents offrent à leurs enfants sont celles dont ils ont besoin pour atteindre leurs buts. Pour un, ce sera la misère qui l'aidera à comprendre la souffrance des autres. Pour un autre, ce sera la richesse pour pouvoir apprendre à aider les démunis et vaincre son égoïsme. Un Esprit repenti voudra naître dans un milieu criminel pour mettre ses bonnes résolutions à l'épreuve. Un Esprit inférieur peut demander des parents avancés pour avoir un bon soutien. Il sera alors une épreuve pour ses parents l'ayant accepté en Esprit. Il en est ainsi pour tous les autres buts inhérents à chaque incarnation.

Un cas assez intéressant me fut présenté, confirmant ce que nous disent les Esprits sur cette présence du futur nouveau-né autour de sa famille choisie. La personne qui me raconta ce qui suit m'en parla du fait qu'elle en avait toujours été troublée et qu'elle cherchait à en comprendre le sens.

Marion est la fille cadette d'une famille de cinq enfants. Lorsque ses parents apprirent sa venue, ils habitaient un quatre pièces ne possédant que deux chambres à coucher. La naissance d'un nouveau-né rendant les lieux beaucoup trop petits, ils durent emménager dans un autre logement plus accommodant. Lorsque Marion vint au monde, les siens demeuraient dans leur nouvelle maison depuis déjà quelques mois. Vers l'âge de dix ans, Marion se remémorait, avec ses parents, un fait anecdotique qui leur était arrivé plusieurs années auparavant. Ses parents furent alors très surpris, car ce qu'elle racontait était arrivé deux ans avant sa naissance et personne n'en avait jamais parlé. Marion pouvait même décrire toute la scène avec les détails précis concernant le décor de la pièce. Marion fut abasourdie d'apprendre qu'elle n'avait jamais connu cet endroit-là, même si elle en possédait tous les détails.

Pour elle, il ne fait toujours aucun doute qu'elle y était présente. L'explication que nous donne l'au-delà est la seule qui satisfit son questionnement sur ce fait peu coutumier.

La conception

Lors de la conception, l'Esprit à naître joue un rôle très actif. Une fois que Dieu a accepté qu'il naisse dans les conditions choisies, les Esprits-Guides soutiennent son action pour que tout se passe comme prévu.

L'heure de la conception est souvent favorisée par les Guides. Connaissant bien, par leurs études, le cycle biologique de la future mère, ils tentent de profiter au maximum de la courte période dont dispose l'Esprit à naître. Ils favorisent ainsi les conditions qui, autrement, pourraient devenir trop difficiles.

Selon le témoignage de tous ceux qui se sont manifestés, il y a véritablement naissance à la vie charnelle dès la conception. Lorsque le spermatozoïde pénètre dans l'ovule, les Guides aident l'Esprit à y planter les racines semi-fluidiques de sa corde d'argent. Cette corde d'argent était demeurée entourée autour de son périsprit depuis sa dernière mort charnelle, en attendant de redonner vie à un autre corps. Si l'Esprit ne peut y parvenir, le flux vital ne peut passer et il n'y aura pas de grossesse achevée.

Conjointement à cette jonction vitale, le corps qui commence est plongé dans un plasma de fluide animalisé. Ce plasma fluidique va baigner chaque cellule du corps physique pendant toute la durée de sa vie terrestre. Il contribue à la nutrition énergétique du corps au même

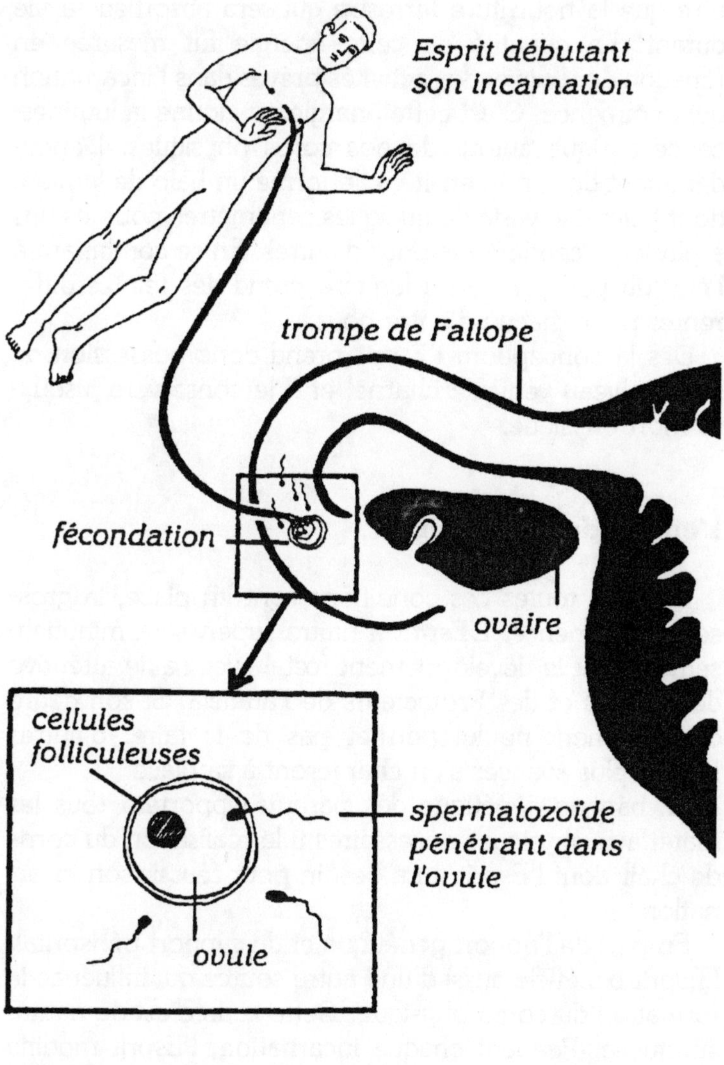

Dès la conception, l'Esprit prend possession de son nouveau véhicule charnel. Il le conservera jusqu'à sa mort.

titre que la nourriture terrestre qui sera absorbée sa vie durant. La quantité de cette énergie fut mesurée en fonction des buts et des activités prévus dans l'incarnation qui commence. C'est cette énergie qui donne la luminescence aurique autour de nos corps physiques. Dépendamment de son intensité, elle forme un halo de lumière dont l'étendue varie de quelques centimètres pour les uns à plusieurs centimètres pour d'autres. En se combinant à l'état du périsprit, cette lumière prend des teintes différentes pour chacun d'entre nous.

Dès la conception, l'Esprit prend donc possession de son nouveau véhicule charnel et il le conservera jusqu'à sa mort physique.

L'entrée dans la chair

Dès que toutes ces conditions sont en place, la grossesse commence. L'Esprit à naître supervisera minutieusement tout le développement fœtal avec l'aide attentive des Guides et des Protecteurs de l'au-delà. Si son degré d'avancement ne lui permet pas de le faire, d'autres Esprits plus avancés s'en chargeront à sa place.

La banque génétique des parents apportera tous les matériaux physiques nécessaires à la réalisation du corps de chair dont l'Esprit aura besoin pour réussir son incarnation.

En plus de l'apport génétique et du support périsprital, l'Esprit bénéficie aussi d'une autre source qui influence la formation du corps physique. Cette source est de nature spirituelle. Pendant chaque incarnation, l'Esprit modifie son champ d'énergie qui l'entoure. C'est un genre d'atmosphère personnelle constituée de matériaux négatifs ou positifs qui découle directement des actions et des pensées qu'il a vécues dans ses incarnations antérieures. Ce champ d'énergie influencera les caractéristiques du corps en formation et sera un des éléments déterminants dans l'élaboration du plan de vie.

En juxtaposition à cette banque, le périsprit sert de support de formation au bagage génétique qui apporte aux matériaux son modèle à suivre. Sans ce support périsprital, le code génétique serait inopérant. C'est grâce à lui que l'Esprit peut puiser les matériaux qui sont compatibles avec l'état de son épuration et le plan de vie qui fut tracé. Pour bien comprendre l'importance du modèle périsprital, disons que si l'homme a des oreilles, c'est parce que le sens de l'ouïe est présent dans son périsprit ; s'il a des yeux, c'est parce que le sens de la vue est présent dans son périsprit et ainsi de suite.

C'est par la corde d'argent que ces informations sont transmises vers le corps en formation. Cette transmission du modèle périsprital durera d'ailleurs toute la vie de l'incarné. C'est ce qui permet à l'Esprit de maintenir son corps intègre dans le renouvellement cellulaire. Il doit cependant fournir à ce corps physique la nourriture quotidienne qui lui apportera les fluides nourriciers nécessaires au maintien de la vie charnelle.

Lorsqu'une infirmité arrive à se développer, ce n'est jamais un accident de parcours. Lorsque Dieu autorise l'incarnation, il autorise aussi les conditions s'y rattachant. Il arrive que dans la chaîne des incarnations, l'Esprit doive vivre une infirmité physique pour se grandir. Il choisit alors des parents dont le bagage génétique et la voie d'avancement permettent de réaliser l'épreuve à supporter. Cette épreuve sera alors autant pour l'Esprit qui naît que pour les parents eux-mêmes.

L'Esprit supervise donc tout cela, en pleine connaissance de ce qui l'attend. Dans les premières semaines de grossesse, l'Esprit se tient généralement en dehors du corps en formation. Le plus souvent, il ne fera ses premières entrées corporelles que vers le septième mois de gestation. Certains attendent même l'expulsion du corps pour expérimenter leur première entrée. Cette première entrée dans la chair, il la répétera toute sa vie terrestre, chaque fois qu'il sortira de son sommeil naturel.

Pendant tout ce temps, il vit dans les mêmes conditions que l'adulte qui sommeille. En fait, il n'y a aucune différence entre la situation d'un adulte qui sommeille et celle d'un fœtus en développement, sauf le degré de vieillissement de la masse charnelle.

Pendant toute la grossesse, l'Esprit est conscient de ce que se passe autour de lui. Le moindre commentaire de ses parents ne lui échappe pas. C'est progressivement qu'il perdra de sa lucidité d'Esprit. Le voile se fermera complètement pendant les premières années de son enfance. Par la suite, seuls certains individus spécialement organisés pourront garder le contact conscient avec l'au-delà.

Une expérience de sortie astrale involontaire m'a permis de me faire une idée précise de ce que les Esprits entendent par l'entrée dans la chair. Un matin, en sortant de mon sommeil, je me réveille non pas comme d'habitude dans mon corps de chair, mais en dehors, à un mètre de mon lit. Je suis tout près du pied du lit et je vois distinctement mon corps physique dormir calmement près de mon épouse. Curieusement, la situation me semble normale. Je longe le mur de la chambre et me dirige vers la fenêtre dans l'intention de regarder à l'extérieur. Rendu à la fenêtre, je me rends compte que ma taille a diminué de près de trente centimètres. Je m'observe et je constate que j'ai toujours un corps de même apparence que celui qui dort devant moi. La sensation que je ressens est très agréable. Mes sens semblent plus aiguisés. Je trouve confortable de ne pas avoir à sentir le poids de la chair. Soudain, j'entends la sonnerie du réveil-matin. Sans aucun effort, je passe à travers une chaise placée près de la fenêtre et me dirige vers le lit. Je passe ensuite à travers le lit et, dans un mouvement continu, j'entre dans mon corps et allonge mon bras pour arrêter la sonnerie. Je n'ai senti aucun choc. Tout s'est fait sans heurt, dans une douceur naturelle ne me permettant pas d'identifier le moment exact où j'ai eu le contrôle du corps physique. J'ai remercié Dieu de m'avoir permis de vivre cette expérience. Je comprenais ce que voulaient me dire les Esprits communicateurs en parlant de l'entrée de l'Esprit dans le corps.

4

LE PLAN DE VIE

Lorsque l'Esprit se lance dans la vie d'incarné, ce n'est pas à l'aveuglette. Dieu ne laisse jamais ses enfants à la merci d'un quelconque ballottement du hasard. Chaque incarnation donne lieu à une minutieuse préparation qui débouche sur une planification des événements qui seront de nature à favoriser l'atteinte des buts fixés par l'Esprit.

Suivant cette planification, l'Esprit grandit soit en intelligence, soit en moralité. Elle tiendra scrupuleusement compte de son degré d'avancement, de l'histoire de son cheminement et même de son choix dès qu'il sera suffisamment avancé pour le faire. En fait, seuls les Esprits vraiment inférieurs doivent se plier aux conditions imposées. Tous les autres participent à leur préparation. Ils acceptent librement le plan conseillé, après l'avoir étudié. Un plan de vie s'élabore ainsi, chaque fois que de nouvelles incarnations sont nécessaires.

Tous les événements majeurs de notre vie sont donc fixés à l'avance. Qu'ils prennent l'image de pleurs ou de joies, de souffrances ou de plaisirs, ils n'ont qu'une seule raison d'être : notre progression spirituelle. Chacun des Esprits suit donc un chemin tenant compte de ses forces et de ses faiblesses. Nul ne reçoit d'épreuves au-dessus de ses moyens. Lorsqu'il ploie sous leur poids, c'est qu'il n'y met pas la volonté dont il est capable.

Dieu ne veut qu'une chose, que nous nous dégagions du mal et de l'attrait de la matière pour vivre enfin tout près de Lui, de la vie de l'Esprit. Les épreuves qui font tant souffrir ne sont donc jamais une punition divine. Elles ne sont que l'application du plan qui fut déterminé pour notre avancement. Les souffrances sont parfois la résultante de notre ignorance morale manifestée dans des incarnations antérieures. Dans ces cas, nous devons, à notre tour, ressentir la souffrance que nous avons infligée aux autres, pour en tirer une leçon éternelle. Elles peuvent être aussi un moyen d'accélérer notre avancement. Dans la souffrance, nous sommes plus portés à nous détacher des attirances matérielles et à nous tourner vers Dieu.

Le plan de vie détermine donc le cadre majeur dans lequel notre vie terrestre va s'écouler. Que ce soit le choix des parents, le statut social, l'état de santé, le choix du conjoint, les enfants, les épreuves et même la mort, rien n'est laissé à l'étourderie du hasard.

Ce plan de vie va même déterminer qui nous côtoierons dans notre incarnation, afin qu'il y ait compatibilité des plans de vie. L'influence que nous avons les uns sur les autres ne devra pas aller à l'encontre de ce qui est prévu. Les Esprits-Guides veilleront donc à ce que chacun puisse vivre ce qui a été planifié pour lui, en favorisant les conditions nécessaires.

Ainsi, celui qui doit connaître la pauvreté pour en vivre les conséquences ne pourra pas s'unir à un conjoint fortuné. Il aura beau jouer indéfiniment à la loterie, jamais il ne sera riche si cela ne va pas dans le sens de son plan de vie. Celui qui doit subir les épreuves d'un conjoint difficile aura beau divorcer, il s'unira à nouveau à quelqu'un qui lui fera achever l'épreuve commencée.

Lorsque nous protestons face à cette explication du plan de vie, en alléguant le principe du libre arbitre, les Esprits communicateurs nous répondent que nous comprenons mal le libre arbitre.

La liberté que Dieu a donnée à l'homme, c'est celle de choisir entre le bien et le mal, entre la progression ou la stagnation. C'est dans ses périodes d'erraticité, ce temps entre les incarnations, que l'Esprit est le plus libre. Il peut étudier, tenter de profiter des leçons antérieures, se préparer avec minutie. Il peut aussi ne pas profiter de ces possibilités que Dieu lui offre. Mais que ce soit dans un cas ou dans l'autre, chacun doit assumer pleinement les conséquences de ses choix. Or, ce sont ces conséquences qui déterminent directement le cadre dans lequel s'applique le libre arbitre.

Une fois l'Esprit incarné, le libre arbitre devient plus limité, car l'Esprit doit y vivre sous des conditions précises jugées propices à sa progression. Le seul choix qu'il a, c'est celui de profiter ou non des événements mis sur sa route pour faire le bien et non le mal. Il est libre de les utiliser ou pas pour atteindre un plus haut degré de spiritualité plutôt que de stagner dans le refus d'avancer.

5

RELATION AVEC LE MONDE DES ESPRITS

Que nous soyons entourés par la foule nombreuse ou isolés dans le désert lointain, nous ne sommes jamais seuls. Même cachés dans le plus secret des abris, une multitude d'Esprits nous entourent, épiant nos gestes, tirant leçon de ce que nous vivons ou encore tentant de nous influencer dans notre choix entre le bien et le mal*.

L'homme est très vulnérable face à l'influence des Esprits qui l'entourent, surtout qu'il en ignore souvent l'existence. Cette influence pourra même, dans certains cas, jouer un rôle important dans la réussite ou l'échec du plan d'incarnation.

Parmi ces Esprits, il y en a qui ne veulent que le bien de l'incarné. Ce sont des Protecteurs qui sont demeurés dans le monde des Esprits pendant qu'un parent ou un ami s'est réincarné. Ils ont demandé à Dieu la permission de le protéger dans l'épreuve. L'Esprit-Guide ou l'Ange

* Les 1er et 3e cas apparaissant en exemple du travail des « Esprits policiers de l'au-delà » (p. 301 et 304) nous donneront une idée de l'ampleur que cette action occulte peut prendre.

gardien fait toujours partie des amis Protecteurs de l'au-delà. Il y a, aussi les entités inférieures, ces Esprits mauvais qui ne cherchent qu'à nuire et à faire souffrir. Ce sont des Esprits qui, par leur orgueil, refusent l'aide de Dieu. Ils voudraient que tout le monde souffre comme eux.

Il y a de plus, toute la gamme des Esprits légers qui peuvent causer bien des amertumes par leur insouciance légère. Dans son incarnation, l'homme subit leur influence par l'action qu'ils exercent sur sa pensée. Cette influence ira toujours dans le sens de la volonté de l'incarné. Lorsque l'homme cherche à faire le mal, les Esprits mauvais s'attroupent autour de lui et lui inspirent toutes sortes de ruses pour réaliser son méfait. Si, au contraire, il veut réussir son épreuve, les bons accourent, éloignent les mauvais et supportent l'incarné en lui suggérant des bonnes pensées d'encouragement.

Nous ne sommes jamais seuls.

Chaque fois que l'homme est dans un stade d'hésitation dans le chemin à prendre, il ouvre la porte à l'influence des frères de l'au-delà. C'est l'orientation de sa décision qui déterminera la nature de l'aide qui lui sera apportée.

Bien que cette influence puisse être importante, l'homme ne peut, malgré tout, jeter sur eux le blâme de ses gestes. Dans sa grande justice, Dieu permet toujours que l'homme puisse exercer son véritable libre arbitre. En ce sens, c'est l'homme et lui seul qui décide d'écouter ou non les pensées qui lui parviennent.

6

LA LOI DE LA PROGRESSION SPIRITUELLE

Dans les premiers essais à la vie humaine, le périsprit de l'homme est lourd et sa densité rend sa constitution proche de la nature matérielle. Cet état périsprital primitif constitue un véritable voile opaque, empêchant l'étincelle divine présente dans l'Esprit de se manifester. C'est cela qui donne des couleurs sombres à l'aura de certains individus.

Cette densité périspritale est constituée de genres de scories, produits des tendances matérielles et des faiblesses caractérisant l'Esprit qui commence. Moins l'Esprit est proche de sa nature divine, plus son périsprit est chargé et lourd.

L'Esprit devra départir son périsprit de toutes ses impuretés pour goûter enfin à la vie divine que Dieu lui réserve. Pour cela, il n'y a qu'un chemin : celui des incarnations successives. Pour les réussir, il n'y a qu'une route : celle des préparations sérieuses dans les périodes d'erraticité via l'étude spirituelle rendue possible après chaque incarnation.

Dès sa création, l'homme ne poursuit donc qu'un seul

but : atteindre la félicité spirituelle, en libérant petit à petit son périsprit des impuretés matérielles y faisant obstacle.

Le chemin à parcourir est long et ardu. L'Esprit commencera ses premières incarnations d'homme sur des planètes primitives où la vie est très difficile. À ce stade, le comportement de l'homme ressemble beaucoup à celui de la brute. L'étincelle divine qu'il a en lui le pousse néanmoins à toujours vouloir avancer. Au début, il apprend à connaître les lois de la survie ; il grandit en connaissance. Peu à peu, il surpasse les acquis antérieurs. Les gains de chacune des vies lui étant garantis pour toute l'éternité, il n'a pas à recommencer chaque fois qu'il revient dans la chair. Lorsqu'il retourne dans la vie voilée, il sait déjà. Il peut alors grandir davantage.

Après ses premières morts corporelles, des frères plus avancés font pour lui le bilan des acquis. Ce n'est que plus tard qu'il pourra participer pleinement à la planification des vies à venir. En attendant ce temps pas très lointain, d'autres Esprits, qui ont déjà réussi toutes ces étapes, l'aident à gravir la route menant à Dieu. Lorsqu'il sait suffisamment, les premiers choix moraux commencent à garnir son chemin. La notion du bien et du mal apparaît. Chaque fois qu'il aura choisi le bien, il pourra gravir un échelon. En maintenant ce choix durant toute sa vie corporelle, il s'assure de ne jamais succomber à ce mal lors des incarnations ultérieures et ce, pour toute l'éternité.

Cette loi des acquis éternels traduit bien la grande justice divine. L'homme doit progresser par lui-même, mais ses efforts fructueux ne seront jamais plus à recommencer. C'est un gain que personne ne pourra lui enlever. Plus encore, c'est désormais une partie intégrante de son être.

S'il ne choisit que le bien et toujours le bien, sa

progression devient rapide. Son périsprit s'allège vite, ses couleurs auriques deviennent de plus en plus belles ; la nature divine de son Esprit transparaît de plus en plus. Il passera bientôt aux incarnations d'épreuves moins lourdes. Dans ses périodes d'erraticité, il étudie ses vies antérieures, pèse les acquis. Il consulte les plus avancés. Ayant réussi à faire taire son orgueil, il ne craint pas de laisser voir son infériorité relative. Il ne cherche donc pas à se cacher de ceux qui sont plus hauts. Ses préparations en deviennent encore meilleures.

Il choisit parfois de très rudes épreuves, mais il sait qu'elles font progresser davantage. Renforcé par l'énergie qu'apporte le bien, riche de toutes ses victoires, il ne craint pas de se lancer à nouveau. Bientôt, le temps des épreuves de la souffrance sera terminé.

Il agrandit son bagage, en alternant sa croissance intellectuelle et sa croissance morale. Son périsprit s'allège, son aura est de plus en plus brillante. Ses périodes d'erracité ne sont jamais plus vaines. Il étudie avec minutie et profondeur, se préparant en vue de vies meilleures.

Arrive enfin le temps où il ne lui reste qu'à se grandir sans souffrance. La montée devient de plus en plus facile. Il goûte enfin à la félicité spirituelle. Lorsqu'il a à se réincarner, ce n'est que dans des lieux où il n'y a ni angoisse, ni souffrance, ni misère. L'échange avec les morts y est chose courante. Seuls les bons et les justes l'entourent. Il a vaincu la matière et ses passions. Il est devenu libre des attraits engendrés par l'ignorance. Il atteint la noblesse spirituelle donnant sur les grandes missions divines.

Cette progression spirituelle, il ne l'a pas faite seul. À chaque étape, il fut aidé par des frères ayant déjà franchi le seuil. Avant même de le franchir à son tour, souvent, il aida lui aussi celui qui lui tendait la main. Il remettait sa montée à plus tard, préférant aider ce frère, ce parent, cet ami.

En regardant ceux qui avaient commencé à la même époque lointaine, il voit avec compassion que plusieurs traînent encore en chemin. Ce sont les retardataires qui n'ont pas fait le bon choix. Ils n'ont pas su utiliser la liberté que Dieu leur a donnée.

Aveuglés par les attraits de la matière, ils ont alourdi leur fardeau par les dettes que le mal leur a fait accumuler.

Dans la Loi éternelle, toute dette doit être payée. Non pas que ce soit en punition divine, mais l'effet boomerang que tout mal, comme tout bien, engendre par lui-même en contrecoup proportionnel. Ainsi, lorsque l'homme fait le bien, l'effet boomerang lui apporte force et courage. Il purifie son périsprit et rafraîchit son Esprit.

Mais lorsqu'il fait le mal, le contrecoup est douloureux. C'est grâce à cette douleur qu'il vient à comprendre la route à suivre. Il en tire des leçons qui s'inscrivent en lui à jamais. Ainsi, celui qui a volé sera à son tour volé ; celui qui a tué sera à son tour tué ; celui qui a humilié sera à son tour humilié. Il en sera ainsi pour tous les actes mauvais, comme il en est des actes bons. Heureusement que Dieu, dans sa grande bonté, attend que l'Esprit retardataire se soit renforcé moralement avant d'autoriser le paiement à faire.

Le retardataire prolonge donc de beaucoup la route à gravir, par mille détours qu'engendrent les mauvais choix. Mais la loi des acquis éternels s'applique intégralement et un jour, lui aussi ne succombera plus jamais aux tentations qu'il aura vaincues. Lorsqu'il le voudra bien, il parviendra, à son tour, à gravir ces premiers échelons qui sont les plus difficiles. Il lui suffira de se tourner résolument vers le bien pour accélérer sa progression.

Il trouvera en lui l'énergie nécessaire, par l'effet de sa

volonté. En faisant appel à Dieu, il bénéficiera de l'aide de ceux qui ont déjà compris. Il pourra, s'il le veut, profiter de chaque période de sommeil corporel pour recevoir les conseils de ceux qui voudront l'aider. Au bout du chemin, comme ceux qui l'ont devancé, il baignera enfin dans la Lumière divine.

7
LA MORT

Dans les composantes de l'homme, nous avons vu que l'Esprit apportait le flux vital au corps physique par l'intermédiaire de la corde d'argent qui en constitue le cordon transmetteur.

Or, ce qui provoque la mort physique, c'est précisément la rupture de la corde d'argent. Celle-ci ne pouvant plus transmettre le flux de la vie, le corps physique est alors laissé à lui-même, complètement coupé de l'Esprit qui en était le propriétaire et l'animateur depuis le tout début de la conception.

Lorsque la corde d'argent est rompue, il devient absolument impossible à l'Esprit de reprendre possession de ce corps devenu cadavre. Une fois que la corde d'argent ne peut plus opérer, l'œuvre de la mort devient irréversible. Comme nous le verrons plus loin, lorsque les témoignages bibliques nous rapportent des cas de résurrection des corps, il ne peut s'agir que de situations où la corde d'argent n'était pas encore rompue. Il est fondamentalement impossible qu'il en ait été autrement. Selon la Loi divine qui est immuable et parfaite, la connexion périspritale au corps de chair via la corde transmettrice du flux vital ne peut se faire qu'au seul et unique moment de la conception. Si l'Esprit, après sa mort corporelle, veut revenir dans la chair, il doit alors obligatoirement naître de nouveau.

La rupture de la corde d'argent peut être causée de différentes façons et cette différence peut avoir de sérieuses conséquences pour celui qui décède. L'effet ainsi provoqué sur l'Esprit et sur son périsprit peut varier beaucoup suivant le genre de mort. Comme nous l'avons vu plus haut, l'Esprit reçoit, à la conception, une réserve d'énergie qui baignera, sa vie durant, chaque cellule de son corps de chair. Cette énergie est puisée dans le fluide universel se répandant dans tout le Cosmos éternel. Les Esprits définissent cette réserve énergétique comme étant du fluide animalisé.

La quantité de cette énergie vitale n'est pas la même pour tous. Chacun en reçoit selon le plan de vie qu'il a à vivre. Cette énergie peut être transmise, dès la naissance, d'un incarné à un autre. L'homme la maintient en bon équilibre grâce aux antennes périspritales qui peuvent capter les énergies telluriques de la Terre et les énergies cosmiques de notre ciel terrestre. Dans les conditions normales, l'Esprit, par son flux vital qu'il envoie par la corde d'argent, dynamise ces énergies dans le corps physique avec lequel il fait temporairement un.

Lorsque la réserve du fluide animalisé est épuisée, la vie physique devient, par rapport au corps charnel, comme une flamme n'atteignant plus son combustible. La corde d'argent subit alors un étirement localisé. Lorsque le flux vital n'a plus aucune réception, la corde se rompt : c'est la mort. L'Esprit ne fait alors plus partie du monde des incarnés. Il revient à nouveau à son état naturel. Normalement, cet épuisement se fait d'une façon progressive, mais il peut aussi être subit.

L'épuisement progressif de la réserve d'énergie animalisée se fait soit par le vieillissement naturel dû aux années, soit par le vieillissement prématuré qu'engendrent la maladie et la souffrance. Lorsque la rupture est ainsi causée, la mort est généralement douce et sans aucun choc.

L'Esprit tombe alors dans un réconfortant sommeil et s'éveille, après un temps relatif à chacun, dans le monde de l'au-delà.

La situation peut être fort différente si la mort survient subitement, lorsque le corps est en pleine force fluidique. Il s'agit, dans ce cas, de rupture causée par un bris majeur du mécanisme corporel, rendant impossible la réception du flux vital. Même si la quantité du fluide est suffisante, le corps endommagé ne peut plus recevoir les impulsions de son Esprit. L'étirement de la corde d'argent s'effectue alors d'une façon subite et elle se rompt brusquement.

Cette brusque rupture donne lieu à un écoulement très accéléré de la réserve fluidique. Le périsprit étant le siège des sensations, l'Esprit en subit un contrecoup immédiat. Cet écoulement précipité peut même être très pénible pour l'Esprit.

Si la mort est la conséquence d'une négligence grave ou d'un acte volontaire d'autodestruction, l'Esprit peut ressentir l'impression de cette souffrance le temps que devait normalement durer sa vie, selon le plan établi.

Si la mort subite est venue sans aucune part de la volonté, par exemple si la mort est survenue à la suite d'un infarctus, ou encore lors d'un accident inévitable, des Esprits protecteurs viennent assister le mourant afin de canaliser l'écoulement fluidique. Pour cela, ils utilisent la terre comme point d'absorption. Cette assistance empêche l'Esprit de trop souffrir ou, du moins, diminue de beaucoup le temps des souffrances. Dans ces cas, la mort subite faisait partie du plan de vie de départ. L'Esprit avait reçu une quantité d'énergie suffisante pour qu'il ne puisse la voir venir, ce qui aurait pu affecter les conditions de progression.

Donc, d'après les témoignages de ceux qui se souviennent, il n'est pas souhaitable d'avoir une mort subite. La mort lente par vieillesse ou maladie serait la plus facile pour l'Esprit. En plus, elle facilite les conditions d'arrivée dans l'au-delà, en permettant à l'incarné de se préparer et de se rapprocher de Dieu.

8

DIEU

Dès que l'Esprit est suffisamment dégagé de l'emprise de son aveuglement moral, il tourne les yeux vers le ciel et s'interroge sur cette grandeur infinie qui l'entoure de toutes parts. Cette étape, chacun la franchit dans son existence et les peuples la traduisent à travers leur histoire, leur culture, leurs religions et leurs coutumes. Depuis la création des premiers Esprits humains, ce souci du Créateur se manifeste toujours dans l'écoulement des siècles sans fin.

Sur notre globe, dans la courte histoire de l'homme actuel, Dieu prit déjà mille visages et mille noms ; ce qui traduit bien la difficulté pour l'homme d'ici-bas de saisir la nature réelle de Dieu. En fait, selon les communicateurs de l'au-delà, l'homme de la Terre ne peut atteindre qu'un certain niveau de compréhension de Dieu. La véritable compréhension de la nature divine demanderait un degré d'avancement qui n'existe pas parmi les habitants de notre planète. Il est exceptionnellement arrivé que des Esprits très avancés viennent s'incarner parmi nous pour en livrer l'essentiel à retenir. C'est ce que fit Jésus, il y a deux mille ans. Mais pour l'ensemble d'entre nous, notre compréhension en est relativement limitée. La constitution même de notre cerveau limite notre Esprit dans ses élans de compréhension. C'est l'ignorance humaine, ralliée à cette limite, qui a toujours poussé les hommes à donner une image humanoïde à son Créateur. L'homme peut malgré tout en comprendre beaucoup, dans la mesure où il veut bien ouvrir les yeux de son cœur.

Selon ceux qui se sont manifestés à moi, Dieu est défini, dans l'au-delà, comme un Être omniprésent. Le rayonnement de sa Pensée touche la moindre de ses créatures. La nature de ce rayonnement est celle de l'Amour et c'est ce rayonnement qui maintient l'existence de toutes choses.

Dieu possède toutes les qualités dans leur infinie perfection. Étant parfait, tout ce qu'Il fait est parfait. Ses Lois, conséquemment parfaites, sont immuables et éternelles. Nul besoin de changement dans celles-ci, puisqu'elles sont le fruit de la perfection. Ce qui nous semble imparfait dans sa Création n'est que l'ensemble des stades de progression, inspiré par ses Lois parfaites.

Il est l'Être premier qui fut toujours. Il faut qu'il en soit ainsi, sinon c'est quelqu'un d'autre qui l'aurait créé et c'est cet autre qui serait Dieu.

Dieu est un Créateur perpétuel. Il a toujours créé et le fera toujours. C'est pour cela qu'il existe des Esprits déjà parfaits, qui vivent en intimité avec Lui. Ce sont des entités qui datent du fond lointain de l'éternité intemporelle. Un jour, nous aussi, nous le serons, grâce aux labeurs faisant gravir les échelons.

Dieu est essentiellement miséricordieux. Toutes les fautes de ses créatures sont automatiquement pardonnées. Ce que l'homme ignorant a pris pour une rancune divine, c'est la loi de la progression, nécessaire à l'atteinte de la sérénité divine. Aucun Esprit en mesure de saisir la grandeur divine ne voudra L'approcher sans s'être purifié. C'est pour cela qu'il accepte lui-même la nécessité de payer ses dettes et d'épurer son Esprit. Lorsqu'il est trop inférieur, ce sont les plus avancés qui le savent à sa place. En fait, lorsqu'il a atteint le stade de la lumière, il voit de lui-même l'indignité de vouloir monter vers Dieu avec tant d'impuretés.

Dieu est infiniment généreux. Lorsque l'homme est sur la mauvaise route, Il permet qu'il reçoive la meilleure assistance pour s'en sortir au plus tôt. Il remettra à plus tard les paiements de dettes, afin que son enfant soit le plus fort possible pour réussir sans faillir. Lorsque l'homme converti gravit les échelons en se couvrant d'une couche de bonté et de repentir, Dieu oublie vite l'intérieur. Il voit plutôt les efforts si vaillamment fournis qui ont porté fruit.

Dieu est en communion intime avec toutes les pensées de chacun des hommes du Cosmos éternel. Ainsi, nulle prière n'est ignorée. Il ne néglige jamais l'appel de ses enfants. Ce qui peut nous donner l'impression du contraire, c'est l'ignorance de notre cheminement et des implications de notre plan de vie. Une grande souffrance peut parfois être nécessaire pour atteindre la joie spirituelle. Car ne l'oublions jamais, nous ne nous incarnons pas sur la Terre pour obtenir des récompenses. Celles-ci n'existent que dans l'au-delà et dans les incarnations beaucoup plus avancées. Les incarnations terrestres sont essentiellement des étapes d'épreuves et d'avancement.

Dieu nous a créés avec Amour et c'est à travers cet Amour qu'il nous regarde monter vers Lui. Il compatit avec nous à chaque fois que nous chutons. Comme ce n'est que par nos efforts que nous pouvons progresser, Il ne peut que donner à chacun les moyens de réussir la montée.

Il ne faut jamais craindre Dieu. Dieu n'est qu'Amour inépuisable et Douceur infinie. Il ne voudrait jamais de mal à ses enfants. Il constate déjà, par ceux qui ont franchi tous les échelons, les résultats réconfortants que chacun donnera à la fin du chemin. Même le plus grand pécheur ne subira jamais ses foudres. Ce que celui-ci a à craindre, ce sont les lois immuables qui sont nécessaires à sa progression spirituelle. Il devra craindre l'effet boomerang du mal qu'il engendre, mais non Dieu. Ce dernier, comprenant sa faiblesse et voyant la lumière qui se pointe, lui fournira tout ce dont il a besoin pour échapper au cercle du mal.

Bref, l'essentiel à comprendre pour nous de la terre est qu'il est très déplacé de vouloir donner à Dieu les traits de nos faiblesses et de nos passions. Il faut saisir tout le ridicule de parler d'un Dieu de bonté infligeant la souffrance, d'un Dieu miséricordieux condamnant sans retour, d'un Dieu aimable assouvissant sa vengeance, bref d'un Dieu parfait ayant tous les défauts des hommes.

Dieu possède, à l'infini, toutes les qualités que l'imagination humaine pourrait concevoir. Il nous accompagne à chaque instant de notre vie et Il veille à ce que nous montions tous vers Lui. Il suffit d'entrer dans notre cœur pour sentir sa présence intime et la mesure de sa grandeur.

9

BUTS DE L'EXISTENCE DE L'HOMME SUR LA TERRE

Lorsque nous parlons de l'homme, nous référons automatiquement aux habitants de la Terre. Or, selon les témoignages reçus, il y a beaucoup d'autres systèmes solaires dans le Cosmos éternel, où vivent des planètes habitées par d'autres hommes. L'homme s'est longtemps cru seul dans l'univers, mais avec l'accroissement de ses connaissances, il commence à soupçonner la grandeur réelle de la Création. Bientôt, il sera en mesure de constater par lui-même cette présence active en dehors de son système.

En effet, la race humaine existe ailleurs dans l'univers, dont les limites sont sans fin. Comme nous, ce sont des Esprits réincarnés en quête d'un plus grand avancement spirituel. Ils ont tous la même forme humanoïde que nous. Seules les caractéristiques corporelles changent, en fonction des conditions de vie différentes.

Ces planètes sont très variées dans leurs spécificités environnementales. Certaines sont identiques à la Terre. D'autres présentent des conditions similaires à ce que celle-ci a connues il y a des millions d'années. D'autres encore sont beaucoup mieux nanties. Il y en a même que deux soleils réchauffent de leurs rayons bienfaisants.

Dans cette multitude de mondes habités, des Esprits se réincarnent, vivent leur vie suivant ce qui fut déterminé et, par la mort de leur corps, retournent à nouveau dans le monde des Esprits.

Parmi ces planètes, certaines présentent des conditions de vie très difficiles. L'homme y est à ses débuts. C'est là qu'il s'essaie à la vie. À ce stade, son périsprit est très opaque. Ses vies sont généralement courtes et il apprend plus lentement. Ces planètes servent à leur dégrossissement spirituel.

D'autres, plus hospitalières, servent de lieux d'épreuves et d'expiation. Sur ces planètes, il y a encore souffrances et misères. À ce niveau, une partie des hommes commence à comprendre sa nature divine. Une fois qu'il aura réussi à atteindre les buts de ce stade, ses souffrances achèveront. Plusieurs s'y réincarnent à un très grand nombre de reprises, d'autres, plus déterminés, s'en sortent relativement vite. L'homme y trouve toutes les conditions qui lui permettent d'accéder enfin à des mondes meilleurs.

D'autres planètes sont de véritables paradis, en ce sens qu'il n'y a aucune maladie ni souffrance. Les conditions y sont idéales. Les hommes y sont déjà très avancés. Ils s'incarnent pour raffiner leurs connaissances et compléter leur développement moral.

Si nous voulons situer notre Terre, nous dirons qu'elle est essentiellement une planète d'épuration et d'épreuve. C'est pour cela qu'il y a tant de souffrances autour de nous. En fait, les conditions physiques qu'elle présente, alliées aux niveaux des Esprits qui s'y incarnent, en font un lieu difficile à vivre. Lorsque nous serons assez avancés pour pouvoir accéder aux planètes meilleures, nous ne connaîtrons plus cette souffrance. Seul l'avancement spirituel sera notre souci.

Pour bien comprendre et pouvoir nous situer dans le cheminement de progression spirituelle, divisons le chemin à parcourir en cinq parties, soit de l'étape un à l'étape cinq.

La *première étape* est celle du dégrossissement. Les incarnations y sont difficiles et la vie y est proche des réflexes de l'instinct. Lorsque l'homme y est suffisamment dégrossi, il passe aux incarnations intermédiaires qui le feront accéder à l'étape deux.

La *seconde étape* est essentiellement une étape d'épreuve et de rachat. La souffrance y est omniprésente, qu'elle soit morale ou physique. C'est à cette étape que l'homme prend réellement conscience de sa dimension spirituelle. Les faiblesses qui y sont les plus difficiles à vaincre sont l'orgueil et l'égoïsme. C'est celle de la planète Terre et de ses semblables.

À la *troisième étape*, il y a encore suffisamment de souffrance pour que certains se plaignent, mais ce n'est vraiment pas comparable à ce que nous vivons ici. La vie y est plus facile et l'Esprit ne s'attache presque plus aux attraits de la matière. Celle-ci n'est plus qu'un instrument d'avancement dénudé des illusions de faux bonheur qui nous retardent tant sur la Terre.

À la *quatrième étape*, le corps physique, bien que de forme humanoïde, est déjà semi-matériel. L'homme y est un être de lumière. Il côtoie le monde des Esprits et échange facilement avec lui. Il n'y a que de bons Esprits.

Aucun Esprit inférieur n'y a accès. À cette étape, l'homme est toujours en relation profonde avec Dieu.

La *cinquième étape* est celle du raffinement spirituel. Les vies y sont très courtes et l'enfance telle que nous la concevons, y est inexistante. L'homme y naît avec sa pleine conscience d'adulte. Il y vit dans un monde où celui de l'Esprit se confond avec celui des incarnés. Les caractéristiques du corps sont tout à fait différentes de celles de nos corps lourds. Les sens y sont transformés. L'homme n'entend plus, ne voit plus et ne sent plus. Il participe intégralement et entièrement à l'existence de toutes choses, sans aucun des supports sensitifs que nous connaissons. Il se confond avec Dieu. Son essence divine s'exprime sans aucun obstacle. Même le périsprit n'est maintenant que lumière. Le bonheur y est indescriptible pour notre compréhension. Même incarné, l'homme y participe avec Dieu à l'application de ses lois parfaites, immuables et éternelles.

L'homme de la Terre n'est qu'à la deuxième étape du long chemin à parcourir. C'est celle qui est la plus difficile, car l'homme est à la fois conscient qu'il doit éviter les conséquences du mal, tout en étant encore attiré par les tendances de ses faiblesses.

L'homme d'ici est un être qui commence, mais il a quand même beaucoup de chemin déjà parcouru. Il achève la partie difficile du parcours. Mais pour s'en sortir, il doit s'appliquer à réussir ses épreuves qui n'ont pour but que l'épuration de son périsprit. Les défauts les plus tenaces sont l'orgueil et l'égoïsme. Ce sont eux qui entraînent tous les autres. Il doit donc centrer ses efforts sur ces deux ennemis. Une fois cela vaincu, le reste sera facile.

En dominant son orgueil et son égoïsme, l'homme évite l'accumulation de dettes nouvelles et accélère ainsi son départ vers des mondes meilleurs, car nul ne peut quitter sa planète ou ses semblables tant que toutes les dettes qui y ont été contractées ne sont pas payées. Tout mal engendre une nécessité de réparation. Il faut donc éviter le mal sous toutes ses formes.

Parmi les habitants de notre globe, il s'en trouve qui commencent tout juste une nouvelle étape. D'autres y sont bien engagés et, enfin, certains achèvent leur séjour. Cette disparité rend parfois difficile l'application des bonnes résolutions prises en Esprit. Celui qui veut pardonner devra être vraiment convaincu s'il est entouré de malveillants lui causant des difficultés sans cesse. Il serait beaucoup plus facile de dire qu'il pardonne s'il n'était entouré que de gens aimables et bons. Mais les conditions sont faites pour avoir à se confronter face à soi-même et face aux autres. En vainquant dans la difficulté, l'homme assure un enracinement profond à chacun de ses acquis.

Il faut donc prendre courage, car l'avenir est fort prometteur. Dès que nous aurons réussi à vaincre nos faiblesses nous retenant à cette Terre, nous échapperons enfin à cette misère morale et physique qui y est notre lot. Les étapes à venir seront belles et bonnes. Chacun d'entre nous peut faire de grands pas dès la vie présente. Le simple fait que cette connaissance nous soit parvenue démontre que notre plan de vie permet cette plus grande progression. Il ne suffit plus, pour celui qui sait, que de mettre en œuvre sa volonté.

10

PEUPLES ET NIVEAU SPIRITUEL

Comme nous le disions, les hommes de la Terre ne sont pas tous au même niveau d'avancement. Dans la multitude d'Esprits incarnés, certains commencent l'étape terrestre alors que d'autres l'achèvent.

Ceux qui commencent sont très orgueilleux et leur égoïsme leur fait même souvent oublier leurs proches. Ils sont attachés aux biens de ce monde. La gloire et la richesse sont souvent leurs dieux, même dans la pauvreté. Leur conscience est encore peu influente et ils s'adonnent facilement à l'attrait des passions. Ils tuent les bêtes sans frémir et certains, encore plus bas, n'hésitent pas à tuer leurs semblables. Ils ne croient pas en Dieu et s'éveillent à peine à leur spiritualité.

Ceux qui achèvent leur séjour sont bons et généreux. Sentant le chemin à parcourir, ils reflètent un courage humble et tenace. Ils croient intuitivement à la survie après la mort. L'existence de Dieu est évidente pour eux. Ils savent que la vie humaine est sacrée et qu'elle doit toujours être protégée. Leur honnêteté est sans faille. Ce sont des gens tournés vers le bien. Leurs défauts n'empêchent jamais leur élan de bonté.

En s'incarnant, l'Esprit cherche le plus souvent un

milieu où il se sentira chez lui. Pour cela, il demandera de s'incarner parmi des gens qui lui ressemblent. Même si cette préférence n'est pas toujours possible au niveau de la famille choisie, elle l'est généralement au niveau du peuple auquel la famille appartient.

Les Esprits ont donc tendance à se regrouper par affinité, dans des peuples bien définis. C'est ce regroupement qui rend possibles les plans de vie touchant les peuples et les nations*. Ainsi, les peuples qui ont humilié d'autres peuples ou les ont exploités peuvent l'être à leur tour dans des incarnations ultérieures, exactement comme dans le cheminement individuel. Ce sont alors les mêmes Esprits qui reviennent subir le contrecoup de leurs actes passés. Ce contrecoup ne sera alors que l'application d'une des principales lois immuables qui régissent la progression spirituelle.

C'est ce regroupement des Esprits par affinité qui donne les traits caractéristiques à chacun des peuples. Ainsi, les peuples guerriers sont constitués majoritairement d'Esprits souffrant de cette peste spirituelle. Les peuples primitifs sont le regroupement d'Esprits qui commencent l'étape terrestre. Bref, le caractère de chacun des peuples donne une bonne idée du niveau des Esprits qui le composent.

Selon les Esprits communicateurs, pour savoir si nous appartenons à un peuple de haut niveau spirituel, nous n'avons qu'à examiner les lois qui nous régissent. Un peuple aux lois nobles et humanitaires est inévitablement composé d'Esprits avancés. Ses lois ne vont jamais à l'encontre des principes de l'Amour et de la Justice. De plus, la vie humaine y trouve toujours un caractère sacré.

---

* Comme nous le verrons en deuxième partie (p. 288), l'homme est autant lié par sa propre histoire que par celle de sa nation.

11

LA VIE ÉTERNELLE

Le sens propre du mot éternité désigne ce qui n'a pas de commencement et n'aura pas de fin. Donc, suivant ce sens, Dieu seul peut avoir la vie éternelle.

Selon l'utilisation populaire du mot éternité, nous désignons tout ce qui ne finira jamais. En ce sens, l'homme, depuis le premier instant de sa création, fait partie intégrante de la vie éternelle. Il y participe pleinement depuis ses premières secondes et jamais il ne cessera d'exister. Toi qui lis ces lignes, tu fais déjà partie de la vie éternelle. Aucune mort ne pourra arrêter le cours de ton être. Tu es et tu seras toujours.

Cette prise de conscience est importante pour l'orientation de notre vie. En sachant que la mort ne met fin qu'à une simple étape, que nous avons déjà vécu et que nous vivrons encore, la vie prend un sens très particulier.

Lorsque les années ne permettent pas d'atteindre des buts que les circonstances du plan de vie ont fait naître, l'homme conscient demeure patient. Il sait qu'il sera toujours temps de se reprendre une autre fois, si, en Esprit, il le juge à propos.

Lorsque la vie d'incarnation présente ses tentations,

l'homme qui sait pèse les données avant de s'abandonner aux illusions temporelles. Il pense à long terme. Il sait que l'existence continue et qu'il devra inévitablement vivre les conséquences de ses choix.

L'homme éclairé, dont l'épreuve est lourde à supporter, sait que la mort ne peut mettre fin à ses pleurs. Il sait qu'il devra continuer avec ce qu'il a à reprendre. Il en redouble d'ardeur et fonce vers le sommet.

Selon tous les témoignages reçus, l'homme est un être en perfection qui finit toujours par atteindre le bonheur éternel. La promesse est grande et l'éternité qui est sans fin est merveilleuse à voir venir. L'étape des souffrances ne durera qu'un temps, alors que celle du bonheur sera sans fin. Que cette confirmation de la vie éternelle réjouisse nos cœurs ! Redoublons d'efforts ! Demain, nous sortirons de la nuit ! Courage ! Un jour sans fin brille déjà pour chacun d'entre nous.

12

LES ÉPREUVES ET L'AVANCEMENT

Les épreuves de l'incarnation ne sont là que pour nous permettre, d'une part, d'appliquer les nouvelles connaissances acquises par l'expérience et conscientisées en erraticité et, d'autre part, d'intérioriser toutes les résolutions prises en Esprit ; ce qui a pour effet de spiritualiser le périsprit.

L'Esprit doit libérer son périsprit de toutes les faiblesses morales, les dominations passionnelles, les attirances et attachements matériels, qui l'alourdissent et l'empêchent d'accéder à des sphères plus élevées.

Au début, la constitution de notre périsprit est très proche de la matière. Cette opacité rend extrêmement difficile l'émergence de l'étincelle divine. L'incarné a alors grand-peine à croire en sa nature spirituelle. À ce stade, s'il n'était pas stimulé par ses frères plus avancés, le départ serait interminable. Il doit donc faire disparaître la composante trop matérielle de son périsprit, un peu comme un nageur qui aurait à se dépouiller d'un habit de plomb l'empêchant de flotter librement. Ce dépouillement se fait progressivement, morceau par morceau. Les scories qui l'alourdissent étant de nature presque matérielle, l'Esprit ne pourra s'en dépouiller qu'en venant directement dans la matière, seul remède possible. C'est comme un feu qui ne peut se combattre que par le feu.

Il doit donc s'incarner dans cette matière, en prenant un corps de chair avec lequel il devra faire un, du moins le temps que durera chaque incarnation.

Chaque fois, ce sera difficile. Certains voudront prendre les bouchées doubles. Ils auront alors des vies à épreuves multiples et intenses. D'autres préféreront y aller plus lentement. Ils auront des vies plus faciles, mais feront de moins grands pas dans la montée spirituelle.

À chaque incarnation, il pourra dégager son périsprit, par l'élévation de son Esprit. Il ne pourra qu'avancer en réussissant ou stagner en échouant, mais jamais il ne devra lutter une deuxième fois pour une chose qui aura déjà été gagnée. Il devra par contre être très prudent pour ne pas enclencher des penchants sur lesquels il n'aura pas encore travaillé.

À chaque retour dans la chair, les épreuves pourront le grandir en élevant son niveau de moralité. Il pourra aussi augmenter ses connaissances intellectuelles, mais seule l'amélioration morale le fera monter dans l'échelle spirituelle.

En expérimentant, il apprendra et cette connaissance restera en lui éternellement. Elle sera un outil important qui l'aidera à mieux comprendre et à se bonifier davantage.

Les épreuves planifiées seront en fonction directe des buts déterminés. Par exemple, si l'Esprit veut vaincre son égoïsme, il choisira une incarnation qui lui demandera de s'oublier ; soit qu'il aura plusieurs enfants, soit qu'il devra s'occuper de parents ou d'amis malades et infirmes, soit qu'il devra se dévouer pour sa communauté, etc.

Si l'Esprit veut vaincre sa malhonnêteté, il choisira soit une incarnation présentant des circonstances de tentation, s'il se sent assez fort, soit une incarnation qui lui opposera beaucoup d'interdits.

Si l'Esprit veut vaincre son avarice, il choisira soit une famille riche pour se prouver qu'il peut se détacher des richesses, soit une famille pauvre pour subir les effets de la privation et acquérir une intuition de la nécessité du partage.

Dans tous les innombrables cas que nous pourrions donner, le processus sera le même. Chacun des acquis, si minime soit-il, lui sera assuré à jamais et plus il aura dépouillé son périsprit, plus faciles deviendront les victoires.

Les Esprits nous disent que lorsque le périsprit est lourd et chargé de son opacité semi-matérielle, ses vibrations sont lentes, un peu comme la matière brute. Lorsque l'Esprit s'est dégagé de ses impuretés, les vibrations de son périsprit s'élèvent dans une mélodieuse harmonie.

Nous parlons de lourdeur du périsprit. Cette expression rend très fidèlement la réalité vécue par l'Esprit. En effet, les impuretés morales confèrent au périsprit un poids véritable, en ce sens qu'une certaine loi de l'attraction vibratoire l'oblige à demeurer prisonnier de la sphère à laquelle il appartient. C'est pour cela que les Esprits parlent de lourdeur périspritale.

L'Esprit étant constamment enveloppé de son périsprit, il devient donc le prisonnier de ses propres imperfections. Il doit obligatoirement dégager son périsprit, en s'améliorant vers le bien, pour accéder aux mondes plus élevés. Nous voyons donc pourquoi nous devons accepter nos épreuves. Elles ne visent qu'un seul but : nous faire grandir. Lorsque chacun aura compris que nous sommes sur cette Terre pour nous en détacher et en vaincre les tentations illusoires, nous verrons l'homme s'appliquer à mieux vivre son plan et faire ainsi de très grands pas.

13

LE RACHAT DES FAUTES

Si l'homme n'avait que les épreuves à subir dans ses incarnations, sa tâche serait grandement facilitée. Mais étant encore imparfait et l'ayant été davantage dans ses vies antérieures, il a accumulé et accumule même encore des dettes qu'il devra payer avant d'accéder à d'autres mondes. Les Esprits définissent les dettes, comme les conséquences des torts causés aux autres par les actes d'ignorance que nous avons posés.

Ainsi, même si nous sommes automatiquement pardonnés pour tous les actes mauvais que nous posons, ce pardon ne nous exempte aucunement de l'obligation de réparer les conséquences de ce que nous avons commis.

Cela rend un grand hommage à la Justice divine. Chacun doit mériter sa progression. Imaginez comme il serait injuste qu'il suffise de faire une simple demande de pardon pour atteindre le même niveau que celui qui a vaillamment lutté en restant fidèle à l'appel d'Amour de son Créateur !

Ce rachat des fautes n'est jamais imposé directement par Dieu. C'est l'Esprit lui-même qui, en progressant, prend conscience de l'évidence de cette nécessité. Il le fait d'abord en Esprit, puis l'applique dans ses incarnations sous le voile qui fait oublier.

Pour parvenir à cet état de conscience, l'Esprit franchit nécessairement les trois étapes suivantes. Ces étapes finissent toujours par être vécues par chacun d'entre nous, même si leur durée peut varier beaucoup d'un Esprit à un autre, suivant la bonne volonté que chacun y met.

La *première étape* est celle du remords. À ce stade, l'Esprit est suffisamment avancé pour écouter les rappels que lui inspire son Guide par la pensée. Ces rappels le rendent mal à l'aise. Il sait que ses actes ont causé du tort aux autres et que cela n'est pas bien. Cependant, son infériorité y est encore trop prononcée pour qu'il regrette son agir. Il trouvera mille excuses pouvant justifier son action qu'il admet malgré tout comme n'étant pas très acceptable.

La *deuxième étape* est celle du repentir. À ce stade, l'Esprit s'attarde aux remords ressentis. Il analyse les pensées que son Guide lui inspire. Sensible à la douleur des autres, il comprend l'immoralité de causer du tort à ses frères. Son regret est sincère. Il pourra, à ce stade, prendre la ferme résolution, qu'il tiendra, de ne plus recommencer. Cependant, à cette étape, son orgueil, sa colère, son ambition, son égoïsme pourront l'empêcher de comprendre qu'il doit réparer. Malgré un avancement plus grand, l'idée que Dieu lui ait pardonné lui suffira pour calmer son souci.

La *troisième étape* est celle de la réparation. À ce stade, la conscience de l'Esprit s'est étendue. Son sens de la justice s'est aiguisé et il sait qu'il ne peut faire supporter par d'autres le poids de ses propres erreurs. Maintenant, il sait ce que veut dire « aimer », et cela l'aidera à étouffer en lui toute pensée qui voudrait le détourner de son nouveau devoir. Une fois ce niveau de conscience atteint, l'Esprit adoptera un comportement de sage. Il sait que tout acte porte son fruit et que celui-ci ne peut nourrir que son auteur. Non seulement acceptera-t-il cette nécessité de réparer le mal qu'il a causé, mais encore, l'idée de s'y soustraire lui sera tout à fait inadmissible.

Il faut donc bien peser nos intentions avant de les exécuter. Il faut aussi apprendre à demeurer maître de soi-même. Pesons bien la nature de nos gestes ! Chacune des actions qui aura eu des conséquences négatives chez les autres nous obligera à prendre du temps d'incarnation pour réparer. Ces incarnations de rachat retarderont alors notre ascension vers des mondes meilleurs. Il faut, de plus, profiter de chacune des occasions que la vie nous offre pour réparer tout de suite le mal que nous pouvons commettre. Cela nous évitera des retours que nous serons heureux d'avoir épargnés.

14

NÉCESSITÉ DE LA VIE EN SOCIÉTÉ

Vivre en société constitue, pour l'Esprit qui s'incarne, une obligation à laquelle il doit se plier, s'il veut véritablement avancer. C'est par la vie en société qu'il pourra rencontrer les conditions essentielles à sa progression. Dès qu'il a tenté de vivre seul, à l'écart de ses frères incarnés, il s'est vite rendu compte, une fois revenu dans l'au-delà, que l'isolement l'a retardé. Il voit la route qu'il aurait pu parcourir et, très vite, il en retire la leçon.

Selon les témoignages de l'au-delà, trois motifs principaux justifient la nécessité de la vie en société :

Le *premier motif* concerne les difficultés qui sont nécessaires à la lutte qui nous fait grandir. L'homme qui vit seul ne peut pas se confronter aux restrictions qu'impose inévitablement la présence des autres. Il ne peut pas vivre dans les conditions qui sont propices à étouffer son orgueil. Il ne peut aiguiser son cœur à l'amour, s'entraîner au partage. Il ne s'ouvre pas à l'oubli de lui-même. Il ne sait pas non plus comment accepter l'autre dans sa différence.

Il est facile de se croire bon, lorsqu'on est seul. C'est en vivant avec les autres que la bonté peut faire ses preuves. Tolérer celui qui nous dérange, respecter les avis contraires, se priver pour partager avec ses frères, oublier le mal que l'on subit à cause des autres, tout cela constitue les outils de l'avancement. C'est uniquement par l'effort que l'homme peut se grandir et une très grande part des faiblesses qu'il a à vaincre nécessite le côtoiement de ses frères incarnés, pour trouver l'occasion de cet effort. Ne maudissons donc jamais nos frères dont la présence près de nous est source de souffrance. Si nous pouvions avoir la lucidité de l'Esprit désincarné, nous les bénirions, car nous verrions jusqu'à quel point ils nous auront fait grandir.

Le *deuxième motif* concerne le paiement des dettes que l'Esprit a pu contracter dans ses vies antérieures. Comme nous l'avons vu, lorsque l'Esprit a atteint un stade d'évolution suffisamment élevé, il comprend la nécessité naturelle de réparer le tort qu'il a pu causer à ses frères. Or, cette réparation ne pourra se faire que sur le terrain où elles se sont accumulées, soit celui de la vie en société. En effet, autant il s'est endetté lorsqu'il côtoyait les autres, autant il ne pourra réparer que dans cette même condition.

Il devra donc revivre en société avec celui ou celle qui fut jadis ou son voisin, ou son frère, ou sa sœur, ou son père, ou son fils, ou son ennemi, ou d'autres encore. Il devra revivre avec les contacts sociaux qui l'ont déjà fait faillir, mais cette fois, il sera fort. Non seulement il ne chutera plus, mais il réussira à bien s'acquitter de son devoir.

Il ne faut donc pas s'étonner de voir certaines personnes s'occuper d'un parent ou d'un ami avec un dévouement auquel elles ne sembleraient pas obligées. C'est souvent un retour des vies d'avant.

Nous ne devrions jamais reculer devant les appels qui nous incitent à assister des gens qui ne nous sont pas nécessairement sympathiques. C'est peut-être une belle occasion de nous acquitter d'un compte qui traîne.

Ne gaspillons pas les chances que nous offre notre plan de vie lorsqu'il nous fait croiser ceux qui sont nos créanciers. Quel tourment doit vivre l'Esprit qui apprend dans l'au-delà que celui à qui il avait refusé le gîte était l'Esprit qui, dans une vie lointaine, était le père qu'il avait délaissé. Nous l'avons vu plus haut, les circonstances de notre vie sont prédéterminées et seule notre façon d'y réagir laisse place à notre liberté. Tentons donc, du mieux que nous le pouvons, de faire les bons choix, ceux qui ne feront rien regretter et qui sauront donner la joie de la victoire.

Le *troisième motif* concerne le regroupement par bandes des Esprits en progression. Lorsque l'Esprit s'élève dans l'échelle spirituelle, il ne tient pas compte seulement de lui-même. L'échelle se gravit par groupes qui se constituent à mesure des incarnations successives et des rencontres en erraticité.

Dans le cours des vies antérieures qui se sont renouvelées maintes et maintes fois, l'Esprit a lié des amitiés et connu des amours dont la force est indestructible. En fait, l'amour est une énergie éternelle qui unit pour toujours. Donc, après chaque vie, l'Esprit renforce et agrandit le cercle de ceux qu'il aime.

Lorsque ceux-ci se retrouvent dans l'au-delà, ils constatent parfois qu'ils n'évoluent pas tous à la même vitesse. Or, les liens d'amour les poussent à remettre à plus tard la poursuite de leur montée afin de permettre aux retardataires de les rejoindre. Parfois, ils choisiront d'être leurs

Esprits protecteurs pendant les incarnations de rattrapage. Souvent, ils se réincarneront avec eux pour tenter d'accélérer leur amélioration. Ils accepteront alors d'être soit leur père, leur mère, leur frère ou leur ami. Ils viendront faire partie de la société de leur vie pour reprendre ensuite la route ensemble vers un monde meilleur.

Avant de refuser la main qui nous est parfois offerte, lorsque la chute est imminente, prenons le temps d'écouter et de comprendre. Ne laissons pas notre orgueil nous aveugler. Celui qui nous conseille ne brime pas notre liberté, c'est peut-être cet ami qui s'est arrêté en route pour mieux nous aider.

15

LE VOILE DE L'INCARNATION

« Pourquoi sommes-nous incapables de nous souvenir de nos existences passées ? » Voilà la première question qui nous vient à l'idée lorsqu'on nous parle de la réincarnation. En fait, cet oubli est nécessaire pour pouvoir profiter de ce que nous devons vivre, pendant le temps où nous sommes attachés à notre corps physique. C'est même un signe de la sagesse divine.

Voyons d'abord ce qui provoque cet oubli.

Lorsque, à la conception, l'Esprit prend possession de son corps de chair, c'est un peu comme s'il s'enveloppait d'un voile. Ce dernier devient de plus en plus opaque au fil de la grossesse, pour le devenir complètement vers l'âge de cinq ou six ans. Il vivra par la suite comme entouré d'un brouillard qui fera oublier à sa conscience, non seulement ce qu'il fut déjà, mais aussi ce qu'il est vraiment dans sa réalité spirituelle. Exceptionnellement, certains incarnés pourront, à l'état normal, se souvenir de leur dernière vie. D'autres, dans des conditions spéciales, comme celles que peut provoquer l'hypnose, pourront reculer très loin dans leurs existences de lutte. Mais pour le commun des hommes, seules les périodes de sommeil, puis la mort, feront resurgir à la conscience les souvenirs du passé si précieux pour la compréhension de la route à venir.

Ces souvenirs ne seront d'ailleurs jamais complets, car à chaque fin d'incarnation, l'Esprit y laisse les détails inutiles à la cause de son avancement.

Mais ce voile n'a d'effet que pendant les heures de veille. À chaque période de sommeil du corps physique, l'homme reprend ses traits d'Esprit avec sa mémoire du passé. Il peut en profiter pour revoir sa route en écoutant les conseils des Guides et des Protecteurs. Il peut alors chercher à en garder une intuition qui le stimulera à prendre le bon chemin, dans ses heures de veille.

Lorsque j'ai demandé pourquoi cet oubli temporaire était nécessaire, les Esprits ont référé à la Sagesse divine. En fait, quatre raisons principales furent évoquées, dans l'ensemble des réponses reçues.

Premièrement, au stade peu avancé où se trouve l'homme de la Terre, celui-ci a souvent bien des dettes à rencontrer et bien d'autres efforts d'épuration à fournir pour accéder à des mondes meilleurs. S'il voyait tout le chemin qui peut lui rester à faire, il pourrait se décourager et ne jamais parvenir à atteindre les buts qu'il s'est fixés. De plus, sans ce voile, l'homme verrait tous les échecs de son passé. Il aurait alors une bien piètre opinion de lui-même et le découragement deviendrait vite sa loi. Le voile de l'incarnation lui permet donc de ne voir qu'une étape à la fois et cela facilite grandement la route. De plus, il permet d'ignorer le fardeau réel à porter, que l'homme est souvent mieux de ne pas connaître.

Deuxièmement, comme nous le disions, les Esprits reviennent souvent s'incarner avec ceux qu'ils ont déjà connus dans des vies antérieures, que ce soit par affection, par devoir ou par épreuve.

Si le voile de l'incarnation n'existait pas, ces retours tant prometteurs ne seraient pas possibles et la route en serait beaucoup prolongée.

Essayons d'imaginer celui qui saurait que son propre enfant est celui-là même qui fut déjà son père au cœur dur et froid. Comment pourrait-il remplir adéquatement sa mission de parent formateur de son enfant ? Et si, au contraire, ce fils était celui qui fut déjà sa victime ? Pour plusieurs, reconnaître ceux qui leur ont déjà fait du mal, ou encore ceux qu'eux-mêmes ont déjà fait souffrir, pourrait leur rendre l'incarnation insupportable. Remords, colère ou chagrin deviendraient des obstacles au plein épanouissement de chacun et chacune. Grâce au voile qui fait oublier, l'Esprit recommence un peu comme à neuf et peut ainsi gagner librement les victoires qui lui seront acquises éternellement.

Troisièmement, comme nous le savons, l'homme doit se grandir dans une chaîne successive d'incarnations, et à chaque incarnation, il peut y accumuler des acquis qui le rendent plus élevé en intelligence ou en moralité. Or, c'est encore grâce au voile qu'il peut y parvenir. En naissant, l'homme arrive avec un certain bagage d'acquis, mais il doit en développer encore davantage. En oubliant ce en quoi il est déjà passé maître, il suit son plan de vie en s'efforçant de développer le potentiel qui dort en lui et qui doit être découvert. Par exemple, s'il n'a jamais fait de musique et qu'il doive développer cet aspect, il s'y mettra avec l'ardeur nécessaire à la réussite. Il fera de même si c'est l'art oral, le contrôle corporel ou bien d'autres.

Mais si le voile n'existait pas, il verrait ce en quoi il est déjà bon et, son faible niveau d'avancement aidant, il abandonnerait vite l'effort pour se tourner vers la facilité. Il recommencerait ce qu'il connaît déjà et, de vie en vie, il ne ferait que tourner en rond sans se grandir dans les acquis nouveaux.

Quatrièmement, si l'homme voyait clairement les immenses récompenses que fournissent les gains effectués dans les incarnations, son infériorité spirituelle pourrait le faire tomber dans une course aux profits qui ne provoquerait que l'effet contraire. Il pourrait dangereusement confondre les nobles lois qui régissent les acquis spirituels avec les règles vulgaires que plusieurs hommes appliquent dans leur recherche des biens matériels. Ainsi, il pourrait chercher à aider ses frères, non pas par amour, mais pour en retirer des bonnes grâces. Il pourrait pardonner aux autres non pas par bonté de cœur, mais simplement pour augmenter son actif. Il pourrait prier Dieu, non pas pour lui rendre hommage, mais pour tenter d'en soutirer des avantages personnels. Par le voile de l'incarnation, l'homme doit vivre selon l'élévation de son cœur. Il suit l'élan qu'il lui donne et chaque pas vers le sommet enracine les acquis dans son Esprit. La sincérité des bonnes résolutions et le désir vrai de se grandir suffisent à lui donner la poussée dont il a besoin. L'homme doit comprendre par les yeux de son Esprit, à partir de ce qu'ils lui font voir. S'il ne comprend que par ceux de son corps de chair, c'est qu'il tient à s'attarder dans les ténèbres où la lumière n'est qu'illusion.

Selon mon Guide, l'homme peut se faire une certaine idée du niveau spirituel de sa dernière vie en observant le comportement qu'il manifeste à sa période de l'adolescence.

Pendant la période de l'enfance, l'homme est très malléable. En plus d'être particulièrement influencé par sa préparation d'erraticité, il se plie facilement au modèle de vie que ses parents inspirent. Son cœur est ouvert et il cherche à le remplir le plus qu'il peut. Son niveau spirituel ne s'extériorise pas beaucoup, sauf pour ceux qui sont vraiment inférieurs. Dieu a voulu qu'il en soit ainsi pour permettre à l'Esprit incarné de bénéficier d'un renforcement qu'apporte normalement l'éducation parentale. S'il en était autrement, il opposerait continuellement sa manière de voir et ne pourrait profiter des efforts éducatifs de ses parents. À l'adolescence, l'Esprit perd sa malléabilité. Il exprime ce qu'il est vraiment. C'est ce que nous appelons la crise de l'adolescence. Si l'éducation de son enfance a atteint son but, il pourra être déjà meilleur, bien que c'est pendant toute son incarnation qu'il intériorisera ses acquis nouveaux, à travers tous les événements qui sont prévus sur sa route.

La façon dont chacun vit cette période nous donne donc une certaine idée du niveau spirituel auquel nous appartenons. Ainsi, l'enfant docile qui devient contestataire et violent a sûrement moins d'acquis antérieurs que celui qui reste calme et sage. L'adolescent fêtard est inévitablement plus léger que celui qui recherche déjà le chemin de sa spiritualité.

Lorsque j'ai demandé si la qualité du milieu n'influençait pas le comportement de l'adolescent, les Esprits ont répondu de ne pas oublier que nous ne pouvons jamais perdre nos acquis. Ainsi, le milieu défavorisé devient l'occasion et non la cause de la manifestation du comportement. La cause, c'est le niveau spirituel de l'Esprit qui la favorise.

16

LE CHOIX DE NOTRE SEXE

En apprenant que nous avons déjà vécu dans plusieurs corps de chair, la plupart se demanderont si nous avons toujours été homme ou toujours été femme. La réponse est très intéressante, du fait qu'elle nous est donnée par des Esprits dont l'identification sexuelle est inexistante, dans le sens où nous l'entendons sur la Terre.

En effet, selon tous les témoignages que j'ai reçus, nous pouvons convenir que dans l'au-delà, il n'y a pas d'identification sexuelle. En principe, l'Esprit pense en Esprit et non en homme ou en femme. Il y a des cas particuliers chez certains Esprits inférieurs qui pourraient nous faire croire le contraire, mais il s'agit en fait d'Esprits dont le périsprit est tellement lourd qu'ils conservent une forte impression de ce qu'ils étaient dans leur corps de chair. Il ne s'agit alors que d'une simple illusion, bien que cela puisse leur sembler bien réel. En réalité, le sexe est tout à fait inexistant chez les Esprits.

En regardant son passé, chaque Esprit voit qu'il a vécu, dans une alternance relative, la situation des deux sexes. Il reconnaît certaines incarnations qui lui ont apporté un bagage que seule une situation d'homme ou de femme pouvait lui donner, alors que d'autres acquis pouvaient se faire sans cette nécessité limitant son choix.

Il voit que c'est l'ensemble des buts à atteindre dans l'incarnation qui, chaque fois, détermine le choix du sexe à prendre. En regardant l'avenir devant lui, il constate qu'il devra encore tenir compte soigneusement de ces buts pour évaluer s'il lui est plus favorable de revenir en homme ou en femme.

Comme dans le passé, les Guides vont le conseiller sur le choix à faire. À ce moment-là, il ne regardera que les avantages spirituels à en retirer, sauf s'il est encore trop inférieur pour le faire. Si c'est le cas, ce sont probablement ses désirs matériels et la réminiscence de ses passions qui le pousseront aveuglément vers le sexe qui va satisfaire ses pulsions inférieures.

Les Esprits nous disent qu'en quittant le cycle terrestre, chacun doit bien connaître ce qu'implique vivre en homme et vivre en femme. Il l'aura appris autant en alternant le sexe de ses corps qu'en côtoyant ceux qui auront pris l'autre sexe.

Mais pour atteindre les buts qui y sont rattachés, il doit nécessairement assumer les implications de sa sexualité d'incarné en rencontrant les obligations et les responsabilités qu'elle impose.

Ainsi, lorsque l'Esprit s'incarne, il doit répondre aux exigences qu'implique son sexe et vivre les avantages et les inconvénients que le contexte naturel fait naître.

L'homme doit donc assumer pleinement sa nature d'homme et la femme doit aussi assumer pleinement sa nature de femme. Cette contrainte, qui ne dure que le temps de chaque incarnation, doit stimuler l'Esprit à se grandir. Elle le place dans de multiples situations où il peut combattre son égoïsme et son orgueil. En fait, tout cela est une partie intégrante des épreuves que nous devons réussir pour nous grandir. L'Esprit trop obnubilé par son voile d'incarnation peut souvent oublier que nous sommes tous des Esprits semblables. Il se laisse alors prendre par l'illusion, ce qui débouche le plus souvent sur l'incompréhension de l'autre.

Mais encore là, la loi du contrecoup de nos actes s'applique invariablement. Ainsi, l'Esprit qui fit souffrir la femme lorsqu'il fut homme, devra à son tour venir endurer ce qu'il a lui-même fait vivre sur la Terre. Il reviendra en femme et connaîtra les implications de ses gestes passés.

Si ce sont des règles discriminatoires qu'il imposa, il reviendra les subir à son tour. Si c'est de la misère qu'il provoqua, il viendra la goûter à son tour.

Avant d'opter pour un changement de sexe d'incarnation, les Guides conseillent une très grande prudence. Généralement, les Esprits s'incarnent dans un même sexe pour plusieurs incarnations successives avant d'envisager le changement. En fait, selon les informations reçues, lorsqu'il choisit de s'incarner dans l'autre sexe, l'Esprit doit prolonger sa période d'erracité et sa préparation doit être encore plus judicieuse. Si le temps de préparation était trop court ou insuffisant, il risquerait de garder des traces de ses traits sexuels antérieurs et de ressentir des difficultés à s'assumer pleinement en tant qu'homme ou en tant que femme. Ceci pourrait alors l'obliger à reprendre une partie du plan, dans une incarnation additionnelle.

Lorsqu'arrive le temps de s'incarner, l'Esprit doit tenir compte des règles biologiques du corps charnel pour appliquer son choix, car il fixe le sexe qu'il aura dès l'entrée du spermatozoïde dans l'ovule.

Cette étape demande beaucoup de vigilance de la part de l'Esprit. Il doit reconnaître le bon moment où le processus de la prise de possession du corps se mettra en branle.

S'il doit revenir en homme, il doit tenir compte du fait que le spermatozoïde mâle est rapide et qu'il sera le premier arrivé à l'ovule. Il doit donc en guider l'entrée, tout en veillant à la connexion de la corde d'argent qui transmettra le flux vital et ce, en coordonnant l'adjonction de la masse d'énergie animalisée. S'il doit revenir en femme, il y aura le même processus, mais ce sera les spermatozoïdes femelles qu'il guidera. Ils sont cinq fois plus gros que les mâles et sont beaucoup plus lents. Il devra donc attendre quelques heures de plus, avant d'enclencher son action.

Encore là, si l'Esprit n'est pas assez évolué pour comprendre lui-même ce qu'il doit faire, d'autres Esprits bienveillants le guideront pendant le temps qui lui est nécessaire. C'est en raison de ces règles biologiques que l'Esprit doit souvent stimuler les futurs parents à concevoir, car il doit tenir compte du temps d'ovulation de sa future mère pour rendre la conception possible.

Il arrive parfois que l'Esprit ne puisse réussir du premier coup. Il recommence alors en tenant compte des conditions de naissance qui font partie du plan de vie. À ce moment-là, même si le spermatozoïde a fait son travail, il n'y a pas de formation de corps humain. Le processus est à reprendre.

Le sexe que nous avons n'est donc pas le fait du hasard. Nous le gardons pendant toute notre vie d'incarné, nous nous identifions même à lui, mais il faut bien savoir qu'il n'est que temporaire et qu'il fait partie des conditions d'épreuves que nous devons réussir sur cette Terre.

Cherchons donc à mieux nous comprendre mutuellement et à nous soutenir les uns les autres, dans cette montée vers des conditions meilleures. Ne nous attardons pas aux illusions que peut inspirer l'appartenance à un sexe ou à un autre. Assumons-nous dans ce que notre sexe nous impose, tout en voyant la même réalité qui anime chacun de nous : nous sommes tous des Esprits frères, enfants du même Père qui nous guide vers Lui dans le même chemin.

17

MALADIE ET GUÉRISON

Parmi les signes qui nous démontrent l'évidence de l'infériorité de notre monde, celui qui est le plus présent dans chacune de nos vies terrestres est sans aucun doute la maladie.

L'homme met beaucoup d'efforts à la combattre dans la mesure de ses moyens, mais elle est toujours omniprésente et darde sans relâche. Elle prend une forme ou une autre, s'attaque tôt ou tard à soi-même ou à ceux qu'on aime, n'apparaissant qu'un moment ou s'attardant sans cesse. Elle fait partie des conditions inhérentes à la vie terrestre. Elle apparaît souvent dans nos plans de vie, car elle peut constituer un excellent moyen de se détacher des attirances illusoires des choses de la Terre. Certains la choisissent même pour remplir certaines missions de sensibilisation à la réalité spirituelle. Leur haut niveau d'acceptation constitue alors un exemple de conduite qui stimule les autres à gravir les échelons.

En fait, par sa nature imposante, elle fournit aux hommes l'occasion de constater la fragilité de la chair et de remettre en cause l'importance souvent trop grande qu'ils accordent à leur corps si facilement périssable.

Suivant les informations obtenues de l'au-delà, la maladie peut prendre sa source à trois niveaux différents. Cette différence d'origine implique des façons de traitement et des voies de guérison qui sont propres à chacun des niveaux impliqués.

- *Le premier niveau* est celui du corps physique. C'est ici que toute la gamme des facteurs exogènes et endogènes propres à la nature du corps charnel imprègne son influence.

Celle-ci peut se faire sentir dès la conception. En effet, le bagage héréditaire que fournit chacun des parents peut contenir des caractères tarés qui donnent lieu à des faiblesses favorisant l'apparition des maladies dites congénitales.

Les conditions de grossesse pourront aussi fournir l'occasion à de multiples facteurs d'agir sur le corps en développement. La présence de virus, certaines consommations par la mère, le manque d'hygiène et de soin, certains accidents ne sont que quelques-unes que nous pourrions énumérer.

Même l'accouchement peut lui aussi donner lieu à des circonstances pouvant favoriser l'apparition de certaines anomalies. Et que dire maintenant de tout ce qui peut agresser notre santé de la naissance à notre mort. Je crois que nous ne cesserions pas d'énumérer tout ce qui a pu, pourrait et pourra déclencher l'apparition d'un mauvais fonctionnement de notre organisme en lutte perpétuelle pour sa survie.

En fait, lorsque l'Esprit l'inclut dans son plan de vie, mille déclencheurs peuvent contribuer à en faire une douloureuse réalité.

Or, pour guérir ces maladies de premier niveau, il faut

faire intervenir des agents de nature physique, car toute maladie dont la cause vient directement de la composante matérielle nécessite des interventions de nature également matérielle. Actuellement, c'est sur ce premier niveau que les médecins, les chercheurs et les biologistes centrent leurs efforts. Leur action est extrêmement importante pour nous, car sans leur présence, plusieurs plans de vie ne seraient pas réalisables sur cette Terre. Les souffrances seraient encore plus grandes et plus étendues et seuls les Esprits ayant à souffrir sans relâche y trouveraient les conditions dont ils auraient besoin.

Mais comme nous le verrons plus loin, malgré son importance incontestable, la médecine matérielle ne peut exclusivement agir que sur ce premier niveau pouvant causer la maladie.

Selon les Esprits, les maladies prenant leur source au premier niveau sont le plus souvent choisies par épreuves d'avancement. Celui qui veut monter plus vite et qui se sent prêt à accepter ces conditions peut largement profiter de l'éveil spirituel qu'elles peuvent favoriser. Il arrive aussi que ces maladies soient le retour de certaines attitudes du passé. Par exemple, si nous sommes incapables de compassion envers nos malades, nous risquons de devoir connaître les mêmes conditions pour en comprendre toutes les implications profondes.

- *Le deuxième niveau* est celui du périsprit. Comme nous l'avons vu, toute action que nous posons se répercute directement dans notre périsprit. Celui-ci peut donc être chargé de plusieurs impuretés accumulées par le contrecoup de nos mauvais choix. La répétition de ceux-ci, alliée à une stagnation spirituelle trop prolongée, peut provoquer un genre de putréfaction périspritale qui aura directement sa répercussion sur le corps de chair. C'est là l'origine d'une grande partie des maladies incurables.

Les maladies originant du deuxième niveau peuvent aussi être la conséquence des abus de la matière. Dans ce cas, le périsprit étant littéralement saturé des contrecoups répétitifs, devient comme atrophié. Il doit alors se régénérer pour retrouver son état normal. En attendant que cela soit complété, l'Esprit doit revenir dans la chair, en portant avec lui ses plaies qu'il doit guérir.

Les maladies originant de ce deuxième niveau ne peuvent être guéries que par des traitements d'une nature strictement spirituelle. La cause étant semi-matérielle, l'action purement matérielle n'a qu'un effet négligeable sur elles.

Une grande partie des maladies que la médecine actuelle ne peut guérir origine du périsprit. En fait, par ses instruments physiques, le médecin ne peut atteindre que les conséquences physiques, sans toucher à la cause dont la nature est tout autre.

Ainsi, pour ce niveau, l'homme ne trouvera le chemin de la guérison qu'en comprenant sa nature réelle et en centrant ses interventions sur les composantes qui sont concernées. Si l'homme de la Terre était déjà épuré, toutes les maladies de deuxième niveau n'existeraient pas. C'est son infériorité spirituelle qui en est la cause. Son périsprit étant encore lourd, il porte avec lui la charge du passé. Lorsque le périsprit est plus spiritualisé, l'Esprit n'a plus à subir cette charge, mais les hommes d'ici étant encore peu avancés, il s'en trouve beaucoup dont le périsprit peut présenter cette dégénérescence semi-matérielle.

L'Esprit qui s'incarne ne choisit pas les maladies

originant du deuxième niveau. Il ne fait que subir mécaniquement les conséquences que ses propres choix antérieurs ont librement provoqués. En fait, il fut souvent un trop grand jouisseur et ce, pendant trop d'incarnations. S'il avait voulu monter dans la voie spirituelle, son périsprit se serait épuré et aurait fourni un meilleur modèle au corps de chair.

La prière et l'action de certains guérisseurs peuvent avoir un effet très bénéfique sur les maladies du second niveau*.

C'est de ce niveau qu'originent la plupart des maladies susceptibles de guérison dite miraculeuse. Si l'amélioration périspritale est déjà amorcée, la force de la prière, la sincérité de l'Esprit et les changements profonds de son orientation spirituelle peuvent provoquer, avec l'aide d'Esprits bienveillants de l'au-delà et avec l'accord de la Volonté divine, un certain rééquilibre de la constitution périspritale ; ce qui se répercutera directement dans le corps de chair, en provoquant sa guérison.

Il s'agit, en fait, du même processus que celui que nous observons lorsque l'action d'un guérisseur intervient. Une quantité de fluide régénérateur est alors transférée, soit directement des courants cosmiques en passant par des Esprits guérisseurs de l'au-delà, soit directement d'un guérisseur incarné qui donne son propre fluide animalisé, à même sa propre réserve.

Cette masse d'énergie peut alors permettre un certain degré de réparation périspritale qui se répercute ensuite sur le corps physique dont il est le modèle reconstituant.

Conditionnellement à la Volonté divine, qui est sans

* Nous nous ferons une idée précise de cet effet bénéfique lorsque nous aborderons, en deuxième partie, les « Esprits guérisseurs » (p. 306).

faille, la guérison par transfert fluidique est applicable à toutes les maladies originant du deuxième niveau.

• *Le troisième niveau* est celui du flux vital. Nous avons vu que l'Esprit transmettait le flux vital au corps de chair par l'intermédiaire de la corde d'argent. Normalement, un corps physique bien constitué, dont chaque cellule est suffisamment baignée du fluide nourricier, permet à l'Esprit de vivre en bonne santé.

Or, il peut arriver que l'Esprit, sans en prendre conscience dans la chair, s'adapte mal aux circonstances de son incarnation. Il peut alors en résulter que le débit du flux vital soit insuffisant ou irrégulier. Cette difficulté à passer se traduit par l'apparition de certaines maladies dont la médecine conventionnelle ne peut soulager que les effets parfois permanents.

Pour soigner les maladies originant du troisième niveau, il faut centrer les efforts sur les effets physiques par la médecine conventionnelle, appeler à soi l'aide des Protecteurs de l'au-delà par la prière et surtout apprendre à mieux accepter les événements prévus dans notre plan de vie.

Nous ne pouvons malheureusement distinguer de quel niveau originent les maladies dont nous sommes affectés. Cependant, les traitements conventionnels sans résultats positifs peuvent nous faire soupçonner la nature réelle de leur cause. Enfin, lorsque l'homme de la Terre comprendra mieux sa constitution intime, il pourra mieux utiliser les outils que Dieu lui a confiés pour soulager sa misère.

18

LES PASSIONS

La racine latine qui a donné le mot passion signifie « souffrance ». Si nous regardons l'effet que provoquent le plus souvent les passions, nous constatons que l'origine étymologique traduit bien la réalité qu'elles font vivre sur notre Terre. Les poètes les plus lointains dans le cours des siècles les comparaient déjà à un feu dont la flamme gruge l'homme qu'elle consume.

À l'origine, les passions sont apportées par le corps de chair. C'est là qu'elles siègent et c'est par lui qu'elles fournissent les pulsions qui peuvent les soutenir et les développer. Chaque corps de chair est donc porteur de germes passionnels qui peuvent se développer et même dominer l'Esprit qui s'y laisse prendre.

L'Esprit qui est déjà tourné vers sa spiritualité utilise les passions comme cheval de bataille pouvant l'amener plus proche du sommet. Elles lui fournissent l'occasion de démontrer sa valeur. Leurs incitations sont source de renforcement moral et leurs invitations sournoises le stimulent à accentuer davantage son détachement matériel.

Chaque appel de passion est, pour l'Esprit plus avancé, un tremplin nouveau pour monter encore plus haut. Libre de sa domination, c'est plutôt lui qui en devient le maître. Sortant victorieux de ces luttes morales, il vit détaché de ses pulsions charnelles et grandit encore plus vite dans sa nature réelle qui est celle de l'Esprit.

L'Esprit inférieur, qui retarde la montée vers la lumière, écoute ce que lui propose son corps. Les germes passionnels se développent et prennent de plus en plus d'ampleur. Ils créent de multiples illusions lui présentant de faux espoirs. Sombrant dans les ténèbres, il devient subrepticement l'esclave de ses inclinations.

Son degré d'abandon détermine l'intensité des passions et la profondeur de leur enracinement dépend de la longueur de leur domination.

Cette soumission à l'appel des passions est de nature à retarder considérablement la montée spirituelle. Toute action ayant sa résonance dans le périsprit, les passions, alimentées par l'Esprit, s'y inscrivent, voire même s'y incrustent. Pour cet Esprit, cela se répercutera non seulement dans ses incarnations ultérieures, mais aussi dans l'au-delà, après la mort du corps physique. Ce qui provoquera de grands tourments*.

En fait, s'étant incrustées dans le périsprit, les passions feront partie de sa personnalité tant qu'elles y seront incluses.

Même mort, elles continueront à l'inciter à satisfaire l'illusion des pulsions ainsi provoquée. Dans ce cas, l'Esprit, n'ayant plus de corps de chair, ne peut évidemment plus jouir de la matière. Ceci donne lieu à de grandes frustrations qui l'incitent à revenir rapidement sur

* Dans la deuxième partie, nous retrouverons plusieurs témoignages nous décrivant l'effet morbide que peuvent avoir nos passions dans notre vie d'après-mort, notamment dans la section « Activités d'Esprits au périsprit lourd » (p. 256 à 262).

la Terre pour satisfaire ses besoins. Mais son état aveuglé par le désir le fait se mal préparer et il choisit souvent de pénibles incarnations qu'il aurait pu éviter.

De plus, il reviendra dans la chair avec ses tendances déjà en action et il devra lutter avec courage pour se libérer de leur emprise. Ce n'est que lorsqu'il aura vaincu qu'il sera ensuite dégagé pour toujours de ces luttes inlassables.

Il comprendra alors son aveuglement passé en constatant que tout ce retard et toutes ces souffrances auraient pu être évités s'il avait choisi tout de suite le chemin de la liberté.

Il n'y a donc qu'un choix logique à faire : tenter de vaincre tout de suite. Nous nous éviterons ainsi de longs retards qui remettraient à plus tard des joies sublimes dont les plaisirs terrestres ne viennent même pas à la hauteur de leur ombrage.

19

LE DEVOIR D'ÉTAT

Nous avons vu que les événements majeurs de notre vie sont déterminés à partir des buts à atteindre pendant l'incarnation. Or, ces événements sont directement reliés aux responsabilités qui nous sont présentées pendant notre vie. Ce n'est donc pas l'effet du hasard si nos responsabilités spécifiques diffèrent si souvent de celles que nous voyons chez les autres. Elles sont à la hauteur de ce que nous sommes et en fonction directe de ce qui fut planifié.

Notre statut social, notre état matrimonial, notre profession, notre famille, notre milieu culturel, notre race, notre nation font que nous devons vivre des particularités qui donnent des responsabilités propres à chacun. L'obligation civile et morale de répondre convenablement à ces responsabilités inhérentes au contexte de notre incarnation constitue l'ensemble de ce que les Esprits appellent le devoir d'état.

Ainsi, que nous fassions partie de la classe pauvre, moyenne ou riche, notre devoir demeure le même, soit celui de répondre adéquatement à nos responsabilités dans le souci constant de se grandir en Esprit. Le pauvre n'aura certes pas les mêmes épreuves que le riche, mais les deux doivent répondre, selon leur condition, à l'appel de leur devoir d'état. Ni l'un ni l'autre n'est plus favorisé dans ses conditions. Le but est le même : monter vers Dieu. D'ailleurs, le riche d'aujourd'hui fut le pauvre d'hier et le pauvre d'aujourd'hui sera le riche de demain. Nulle récompense sur cette terre, seulement des épreuves pour avancer.

Ainsi, que nous soyons parent, conjoint, menuisier, médecin, écrivain ou autre, le devoir est le même : bien faire ce que notre condition nous demande. Il n'y a aucune raison d'envier ou de rabrouer l'autre. Chacun est ici pour apprendre. Ce que j'apprends aujourd'hui dans mon métier, l'autre l'apprendra demain s'il ne l'a pas encore fait. Il faut donc chercher à s'acquitter du mieux possible de nos tâches. Elles sont foncièrement des instruments pour nous permettre de grandir. Ce qui peut nous sembler des gestes répétitifs et banals peut être d'excellents moyens qui furent choisis pour développer notre résignation, notre patience ou encore favoriser certains contrôles corporels.

Même notre race et surtout notre nation nous inspirent des devoirs particuliers. Que ce soit pour profiter de ses enseignements, des leçons de son histoire ou encore pour jouer un rôle dans l'orientation de son avenir, le devoir d'état sera toujours de répondre à ce que chaque situation nous demande, en respectant la ligne droite qui mène à Dieu.

Faire son devoir d'état revêt donc une grande importance dans la réussite de notre incarnation. C'est, en fait, la manifestation pure et simple de notre degré de compréhension et d'acceptation de la raison d'être de notre présence sur cette Terre.

L'opacité du voile de l'incarnation peut parfois nous

faire échapper à cette prise de conscience. Nous nous laissons alors bercer par les illusions que nous présente le monde matériel et la révolte s'installe ensuite dans notre cœur. Révolte d'ailleurs inutile, car nul n'échappe à la nécessité de ce qu'il doit accomplir.

Tout ce qui tisse et compose la trame de notre incarnation est constitué de la fibre des buts que nous nous sommes fixés avant de renaître ici-bas. Nous ne pouvons donc jamais échapper à notre devoir. Il est là pour nous soutenir dans notre ascension et sa présence est tout à fait nécessaire à la bonne tenue de notre route.

Si, par faiblesse ou par ignorance, nous pouvons fuir devant lui, nous ne pouvons, par contre, jamais échapper à l'état de ce que nous sommes.

Il faut donc apprendre à accepter que nos outils soient ce qu'ils sont, tout en se motivant à les utiliser positivement au maximum de nos possibilités.

En faisant notre devoir d'état, nous ne pouvons qu'atteindre nos objectifs. Nous nous destinons ainsi à recueillir de sublimes récompenses* en concordance avec ce que nous sommes réellement : des êtres spirituels ayant la vie éternelle.

Le pire ennemi du devoir d'état est notre égoïsme, cette bête sournoise si répandue sur la Terre. Mais lorsque nous savons nous oublier, la tâche devient facile. Le devoir n'est plus jamais aliénant. Il devient la source éternelle qui abreuve notre cœur de cette eau qui rassasie sans cesse.

---

* Deux témoignages apparaissant dans la section « Le ciel et l'enfer » de la deuxième partie nous donneront un certain aperçu de ces sublimes récompenses (p. 213 à 224).

20
LE JUGEMENT

Quiconque comprend la réalité de la survie de l'au-delà se pose des questions sur l'existence d'un jugement d'après-mort. « Ce jugement existe-t-il ? » « Comment sommes-nous jugés ? » « Qui nous juge ? » ne sont que quelques exemples des interrogations qui peuvent nous venir à l'esprit, lorsque nous songeons à ce qui nous attend en entrant dans l'autre vie. Voici la réponse obtenue de nos frères trépassés.

Nous parlons de vies successives nous faisant gravir pas à pas le chemin menant à l'état d'Esprit pur ; nous parlons aussi de plan de vie élaboré à cet effet, à partir du chemin que nous avons déjà parcouru. Il est donc bien évident qu'une évaluation doit être faite après chacune des fins d'étape que marque la mort.

Lorsque l'instant de la mort réelle approche, l'Esprit voit les souvenirs de son incarnation agonisante qui se sont inscrits en lui. Il les emportera comme de nouveaux outils pouvant l'aider à mieux comprendre le sens de sa progression. Cela se produit avant la mort réelle, c'est-à-dire avant que la corde d'argent ne se rompe et que l'Esprit perde l'utilisation de son corps de chair. À ce moment là, l'Esprit revoit sa vie entière dans un temps très court. Tout ce qu'il revoit constitue ce qui s'est inscrit en lui pour son retour dans son monde naturel.

Ces souvenirs s'ajoutent alors à ce qu'il a déjà retenu de l'ensemble de ses autres vies. Cette inscription des événements significatifs compose comme un genre de livre qui sera toujours à la disposition de l'Esprit. Il pourra le consulter à sa guise, en vue d'évaluer les leçons du passé et s'en servir pour encore mieux préparer son avenir.

Au début, lorsque l'Esprit n'est pas suffisamment avancé, le livre des vies successives accumule les données, même si l'Esprit ne les utilise pas dans l'immédiat. Elles seront en réserve pour plus tard. À ce stade, l'Esprit inférieur subit mécaniquement les contrecoups de ses choix. Il doit se soumettre à ce que d'autres Esprits déjà avancés lui indiquent pour la route à venir et cela pour l'aider à ne pas végéter dans une douloureuse stagnation qui se prolongerait inutilement.

C'est lorsqu'il s'est dépouillé des traits trop inférieurs qu'il peut enfin participer à l'évaluation de son cheminement. Cette évaluation ou ce jugement ne se fait pas nécessairement tout de suite après la mort. Le degré de compréhension de l'Esprit, ses préoccupations, sa personnalité, sa spiritualisation sont parmi les facteurs qui influencent grandement l'époque et même la manière du jugement.

Si l'Esprit comprend bien sa nature réelle et si sa réadaptation à l'au-delà se fait facilement, il procédera rapidement à l'évaluation de sa dernière vie. Il sait qu'il devra revenir dans la chair et il cherchera à profiter pleinement de toute sa période d'erraticité pour se préparer au maximum des possibilités offertes.

Si le périsprit est trop alourdi des scories matérielles, il vit une plus longue période d'adaptation avant de se souvenir de ce qu'il est. Il prend ainsi plus de « temps » avant d'être en mesure d'aborder l'étape du jugement.

Même en connaissance de cause, certains Esprits encore trop attachés à ce qu'ils ont quitté sur la terre peuvent écarter cette intéressante occasion de faire le point. Ce retard fera alors partie des données qui les porteront à tirer des leçons d'eux-mêmes.

Quant au jugement, c'est l'Esprit qui le fait lui-même, dans la mesure où son avancement spirituel le lui permet. Il se juge avec sa propre personnalité et sa propre façon de voir. Il applique à lui-même les règles qu'il a imposées aux autres pendant sa vie. En fait, lorsqu'il est en mesure de juger sa vie, il le fait en Esprit suffisamment avancé pour le faire. Or, cet état lui donne une objectivité telle qu'il le fait comme s'il s'agissait de la vie d'un autre. C'est pour cette raison qu'il est jugé dans la même mesure qu'il a toujours jugé les autres. D'où la pertinence de développer un bon jugement sur autrui, dans une ouverture spirituelle qui ne sera ni la condamnation haineuse, ni la tolérance béate du laisser-faire aveugle.

S'il a le souci de bien profiter du jugement qu'il pose, l'Esprit peut demander l'aide de son Esprit-Guide qui l'a accompagné dans sa vie. Il peut aussi recevoir les conseils de certains Esprits qui ont déjà réussi les mêmes épreuves.

Celui qui n'a pas cultivé son humilité pendant sa vie d'incarné peut difficilement profiter de cette aide précieuse. Son orgueil encore trop grand lui fait refuser d'ouvrir délibérément son cœur à d'autres. Voyant qu'il ne peut rien leur cacher, il a le réflexe de ne se tourner que vers ses semblables qui ne sont pas plus avancés que lui. Les possibilités de son cheminement en sont alors beaucoup diminuées. Si, au contraire, il a su étouffer en lui les poussées de son orgueil, il va sans crainte vers ceux qui sont plus hauts.

Son Esprit dégagé comprend que nous devons tous commencer par le bas de l'échelle et que la honte, ce n'est pas d'y être, mais plutôt de refuser de monter.

Ceux qui sortent de l'emprise orgueilleuse comprennent ainsi que nous sommes tous frères, créés du même Père, dans l'ascension commune vers la pleine vie spirituelle et éternelle.

Et Dieu dans tout cela ? Dieu dont notre Esprit est fait de son essence, vit chaque jugement avec nous. Il en reçoit intimement la moindre de nos pensées. Il comprend donc vraiment ce qui se passe en nous. Il permet que nous ayons les conditions qui nous sont nécessaires, en respectant les choix que nous posons. Il sait que l'harmonie absolue de ses lois parfaites et immuables nous fera comprendre un jour le chemin qu'il faut prendre.

Chaque action que nous posons est donc pesée dans l'au-delà. Elle donne le poids de notre valeur réelle, sur la balance que nous fournissons nous-mêmes. Il est donc à notre grand avantage de voir à notre conduite et de l'orienter dans la direction qui mène à notre Père.

Jugement dernier

Lorsque nous parlons du jugement dernier, nous pensons à cette image qui représente Dieu faisant le tri entre les bons et les mauvais. Suivant ce qui me fut communiqué, le principe du jugement dernier est une tout autre affaire. Il touche périodiquement chacune des planètes habitées, lorsqu'elles atteignent des phases différentes dans leur degré de vieillissement naturel. Chacune d'elles fournit des conditions particulières offrant des possibilités qui sont propres à certains plans de vie déterminés. Ces conditions sont relativement stables, puisqu'elles durent généralement plusieurs siècles. Dans les cycles naturels de toutes les planètes, des transformations géophysiques propres au vieillissement de chaque système solaire changent les conditions de vie. Ainsi, telle planète, où la vie était facile, peut dorénavant offrir des conditions plus difficiles, ou le contraire, telle autre peut désormais offrir plus de facilité à s'y incarner.

Or, lorsque cela arrive, Dieu doit parfois faire une sélection des Esprits qui peuvent s'y incarner et même y errer après leur décès. Il procède alors à l'application d'une loi immuable qui veut que l'accès des mondes habités soit limité au niveau spirituel correspondant. Cela empêche les Esprits inférieurs de venir semer le désordre dans les mondes où les épreuves de souffrance n'existent plus. Les Esprits déjà avancés peuvent cependant se rendre dans les mondes inférieurs pour y aider leurs frères ignorants.

Ces « jugements derniers » peuvent donc revenir plusieurs fois dans la vie d'une même planète. Même notre Terre en a déjà eu et en aura encore. Quant au jugement dernier de chacun d'entre nous, il n'arrivera que lorsque nous aurons atteint la nature intime de Dieu.

21
LE MEURTRE

Un autre signe de l'infériorité de notre monde est l'omniprésence, sur la Terre, du meurtre sous toutes ses formes.

Le meurtre est sans contredit parmi les fautes les plus graves que nous puissions commettre. Lorsque nous connaissons tout ce que peut exiger en conditions essentielles le fait de vivre dans la chair, nous comprenons vite que le meurtre est non seulement un rejet total de l'autre, mais qu'il représente un acte direct contre la volonté divine.

Si le meurtrier avait une petite idée de la grandeur de l'Amour divin, il se sentirait tellement indigne du regard de son Créateur que la conscience de ses fautes le plongerait dans un repentir qui le pousserait à avoir pitié de lui-même ; ce que vit douloureusement l'assassin lorsqu'il a suffisamment grandi pour comprendre la bassesse de son geste.

Celui qui tue son frère incarné le prive de toutes les possibilités que son plan de vie lui permettait. Il freine sa montée vers Dieu, l'obligeant à reprendre ce qu'il avait commencé pour atteindre ses buts. Il provoque délibérément un retard dans sa montée vers Dieu.

Son geste vient contrer directement ce que Dieu lui-même avait permis pour son frère. Certes, l'événement était prévu sur la route, mais nul ne l'obligeait à céder à sa faiblesse. Par le meurtre, il marque en lui une trace profonde indiquant son infériorité et il ne pourra l'effacer qu'avec beaucoup d'efforts et de souffrances.

La loi du contrecoup lui apporte de très amers revers. Il aura beau échapper à la justice des hommes, profiter même de certains avantages temporaires que son geste lui aura apportés, quand l'heure de la mort arrivera, elle sonnera celle des comptes à rendre.

Dans l'au-delà, il ne se sentira entouré que par ses semblables meurtriers. Mille tourments le tenailleront. Il aura beau feindre de rire, la souffrance lui consumera le cœur.

La loi du contrecoup étant infiniment juste, il mangera le fruit amer qui lui est dû. Les lois immuables qui régissent la progression spirituelle sont d'une perfection telle que chacun reçoit selon la mesure exacte et précise de ce qu'il mérite et ce autant dans le sens de la récompense à recevoir que des charges à assumer. Ainsi, pour le meurtre, si l'auteur a agi sans la conscience de lui-même, soit à la suite d'une folie ou d'une déficience cérébrale quelconque, l'effet boomerang ne provoquera pas les conséquences que subit celui qui a tué en toute connaissance de cause. Il vivra donc des retours, selon la nature exacte de la motivation de sa faute.

Les souffrances post-mortem que provoque le meurtre nous sont décrites comme étant très intenses. Certains coupables ont l'illusion d'être toujours en présence de leurs victimes. Ils ont réellement l'impression qu'elles sont devant eux. Ils sont alors rongés par le regard rappelant sans cesse ce qu'ils ont fait. D'autres ont l'impression de revivre perpétuellement le geste de leur crime, comme un genre de répétition inlassable marquant devant tous ce qu'ils portent en eux*.

D'autres encore ont l'impression d'être poursuivis par leurs victimes cherchant vengeance. Certains peuvent même se voir liés à l'arme de leur crime. Plus encore, il y en a parfois qui sont prisonniers des lieux de leur crime, ne pouvant pas aller plus loin que la limite de leurs murs.

De plus, cela se vit sans répit, car dans l'au-delà, il n'y a pas de sommeil pouvant soulager à la fin de chaque journée.

Il y en a même qui peuvent perdre la notion du temps jusqu'à croire fermement que leurs tourments n'auront jamais de fin.

Cet effet boomerang ne diminue en intensité que lorsque le regret sincère apparaît dans le cœur du coupable. Mais comme souvent le meurtrier n'a pas compris sa nature réelle, il tend beaucoup plus à se révolter qu'à s'amender ; ce qui augmente la durée de ses tourments. Ceux-ci peuvent parfois se prolonger pendant plusieurs de nos années, voire même de nos siècles, si l'Esprit ne veut vraiment pas écouter les conseils des Esprits bienveillants qui lui offrent leur aide.

Mais, inévitablement, un jour vient où celui qui fut assassin comprend enfin la route à suivre. Cela provoque alors une grande réjouissance dans le cœur de ceux qui ont déjà compris. Ils le soutiennent dans ses efforts, l'aident à se relever en l'assistant dans sa préparation du retour. Il sort de l'ignorance, mais ce qu'il a compris en

* Deux témoignages nous décrivant l'arrivée dans l'au-delà d'Esprits meurtriers, nous préciseront, en deuxième partie, ces souffrances post-mortem (p. 188 et 190).

Esprit, il devra l'appliquer concrètement en vainquant dans la chair. Il devra d'abord surmonter les faiblesses qui l'ont fait tomber. Plus tard, il devra vivre lui-même ce qu'il a fait endurer aux autres. Puis, il devra un jour réparer le tort qu'il avait causé, en s'incarnant comme obligé envers celui qu'il avait jadis rejeté. Enfin, sa victoire sera scellée pour toujours.

Il faut bien comprendre que ces souffrances ne sont jamais l'effet de la vengeance divine. Elles ne sont que le contrecoup automatique que le meurtre porte en lui. Quant au meurtre lui-même, il n'est qu'un effet de l'ignorance spirituelle. Dans sa perfection, Dieu savait qu'il nous faudrait des bornes pour reconnaître le chemin à suivre. Il a donc créé ses Lois pour nous pousser dans la bonne direction. En nous créant, Il savait aussi que seuls nos efforts pouvaient nous conduire vers Lui. Il soutient donc son appel incessant, en permettant que nous puissions reconnaître ses Lois immuables qui rendent la montée possible. Lorsque celles-ci nous font souffrir, c'est qu'elles nous rappellent la direction à prendre et nous forcent ainsi à endosser les conditions essentielles à la réussite.

Peut-être avons-nous déjà souffert pour des actes aussi vils que le meurtre, peut-être avons-nous plutôt su choisir en nous évitant de longues souffrances, mais ce qu'il faut retenir, c'est que même si nous suivons une route longue et truffée de chutes, nous finirons tous un jour par atteindre la perfection éternelle. Évitons donc ces actes propres à la bête. Nous ferons ainsi rejaillir plus vite cette Lumière qui est en nous, signe de notre parenté filiale avec Dieu.

22

LE SUICIDE

Un autre mauvais choix, dont les conséquences sont très douloureuses pour l'incarné, est celui d'interrompre l'écoulement de son plan de vie par le suicide.

Cet acte d'autodestruction entraîne son auteur dans un processus de réparation obligatoire fort couteux.

Pour tout décès normal, lorsque la mort arrive au terme prévu, l'Esprit perd conscience dès que la corde d'argent s'est rompue. Cette perte de conscience, d'une durée relative à chacun, constitue un temps de repos bienfaisant qui permet à l'Esprit de récupérer suffisamment pour pouvoir s'adapter à son retour dans l'au-delà.

Pour le suicidaire, ce temps de repos n'existe pas. Il passe directement de vie à trépas sans transition perceptible. Certains peuvent sentir un bref instant de soulagement, mais le temps de se rendre compte que la mort n'a mis aucun terme à leurs tourments arrive très vite. Il constate presque immédiatement la totale inutilité de son geste.

Tous les aspects des problèmes qui l'assaillaient lui reviennent à l'esprit. Loin d'en être libéré, il voit, en plus, toutes les graves conséquences que son geste a provoquées*.

Il perçoit les solutions qui l'attendaient sur sa route. Il voit comme on l'entourait de l'au-delà. Il comprend en plus que les épreuves étaient à la portée de ses moyens. Il comprend en Esprit que Dieu ne permet jamais qu'on s'incarne dans des épreuves au-dessus de nos forces. Il voit donc bien en face que seul son mauvais choix est à blâmer.

Une grande angoisse l'étouffe sans cesse. Conscient de ce qu'il aurait pu faire de bien, lié par son impuissance, tiraillé par des regrets au visage de tourments, il doit de plus souffrir de l'écoulement de sa masse d'énergie animalisée que la mort n'a pas arrêté. Cet écoulement provoque des sensations de brûlure, comme s'il avait encore son corps de chair. Elles dureront le temps que devait durer son incarnation. Certains suicidés assistent même à la putréfaction progressive de leur corps, en ressentant l'impression que donne l'action des vers qui le rongent.

Ce qui aggrave encore plus la situation, c'est que plusieurs perdent, pendant cette période, la possibilité de se rendre compte de la présence des Esprits qui les entourent. Cette impression d'isolement est très difficile à supporter. D'autres, au contraire, peuvent voir et entendre ceux qui les entourent, mais ce ne sont que ceux qui, comme eux, se sont suicidés. Ils deviennent alors les spectateurs de multiples mutilations horrifiantes qui constituent leurs seuls compagnons.

Une fois cette étape passée, l'Esprit voit bien qu'il n'est

* Dans la deuxième partie, nous prendrons connaissance de deux témoignages d'Esprits suicidés qui ont douloureusement dû constater la stérilité de leur choix insensé (p. 193 à 197).

pas au bout de ses peines. Le geste qu'il a posé a laissé des séquelles dans son périsprit et cela aura des répercussions dans ses prochaines incarnations. Il devra revenir dans la chair, avec ces séquelles que l'acte destructeur a provoquées. Elles s'imprégneront dans son prochain corps charnel et il devra vivre avec, pendant au moins une incarnation.

Pour ne citer que quelques exemples, s'il s'est suicidé en se tirant une balle dans la tête, il devra revenir avec un cerveau en mauvais état ; s'il s'est pendu, il reviendra avec une malformation vertébrale ou un mauvais fonctionnement du système nerveux central ; s'il s'est empoisonné, il devra subir de graves maladies sanguines, etc.

Avant d'écrire ces lignes, il m'arriva un fait peu coutumier me confirmant les témoignages de l'au-delà sur ce sujet.

Je marchais dans un lieu public bondé de gens lorsque je vis, en projection astrale, une jeune fille qui se jetait du haut d'un grand édifice. Je fus témoin de sa chute complète. Lorsqu'elle arriva au sol, ses jambes s'étaient brisées dans une position assez particulière. Au même instant, une jeune handicapée me croisa. Ses jambes présentaient les caractéristiques exactes de ce que je venais de percevoir : même position étrange, même déformation.

Bien sûr, il aurait pu s'agir de quelqu'un qui a choisi de vivre un handicap physique pour s'avancer encore plus vite, comme le font plusieurs Esprits, mais ma vision me confirmait que je voyais bien un incarné vivant avec les séquelles d'un acte passé.

Lorsqu'il a réussi l'incarnation dont le but est de lui faire apprécier un corps en santé, par privation correspondant à ce qui fut détruit, il retourne dans l'au-delà pour régénérer son périsprit. Il pourra alors revenir dans la chair, sans les anomalies qu'elle présentait dans l'incarnation qui avait suivi sa mort suicidaire. Mais la lutte n'est pas finie. L'Esprit devra à nouveau affronter les mêmes épreuves qui l'ont déjà fait chuter. Ce n'est que lorsqu'il aura enfin réussi à les vaincre que ses tendances suicidaires disparaîtront à jamais.

Il lui restera cependant la dernière étape du processus, celle de la réparation auprès de ceux qu'il aura fait souffrir par son geste maintenant lointain. Certains devront même vivre la même situation que leur mort avait provoquée chez leurs proches, devant à leur tour connaître le suicide d'un parent ou d'un ami.

Si tous les hommes comprenaient la loi spirituelle qui s'applique dans les cas de suicide, aucun ne poserait ce geste futile. Ils sauraient que non seulement il est totalement inutile, mais encore qu'il retarde considérablement l'accès à des temps meilleurs. Les lois qui régissent notre progression spirituelle sont immuables et éternelles. Elles ne sont pas là pour nous punir, mais simplement pour nous forcer à prendre la bonne direction.

Il en est de même pour celles qui régissent le suicide. Se suicider, c'est rejeter à la face de Dieu le don qu'Il nous a consenti pour monter vers Lui. Dans sa miséricorde infinie, Il comprend que nous puissions chuter sur la route. Il nous pardonne et nous redonne infiniment d'autres chances de se reprendre. Mais cela n'enlève jamais l'obligation pour chacun d'entre nous de respecter ses lois parfaites et d'assumer les conséquences de nos choix qui les bafouent.

Il peut arriver que Dieu permette des suicides dont l'auteur n'est nullement responsable. Il s'agit alors de cas où l'incarné ne sait plus ce qu'il fait. Il devient l'instrument de plans de vie impliquant quelques réparations pour ceux qui doivent connaître les tourments que leur propre suicide a déjà provoqués.

Nous ne pouvons donc jamais juger ceux qui se sont suicidés. Ce dont nous pouvons cependant être certains, c'est qu'un suicide vraiment volontaire les fait entrer dans un couloir dont la sortie est très longue et de beaucoup plus difficile que les épreuves qu'ils avaient à affronter.

Le suicide est donc un choix qu'il faut écarter de toutes nos forces. Si nous sentons en nous des appels suicidaires et que nous nous y arrêtons, c'est que la chose n'est pas encore réglée pour nous. Il faut donc lutter avec courage pour vaincre à jamais ce frein à notre avancement. Si nous pouvons supporter l'épreuve sans y songer, nous possédons l'espérance que c'est bien le signe d'un acquis éternel. Nous sommes alors sur la bonne route, celle qui mène à la libération de l'Esprit et nous fait accéder à des mondes meilleurs.

23
L'AVORTEMENT

Pendant la grossesse, il arrive que des Esprits inférieurs tentent d'inspirer aux futurs parents l'idée du refus de l'enfant. Ce sont des Esprits jaloux qui souffrent de voir les autres s'avancer alors qu'eux-mêmes reculent devant l'effort à fournir. Ils souhaitent que tout le monde reste ignorant comme eux. En sachant que l'incarnation va faire progresser l'Esprit qui se prépare, ils voudraient que les parents fassent avorter la grossesse, pour l'empêcher de se grandir.

Cette action occulte est tentée par des mauvais Esprits, auprès de ceux dont l'égoïsme et l'ignorance spirituelle peuvent donner une bonne prise à leurs tentatives sournoises. Ils ne perdent généralement pas leur temps auprès de ceux dont ils reconnaissent la force spirituelle. Il est plus agréable pour eux de semer le mal et la souffrance qui en découlent que de lutter dans des combats perdus à l'avance. La force de leur influence négative est même proportionnelle à la faiblesse spirituelle de l'incarné dont le plan de vie peut permettre leurs assauts.

Pour l'avortement, la seule barrière qui peut les arrêter, c'est de repousser l'idée de tuer cet enfant que Dieu a bien voulu confier. Dès que les parents rejettent l'avortement que seules les sociétés peu avancées peuvent permettre, les Esprits-Guides interviennent et font taire les révoltés des ténèbres. Les futurs parents trouvent alors la paix dans leur cœur et constatent ensuite qu'ils sont bien à la hauteur de ce que Dieu leur demande.

Comme nous l'avons vu plus haut, chaque incarné prend possession de son corps dès la conception. Il y est rattaché de la même manière qu'à l'état adulte. La seule différence est le degré de maturation de la masse charnelle.

Baser l'argumentation de la justification de l'avortement en disant que le fœtus n'est qu'un amas de cellules, c'est vouloir justifier aussi le meurtre à tous les degrés, car le corps humain n'est toujours qu'un amas de cellules en lui-même, peu importe son niveau de croissance et son âge. Limiter ainsi l'homme à sa chair, c'est le prendre pour une chose, alors qu'il est essence de Dieu.

En fait, si nous voulons être plus précis, notre Esprit vit, au stade fœtal, dans un état similaire à celui que nous prenons chaque fois que notre corps charnel sommeille. Lorsque nous nous endormons, notre Esprit sort de notre corps et reprend temporairement son état de simple Esprit. Il est en dehors du corps, exactement comme l'Esprit est en dehors du fœtus. Il y est rattaché par la corde d'argent donnant le flux vital, comme chacun l'est aussi à son stade fœtal. Pour l'Esprit, le temps de la grossesse constitue, en fait, une période prolongée de sommeil corporel. La similitude entre les deux états est en tout point exacte, sauf simplement le degré de maturation de la masse charnelle qui diffère, comme il diffère aussi pendant chacune des étapes de notre vieillissement.

L'avortement fait donc vivre à l'Esprit dont le corps est

en gestation ce que vivrait un adulte qui se ferait assassiner pendant son sommeil. Admettre qu'il n'y a pas de faute à provoquer l'avortement, c'est donc admettre aussi qu'il n'y en a pas à tuer quelqu'un qui dort. Ce qui fait bien ressortir toute l'absurdité de ce sophisme lugubre.

L'avortement volontaire est donc fondamentalement un meurtre à part entière, au même titre que tous les assassinats. Il est porteur des mêmes conséquences de rachat et de réparation qui retardent la montée vers Dieu*.

À plusieurs égards, l'avortement est souvent encore pire que les autres formes de meurtre, car en plus de traduire l'égoïsme et l'aveuglement de son auteur, il constitue non seulement un rejet de l'autre, mais aussi un refus envers Dieu d'accepter une mission qu'il voulait lui confier.

En effet, bien qu'elle soit moins spectaculaire parce que plus répandue, la mission de parent est parmi les plus grandes qui puissent nous être accordées. Aider un frère à se grandir en Esprit, le guider dans son épuration, le stimuler à une accession spirituelle plus élevée, en l'acceptant d'abord dans sa chair, puis à chaque moment de sa vie, c'est faire preuve d'un renoncement et d'une générosité dont les fruits spirituels sont d'un grand délice. Il est bien certain que le fait d'éduquer des enfants implique un oubli de soi et un partage constant de ce que nous avons et de ce que nous sommes. Il est possible aussi que nous en récoltions des souffrances temporelles, mais le temps des récompenses, qui n'est pas ici-bas, s'avère généreux. Dieu, dans sa grande bonté, a voulu que chacun qui a bien rempli sa mission de parent reçoive pour lui-même

---

* Dans la section « Le ciel et l'enfer » (2e partie, p. 229), nous verrons les horribles conséquences de cette faute grave, par le témoignage d'un Esprit s'étant rendu coupable de ce crime.

tous les mérites du bien que son éducation parentale aura permis chez ses enfants. Toute bonne action posée par eux y donnera droit. C'est donc un flux continu de bonnes choses qu'il récoltera de tout ce qu'il aura semé dans le cœur de ceux que Dieu lui aura confiés.

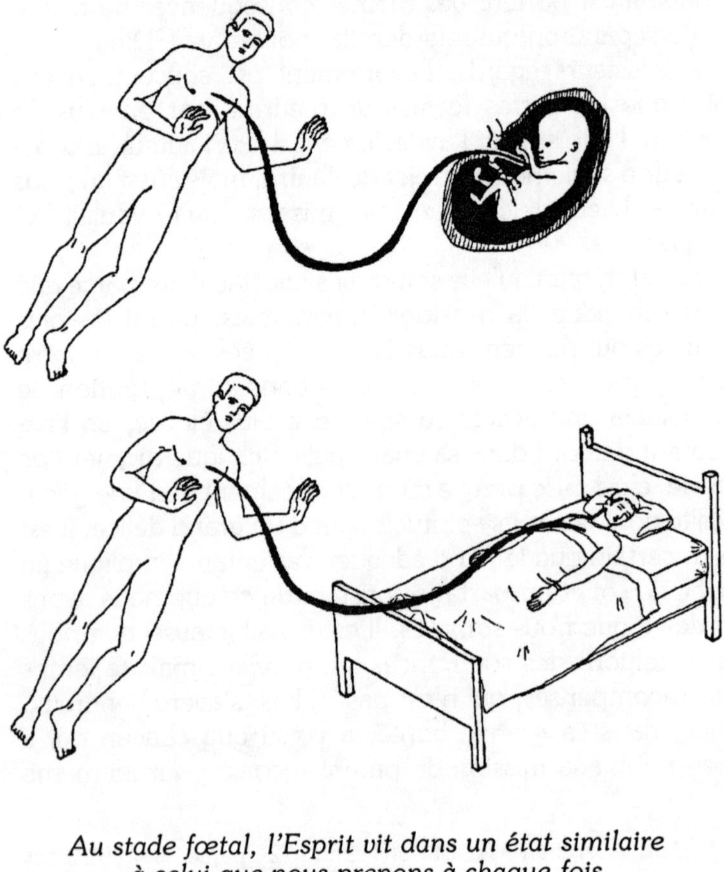

Au stade fœtal, l'Esprit vit dans un état similaire à celui que nous prenons à chaque fois que notre corps charnel sommeille.

Rejeter cette mission par l'avortement c'est, au contraire, consentir à stagner dans les ténèbres et à souffrir encore plus. On ne peut bafouer sans conséquence les lois divines. Or, contrarier directement ce que Dieu a déjà permis, c'est se couper pour longtemps de l'élan qu'il veut bien nous donner. Rappelons-nous que nous ne pouvons exiger la sympathie des autres si nous prétendons à l'exclusivité du droit le plus précieux : celui de la vie qui fait grandir.

24
LE MARIAGE

L'humanité est comme une longue chaîne qui n'a presque pas de fin. Chacun des maillons est occupé par un Esprit incarné dont le plan intime est étroitement lié à celui de ses frères, des plus proches aux plus éloignés. Cette chaîne débute très loin dans l'espace-temps, là où ceux nouvellement créés s'essaient à la vie. Elle s'étend dans l'éternité cosmique pour aboutir en Dieu, Créateur inlassable de tout l'infini.

L'Esprit y prend sa place à chaque incarnation, tentant de monter plus haut dans la chaîne. Pour y parvenir, il doit recevoir l'aide de ses frères incarnés, dès les premiers cris que son nouveau corps lui permet. C'est tout un apprentissage qu'il devra faire à chaque fois. Renforcé par ses acquis, il réussira de mieux en mieux, mais il lui faudra toujours l'aide des plus grands. Dans sa progression, grâce à son intuition apportée de l'au-delà, l'homme comprend progressivement la mission qui lui incombe face à ceux qui viennent continuellement renouveler la chaîne presque infinie.

À ses débuts, il fournit instinctivement à ceux venant prendre leur place les matériaux charnels que tous les maillons portent en eux. La chaîne ne pouvant se renouveler que par elle-même, la loi des attirances sexuelles est alors la seule à favoriser les incarnations nouvelles.

Ensuite, de vie en vie, atteignant lentement des maillons plus élevés, la loi de l'Amour vient donner un sens plus divin à l'attirance de la chair. Cette progression spirituelle modifie profondément les rapports entre les deux sexes. L'homme se dégage de l'animalité du corps de chair et son intuition le pousse vers une plus grande stabilité de vie. L'Esprit peut enfin trouver les conditions dont il avait besoin pour faire de plus grands pas. Inspiré par l'amour montant, sécurisé par la stabilité de son environnement humain, assuré du soucis d'autrui envers lui, il chancelle moins dans ses pas hésitants. Il offre désormais de meilleures conditions de départ pour les nouveaux arrivés.

Plus tard, constatant les bienfaits de cette façon de vivre, l'homme aboutit graduellement, selon différents modes culturels, à l'institution du mariage. Il a l'inspiration de consacrer son union physique devant les hommes. Il prend chacun à témoin, non seulement de cette dernière, mais aussi des engagements qui en découlent.

Enfin, l'homme de la Terre, avançant encore en Esprit, raffine davantage sa conception du mariage. Comprenant qu'il choisit l'Esprit qui l'accompagnera dans sa progression vers Dieu, il veut plaire à son Créateur en prenant non seulement les hommes à témoin, mais aussi Dieu lui-même. Il donne un cachet spirituel à son engagement par le mariage religieux. Celui-ci peut prendre bien des visages, mais le but est toujours le même : sacraliser un geste naturel qui fait intrinsèquement partie du plan divin.

Ce n'est donc pas en fonction de la notion de culpabilité que nous devons envisager le refus du mariage religieux. La signification réelle à en donner, c'est que l'élan que nous avons envers cette institution spirituelle peut traduire le degré d'éveil de notre Esprit. En ce sens que celui qui n'a pas encore compris que l'homme obéit à des lois bien au-dessus de celles de la nature physique n'a certes pas la vision spirituelle de celui qui désire offrir à Dieu le chemin qu'il a choisi pour se rendre jusqu'à Lui.

25
LE DIVORCE

Lorsqu'il fut demandé à nos frères de l'au-delà si l'élu de notre cœur était désigné d'avance, leur réponse apporta des éléments susceptibles d'éclairer la question du divorce.

D'abord, l'Esprit avec qui nous unissons notre destinée n'est pas connu à l'avance. Cependant, notre choix se fait dans un cercle fermé, en ce sens que notre plan de vie limite les candidatures possibles. En fait, seuls les Esprits dont le plan de vie concorde avec le nôtre peuvent devenir celui ou celle qui cheminera avec nous. Les Esprits-Guides font donc en sorte que notre attirance ne soit portée que vers ceux dont l'union est possible.

Il y a donc une liberté restreinte qui régit notre choix. Ainsi, nous pouvons mal choisir en fonction du caractère, du tempérament, des goûts personnels, de l'élévation spirituelle ou bien d'autres facteurs du genre, mais jamais en fonction du plan de vie à vivre. Il faut que les éléments qui sont planifiés sur la route de l'un s'accordent avec ce qui doit être vécu par l'autre. Par exemple, celui qui n'a pas choisi l'épreuve de voir dépérir une épouse malade ne peut choisir comme conjointe une femme qui a à subir plusieurs maladies. La femme qui n'a pas à supporter la jalousie d'un homme passionné ne pourra non plus choisir quelqu'un ayant cette faiblesse.

Selon les Esprits, le point de repère qui pourrait vraiment aider à faire le bon choix serait de chercher en fonction de la sympathie des traits de la personnalité. Par ce critère, nous plaçons toutes les lumières de la sagesse de notre côté. Ainsi, si la personne prétendante possède des traits que j'aimerais retrouver dans mes propres enfants, il y a bien des probabilités que je sorte satisfait de la vie que je mènerai avec cette personne. Si, au contraire, elle possède des défauts qui me feraient horreur à reconnaître chez ma progéniture, c'est là le signe que je dois m'éloigner d'elle. Il y a, bien sûr, toute l'influence occulte que nous subissons, mais le fait de considérer ce critère de sage nous incite sûrement à faire preuve de gros bon sens.

Il peut arriver que les plans de vie impliquent des expériences conjugales fort difficiles. Que ce soit par choix d'épreuves, dettes à payer ou encore par contrecoup des actes passés, certains plans peuvent avoir fixé des souffrances que l'Esprit incarné doit vivre pour sortir plus avancé. Si ces souffrances nécessitent le contexte de la vie conjugale, l'incarné ne pourra échapper à sa condition, du moins le temps qui lui est nécessaire. Dans ce cas, le divorce ne lui offrira qu'un maigre répit, car on lui fera à nouveau choisir quelqu'un lui apportant encore les mêmes difficultés.

Selon ce qui fut expliqué, le divorce n'est pas automatiquement un mal en soi. Ce sont plutôt les conséquences qui en déterminent la nature morale réelle.

Il peut arriver par exception que certaines circonstances particulières rendent le divorce non seulement acceptable, mais parfois même inévitable. Mais dans la plupart des cas, les difficultés rencontrées sont nécessaires pour ceux qui en souffrent. Ils apprennent souvent à développer des qualités qu'ils auraient mis beaucoup de temps à acquérir autrement. Faisant partie des événements prévus sur la route à suivre, ces durs moments sont souvent de nature à accélérer l'élévation spirituelle.

S'il s'agit de dettes à payer, l'Esprit, en ne reculant pas, s'en acquitte et il n'aura plus à reprendre le scénario. S'il s'agit de l'effet boomerang dont nous avons déjà parlé, il en sortira libéré. Si c'est par épreuve, il en développera les acquis qui étaient visés.

Quoi qu'il en soit, lorsque quelqu'un envisage de divorcer, il doit peser toutes les conséquences avant de prendre sa décision. Si celle-ci cause plus de mal que le motif du divorce lui-même, l'incarné risque de devoir réparer le tort qu'il aura causé, retardant ainsi sa montée. Il faut donc agir uniquement en fonction du mieux-être de tous ceux et celles qui sont impliqués.

Le facteur le plus aveuglant dans les cas de divorce est souvent l'égoïsme qui empêche de voir les intérêts des autres. L'égoïsme tend à fermer l'intelligence et l'empêche ainsi de voir les causes réelles qui sont en jeu. Si la personne s'est mariée en pensant à l'autre, elle agira encore ainsi dans les moments difficiles, mais si elle l'a fait en ne pensant qu'à elle-même, elle risque fort de commettre de ces erreurs qui causent tant de regrets dans l'au-delà.

26

LA CRÉMATION

Lorsque nous décédons, nous sommes l'objet de bien des souhaits de doux repos et de paix éternelle. Or, pour plusieurs qui passent à trépas, l'incinération de ce qui fut leur corps de chair peut être un sérieux obstacle à cette paix tant souhaitée, du moins pour le temps que dure leur adaptation à la vie de l'au-delà.

Deux facteurs particuliers peuvent spécialement faire de la crémation une expérience difficile pour celui qui décède.

Le premier facteur concerne le genre de mort vécu. Lorsque la mort survient brusquement, sans que l'incarné ait pu la pressentir, une grande confusion peut envahir sa pensée.

L'effet de l'écoulement fluidique provoquant des sensations inhabituelles pouvant même être douloureuses, l'Esprit peut être pris d'une certaine panique l'amenant à se chercher et même à ne plus reconnaître ce qu'il est.

Une mort subite peut même empêcher l'Esprit de réaliser qu'il ne fait plus partie du monde des incarnés. Il a toujours un corps, de même apparence que celui qu'il avait, il voit, il entend, tout cela l'incite à ne pas croire ceux de l'au-delà qui lui annoncent son arrivée dans le monde des Esprits.

Lorsque la dépouille mortelle existe encore, les Esprits initiateurs l'utilisent comme preuve à leur dire et le défunt peut ainsi admettre plus rapidement la réalité de son nouvel état.

Nous pouvons maintenant nous imaginer ce que peut ressentir le défunt à peine remis des émotions de son passage, lorsqu'il voit se consumer devant lui le seul point de repère auquel il a longtemps identifié sa personne. Pour certains, c'est un peu comme s'ils mouraient une seconde fois. Pour d'autres, dont l'éveil se fait après que le corps ait été consumé, le doute peut s'enraciner en eux et la période d'adaptation s'en trouve prolongée inutilement*. Certains de ces décédés peuvent même insister pour errer dans les lieux où ils vivaient, cherchant vainement à communiquer avec les leurs. Seuls les agissements de leurs proches les convaincront, à la longue, d'écouter les conseils des Esprits-Guides et de réaliser enfin leur nouvelle forme d'existence.

Il est bien certain que la situation peut être fort différente pour celui dont la mort est lente et prévisible, mais par le deuxième facteur, la crémation peut encore lui provoquer les mêmes tourments.

Le deuxième facteur concerne le degré de croyance, chez l'incarné, en la réalité spirituelle de l'après-mort. C'est peut-être ce niveau qui est le plus susceptible de nous affecter lorsque nous passons à trépas. L'individu qui n'a que plus ou moins cru à sa survie dans l'au-delà

---

* Nous verrons plus loin l'importance de cet aspect en prenant connaissance de deux témoignages que nous retrouverons aux pages 185 et 200 de la deuxième partie.

conserve généralement ses préjugés après sa mort. Pendant une certaine période, il peut douter encore avec ses mêmes arguments du temps de son vivant. La continuité de la vie qu'il rencontre après son décès peut lui faire croire que la mort n'a pas encore frappé. Il peut se dire : « Je ne suis pas mort, puisqu'il n'y a rien après la mort. » ou encore : « Ce n'est sûrement pas la mort, je me sens beaucoup trop vivant pour cela. »

Les Esprits initiateurs n'ont donc que le témoignage de son propre cadavre pour le convaincre de la réalité. Le doute que nourrit son Esprit le rend, en plus, très méfiant. Il voit bien que la situation n'est pas normale, mais la confusion que provoque le mécanisme même de la mort l'empêche de voir clair.

Chez certains, l'incinération de leur cadavre est perçue comme une illusion qu'on veut leur donner, ce qui prolonge davantage leur inconfortable confusion.

Cette période d'hésitation à reconnaître la réalité peut être longue chez l'inciné dont le détachement matériel est vraiment négligeable. La présence du corps en décomposition lui est encore plus importante, car elle aura un effet choc l'éveillant à la futilité des choses matérielles. Elle l'incitera à réfléchir sur sa survie et sur l'importance de son Esprit éternel. Il comprendra plus vite le sens des souffrances qu'il pourrait endurer et sera porté à demander plus rapidement l'aide des Initiateurs.

Ce n'est donc pas un service à rendre à l'Esprit que d'incinérer l'enveloppe dont il s'est dépouillé. Il est bien certain que celui qui connaît la réalité de l'au-delà et dont la vie fut sans grands reproches ne vit pas tous ces tourments, même après une mort subite. Cependant, les témoignages de ceux qui se souviennent de l'expérience nous invitent fortement à délaisser cette mode funéraire qui a malheureusement tendance à se généraliser.

27

LA RÉSURRECTION DES CORPS

Le corps charnel que nous revêtons en nous incarnant sur la Terre présente des particularités qui font de lui un instrument qu'il faut constamment soigner et entretenir. Que ce soit pour la nourriture saine qu'il faut régulièrement lui fournir, pour les conditions hygiéniques qu'il faut toujours lui garantir, pour les soins médicaux qu'on doit lui dispenser, ou encore pour les attentions esthétiques que son apparence exige, le corps nous demande des efforts constants de tous les jours. Ces préoccupations nécessaires au maintien de son bon fonctionnement font de notre corps un aspect de notre incarnation auquel nous attachons beaucoup d'importance. L'incarné peut même ne s'identifier qu'à son corps de chair, oubliant sa dimension spirituelle.

Ce souci nécessaire est un autre signe de l'infériorité de notre monde. Il a la fâcheuse conséquence de nous faire oublier la nature réelle de notre moi, seule instance permanente et éternelle, avec toutes les caractéristiques que nous connaissons.

Cette importance du corps de chair peut même avoir une curieuse résonance chez certains incarnés en quête de la vérité spirituelle. Bien qu'ils croient en la survie d'après-mort, ceux-ci ne peuvent envisager la vie éternelle sans ce boulet charnel, pourtant source de tant de douleurs et de chagrins. Ils envisagent alors le principe de la résurrection des corps comme la solution à leur angoisse de se voir séparés de cette enveloppe, qui n'est en fait qu'un simple instrument passager.

Ce souci de revenir dans des corps charnels ressuscités est pourtant bien inutile, puisqu'à chacune de nos morts nous retrouvons la vie dans un corps fluidique de même apparence.

Dès que l'homme accède à la connaissance de sa nature réelle et des lois qui la régissent, il comprend le non-sens de ce désir enfantin. Il voit que le principe même de la résurrection des corps contredit la loi divine dont la perfection n'admet aucune exception.

Comme nous l'avons vu, la mort charnelle advient dès que la corde émettrice du flux vital est rompue. Dès lors, l'Esprit perd définitivement le contrôle de son corps. Celui-ci ne lui appartient plus, faisant désormais partie de la chaîne alimentaire de la nature terrestre. Chacune de ses parties retourne progressivement à la terre, lui redonnant ce qu'il lui avait emprunté. L'Esprit ne prendra plus jamais possession de ce cadavre. Seul le chemin de la conception lui permettra de revenir plus tard dans la chair. Cette loi divine, que nous expliquons dans les pages antérieures, est immuable et éternelle. Sa perfection fait que nul ne peut y déroger.

L'histoire biblique nous rapporte des cas où Jésus aurait fait revenir des morts à la vie. Selon les Esprits, en conformité avec la loi divine, il s'est toujours agi de morts incomplètes où la corde d'argent n'était pas encore rompue. C'est pour cela que Jésus n'a fait revenir que certains morts et non pas tous les morts qu'on lui présentait. Il savait très bien que si le flux vital ne passait plus, la mort devenait irréversible. D'ailleurs, lui-même le soulignait chaque fois qu'il rappelait quelqu'un à la vie, en disant que le prétendu mort ne faisait que dormir.

Il ne faut surtout pas voir là une diminution de la grandeur du geste que posait Jésus, car aucun autre homme, à part lui, ne pouvait rappeler à la vie un Esprit qui en était à la dernière phase de la mort charnelle. Seul un Esprit aussi avancé que lui pouvait faire ce qui fut rapporté comme des résurrections corporelles.

En fait, Jésus, étant un Esprit pur, voyait ce que nul ne pouvait voir. Lorsqu'on l'amena près des supposés cadavres, il voyait bien que la corde d'argent était encore intacte. Sa supériorité spirituelle lui permettait alors de commander à l'Esprit de revenir dans la vie charnelle. Il savait que tant que la mort n'avait pas fait son œuvre véritable, le corps ne faisait que dormir, comme il en sera pour chacun de nous à l'heure de notre mort.

Quant à sa propre résurrection, Jésus n'a jamais repris possession de son corps charnel. Il n'a jamais voulu non plus démontrer qu'il promettait un retour dans le cadavre de chair. Il voulut simplement faire la preuve que la mort ne mettait pas fin à la vie. Il voulait nous dire concrètement : « Voyez, mon corps de chair ne vit plus mais je peux quand même vous entendre et vous parler. » Il est même allé jusqu'à matérialiser son corps fluidique pour permettre aux autres de le toucher.

Malheureusement, les croyances superstitieuses de ses contemporains l'ont obligé à faire disparaître son cadavre, par phénomène d'apport, et à laisser croire qu'il avait toujours son corps de chair avec lui. Ainsi, il évitait que l'on dise qu'il était la manifestation des démons. Si l'on avait vu son corps inerte en même temps que son apparition matérialisée, tous auraient crié à l'action démoniaque des forces du mal.

Or, il était venu nous démontrer la réalité de la survie d'après-mort et il dut conjuguer avec les croyances de son temps.

Le phénomène de la matérialisation des défunts n'est pas aussi rare qu'on le croit. Plusieurs témoignages furent apportés dans l'Histoire, relatant des cas d'apparition que l'on pouvait toucher comme s'il s'était agi d'un corps charnel. Il fut même rapporté des cas de matérialisation que l'on pouvait palper, sans voir celui qui se manifestait. Une nombreuse bibliographie existe déjà sur le sujet, pour ceux qui voudraient approfondir la question. Nous verrons d'ailleurs le phénomène plus en détail, dans la deuxième partie de ce livre.

Quant au phénomène d'apport, j'en fus moi-même témoin lors du décès de ma sœur. Il découle de l'application de lois naturelles que certains Esprits peuvent utiliser dans certaines conditions permises par Dieu. Une modification du niveau de vibration de la masse matérielle visée, par une action directe sur ses composantes moléculaires qui sont de nature semi-spirituelle, permet à un Esprit de la transporter avec lui, un peu comme s'il l'enveloppait de sa nature spirituelle. Il peut ainsi lui faire traverser tous les obstacles matériels qui sont sur son chemin.

Il en fut ainsi du corps de Jésus, devenu inutilisable, autant pour sa mission terrestre que pour sa vie spirituelle dans l'au-delà.

Jésus aurait sûrement préféré voir les siens comprendre tout de suite que l'accent devait être mis sur l'Esprit, que le corps charnel est périssable à jamais et que, dès l'après-mort, nous continuons immédiatement d'exister avec notre individualité entière ; mais il devait tenir compte des impératifs circonstanciels, sachant que la lumière viendrait en son temps, au fil de notre évolution.

28

L'ENSEIGNEMENT CHRISTIQUE

Au fil des témoignages reçus de l'au-delà, nous constatons rapidement qu'il est nécessaire de faire une certaine distinction entre l'enseignement christique et l'enseignement chrétien. Cette nécessité est quelque peu décevante, mais la compréhension réelle du message de Jésus nous oblige à la faire.

Nous pourrions définir l'enseignement christique comme étant l'ensemble de toutes les données réelles qui furent apportées par Jésus lui-même, soit son message dépouillé des modifications que purent apporter les différentes traductions, interprétations et même adaptations qui apparurent dès la première transcription des textes bibliques.

L'enseignement christique donna naissance à toute une brochette de conceptions débouchant sur un ensemble de dogmes et de croyances. La différence de conception découla parfois d'une adaptation que le contexte humain exigeait des interprètes du message. Les adeptes de l'enseignement christique se divisèrent peu à peu, pour se regrouper dans des mouvements, sectes ou religions différentes donnant les multiples formes de l'enseignement chrétien qui s'est rendu jusqu'à nous.

Malgré une souche commune, ils ne parvinrent plus, à la longue, à s'entendre sur ce que l'on devait comprendre de la vie de Jésus. Au fil des siècles, plusieurs tombèrent dans le même piège qu'avait dénoncé leur maître, soit celui de s'enfermer dans la lettre qu'ils avaient eux-mêmes arrêtée. Ils en devinrent tellement imprégnés que certains crurent que nul homme ne pouvait aller à Dieu sans passer par leur vision maison. La division des adeptes du Christ, basée sur cette ramification de la compréhension de sa parole, donna les différentes branches de l'enseignement chrétien, poursuivant un même but commun, empruntant la même route, mais prenant des visages différents.

Consciente de cet écart approfondi au cours des siècles, l'Église catholique romaine tenta, avec Jean XXIII à sa tête, de se rapprocher de l'enseignement de Jésus. C'était là le but de Vatican II ; mais les adeptes, épris de la lettre qu'ils avaient toujours reçue, ne purent en comprendre l'esprit.

Ébranlés par la confusion, parfois déracinés de leurs croyances, ils ne purent trouver l'équilibre espéré. Une certaine attente plus ou moins bien définie a apaisé l'hémorragie spirituelle des fidèles, mais les idées ne reprendront profondément racine en eux que lorsqu'ils seront revenus à l'enseignement christique en lui-même, raison d'être de leur institution.

Si l'interprétation de l'enseignement christique n'avait jamais été affectée par l'intervention humaine, nous retrouverions dans chacun des enseignements chrétiens le mot pour mot de ce que les Esprits de l'au-delà nous enseignent. La vérité spirituelle étant une, éternelle et universelle, nous retrouverions une harmonie dans la compréhension de ce que nous sommes, ce qui favoriserait inévitablement le respect généralisé de la volonté divine.

Malheureusement, les dogmes et les rituels viennent parfois aveugler ceux qui cherchent à voir l'étincelle qui embrassera le champ spirituel où pousseront les fruits de la vraie connaissance. C'est pour cela que Dieu permet à certains Esprits déjà avancés de se manifester périodiquement aux incarnés de la Terre. Ils soutiennent ainsi le mouvement d'éveil spirituel qu'a voulu accélérer Jésus-Christ par sa venue parmi nous.

Étant ainsi rappelé à la vérité, l'homme peut voir plus clair en lui-même, du moins celui qui est suffisamment avancé pour accueillir la lumière. Il y trouve l'occasion de remettre en cause sa conception des choses qui est souvent l'empreinte de son orgueil ou le reflet d'espérances naïvement égoïstes.

Depuis maintenant plus d'un siècle, des communications spéciales reçues de l'au-delà sont publiées dans différents ouvrages, émanant d'une foule d'auteurs que Dieu a désignés.

Le message revient toujours dans le sens même de celui que nous livra Jésus, message émis il y a deux mille ans, avec la même force immuable : celle de la vérité.

Or, cette vérité, qui n'attend pas notre avis pour exister, est un peu comme la nourriture que l'enfant peut refuser de prendre. Il a beau dire qu'il n'en veut pas, rétorquer qu'il n'a pas faim, elle est quand même nécessaire à sa survie. Malgré son avis contraire, il devra bien se résigner à l'accepter tôt ou tard. Il en est ainsi de la vérité spirituelle qui fournit la nourriture nécessaire au renforcement de notre Esprit en montée continue vers Dieu.

Nous parlons de l'enseignement christique, mais comprenons-nous vraiment la nature réelle de Jésus, cet

Esprit admirable, tant désireux d'aider ses frères de la Terre ?

Selon nos correspondants de l'au-delà, Jésus-Christ est un Esprit très ancien, ayant déjà franchi tous les échelons du développement spirituel. Comme chacun de nous, à son origine, il fut créé ignorant en intelligence et en moralité. Il s'incarna inlassablement, prenant corps après corps, renforcé à chaque fois de tous ses acquis. D'autres montaient avec lui, formant peu à peu la cohorte des anges d'aujourd'hui. Avant lui, une multitude était déjà arrivée à Dieu, comme il en est pour nous, au stade où nous sommes actuellement.

Au prix de courageux combats, il vainquit ses faiblesses, dépouillant progressivement son périsprit des impuretés emprisonnant son Esprit. Ses louables victoires cumulatives sur l'emprise matérielle le firent enfin accéder aux mondes les plus avancés. Jouissant du bonheur ultime de celui qui est parmi les émissaires directs de Dieu, il se fondait enfin dans la nature intime de son Créateur.

Animé d'un amour et d'une générosité sans borne envers tous ceux qui parcouraient le chemin qu'il avait douloureusement connu, il demanda à Dieu la permission de venir aider directement ses frères encore loin dans les ténèbres des incarnations inférieures.

Tous ses amis d'en haut en furent profondément émus. Revenir dans la souffrance des corps lourds après avoir dégusté les délices de l'épuration totale constituait aux yeux de tous un sacrifice incommensurable. D'autres frères généreux l'avaient déjà fait dans l'histoire éternelle et Jésus désirait, à son tour, descendre parmi ceux d'en bas, leur indiquer la route à suivre.

Dieu, dans sa Bonté, accepta la demande missionnaire. Une grande joie embrasait son cœur, celle de voir dans son enfant l'étincelle vivante de sa propre Nature.

Des sphères habitées, il choisit parmi les moins avancées, celles où plusieurs Esprits stagnent dans leur ignorance. De ces dernières, il préféra la Terre, car là se trouvaient des hommes sortis du stade des premiers pas. Parmi les peuples de celle-ci, il choisit parmi ceux dont la connaissance de l'unicité divine était chose acquise, sa mission devenant presque impossible sans ce préalable.

Sa plus grande souffrance fut celle de s'unir au corps de chair. L'Église a toujours considéré sa mort comme étant son plus grand temps de souffrance, mais sa naissance le fut encore plus.

Grandissant dans la chair, le voile de l'incarnation vint obscurcir la vision de son Esprit épuré. Il comprenait et voyait comme nul autre de la Terre ne pouvait le faire, mais son cerveau ne pouvait rendre l'expression de tous ses acquis. Ce même voile l'obligea à éveiller par la voie de son cerveau charnel le champ de ses connaissances sans fin. Il partit donc étudier dès l'âge de douze ans, s'expatriant pour profiter de l'enseignement des sages de son temps. Sa supériorité spirituelle faisait que dès que les sages avaient livré toutes leurs connaissances, Jésus prenait leur place pour les amener plus loin dans leur apprentissage.

Il se servit souvent d'une baguette ou d'un bâton, recevant par cet objet, via sa médiumnité d'écrivain, les informations de l'au-delà que lui seul pouvait reconnaître. Au temps prévu par le plan, il revient dans son pays natal pour l'accomplissement de son destin. Il y montra une telle supériorité sur tous les plans que plusieurs le prirent pour Dieu lui-même. Il eut beau dire qu'il était fils de Dieu, comme nous tous qui sommes ses enfants, la grandeur de ses performances en fit un dieu incarné, comme ce fut souvent le cas dans l'histoire des hommes de la Terre dès qu'un Esprit avancé venait s'incarner parmi nous.

Après avoir enseigné les principes de la progression spirituelle, les mêmes que nous répètent les Esprits de l'au-delà, il mourut sur la croix, victime de ceux-là mêmes qu'il était venu aider. Sa mort fit éclore le point ultime de la confirmation de son enseignement. Revenant parmi les siens, en matérialisation, il démontra sans l'ombre d'un doute, à tous ceux de ses proches la réalité entière de la survie après la mort. Cette marque fut telle qu'elle ne s'effaça jamais, malgré les assauts de l'Histoire.

Chaque étape de sa vie fut profondément significative. Par sa naissance, il démontra que les circonstances de la conception n'affectent en rien la valeur de l'Esprit à naître. Conçu hors mariage, il n'en était pas moins un Esprit pur. Par le niveau social de ses parents, il démontra que c'est l'Esprit lui-même qui est porteur de ses acquis ; que l'Esprit naisse dans une mansarde n'enlève en rien la valeur de ses qualités. Par ses fréquentations, il démontra que la recherche des postes de prestige est futile, étant le plus souvent le résultat de la seule détermination plutôt que celui des qualités de l'être. Ainsi, il ne rechercha que la voie de Dieu et non celle de l'ambition des hommes. Par sa mort, il démontra la pauvreté de la justice des hommes. L'expression de la continuité de sa vie d'après-mort rendit, au contraire, grand hommage à celle de Dieu.

L'enseignement de Jésus est simple : tendre vers Dieu en aimant nos frères, en s'oubliant soi-même et en se détournant des attraits de notre monde.

Jésus a voulu nous montrer le chemin à prendre pour accélérer notre montée. Les hommes se sont plutôt servis de lui pour asseoir leur puissance, mais la vérité est immuable et malgré cela, une multitude ont pu, par sa venue, ouvrir leur cœur à l'enseignement divin.

Jésus, ce grand frère depuis longtemps épuré, est venu

nous le dire : nous avons déjà sur cette Terre ce qu'il nous faut pour accéder dès cette vie à des conditions meilleures. Il suffit de se prendre en main dans le sens de la volonté divine, expiant le passé, construisant pour demain.

Or, tout l'enseignement de nos frères désincarnés nous pousse en ce sens. Il nous appartient maintenant de répondre à cet appel lancé par Jésus-Christ et repris par d'autres dans le cours de l'Histoire.

Deuxième partie

LE MONDE DE L'AU-DELÀ

AVERTISSEMENT

Pour assurer l'anonymat de tous ceux et celles qui ont apporté leur généreux témoignage dans cet ouvrage, j'ai désigné chacun d'eux par des prénoms fictifs.

INTRODUCTION

Maintenant que nous connaissons mieux notre nature réelle ainsi que la dynamique qui sous-tend nos incarnations sur la Terre, nous pouvons enfin aborder l'exploration de ce monde d'outre-tombe qui, bien que nous semblant mystérieux, n'en demeure pas moins fort familier pour notre Esprit.

Avant mes recherches, sans doute imprégné des images que mon éducation religieuse m'avait inspirées, je n'avais de l'au-delà qu'une idée encore allégorique où se dessinaient un ciel d'adoration éternelle, un possible purgatoire d'épurations lancinantes et un enfer de souffrances sans fin.

Bien des questions, prenant parfois même l'allure d'un doute, venaient alors alimenter mon Esprit. Mes échanges avec le monde d'outre-tombe me permirent enfin d'accéder à la meilleure source d'information que je pouvais trouver. Qui mieux que les morts pouvait nous instruire sur le sort véritable que l'au-delà nous réserve ?

Les premières données que j'en reçus me parvinrent un peu avant le début de ma médiumnité par l'écriture. Je vécus alors une projection astrale spontanée qui me permit d'obtenir mes premiers jalons d'information directement du monde des Esprits. Ma sœur était décédée depuis déjà quelques mois et je m'apprêtais à vivre un dimanche d'hiver qui ressemblait à tous les autres. Alors que je sortais à l'extérieur de la maison, je fus littéralement projeté en Esprit dans le monde de l'au-delà. Une scène magnifique s'ouvrit tout autour de moi.

Je me trouvais soudainement au cœur d'un paysage de campagne, baigné d'une lumière dégageant une chaleur extrêmement confortable. Un arbre géant au feuillage d'un vert tendre occupait le centre de la scène. Dans son branchage, des dizaines d'oiseaux chantaient, exprimant une joie de vivre débordante. Des papillons multicolores s'amusaient dans l'herbe haute que coloraient des centaines de fleurs de toutes formes. C'était comme un beau lever de soleil qui ne finissait pas, un matin prometteur de mille joies. Une ambiance de grande paix enveloppait toute la scène. J'entendis ensuite une voix d'enfant qui chantait. C'était ma sœur qui s'amusait autour du gros arbre. Elle avait l'apparence exacte des souvenirs que j'avais de son enfance.

À peine l'ai-je reconnue que je revins subitement dans notre monde d'incarnés. Je fus surpris alors de sentir à nouveau le grand froid qui sévissait à l'extérieur. Cette expérience se grava profondément dans ma mémoire. J'en garde un souvenir d'une grande précision et d'une fraîcheur permanente. Plus tard, il m'est arrivé d'avoir d'autres perceptions directes du monde de l'au-delà, mais c'était en phase de demi-sommeil. Nous en verrons les détails un peu plus loin, tout en suivant les témoignages recueillis de nos amis désincarnés.

Je vous ai rappelé cette expérience avant même le début de cette partie, car c'est dans cet ordre que j'ai moi aussi abordé la question du monde de l'au-delà. Nous parcourrons donc les lignes qui vont suivre avec un peu le même esprit.

J'ai regroupé les informations sur l'au-delà suivant leur référence aux thèmes pouvant le mieux traduire la description qui en fut recueillie.

Les témoignages que je vous transmets sont ceux qui s'avérèrent suffisamment complets pour vous être donnés en exemple.

En prenant connaissance de ceux-ci, vous constaterez que, bien que je vous en donne des résumés, la densité des textes et la richesse des informations ne sont pas égales d'un témoignage à l'autre. C'est que, selon leur personnalité, certains Esprits donnent beaucoup de détails, alors que d'autres se limitent au strict essentiel dans leurs communications.

1

L'ARRIVÉE DANS L'AU-DELÀ

Bien que le passage à franchir pour atteindre l'au-delà soit le même pour tous, le visage de l'arrivée peut varier selon le genre de mort, le niveau d'avancement de l'Esprit et le degré de connaissance de la réalité d'après-mort.

Lorsque l'heure de la mort a sonné, l'Esprit effectue la dernière sortie de son corps désormais inutile à la poursuite du chemin. Il s'évade de sa prison par le sommet du crâne, comme il le fit souvent pendant sa vie, chaque fois que son corps sombrait dans le sommeil. Ce dernier passage se fait cependant avec un écoulement d'énergie beaucoup plus grand. Chez certains, cet écoulement peut même provoquer un ramollissement du sommet du crâne. À cette étape, l'Esprit peut avoir l'impression de passer dans un tunnel étroit donnant sur une ouverture de lumière. La vitesse de la sortie peut même donner des impressions sonores particulières.

Personnellement, j'ai déjà perçu cette ouverture donnant l'accès sur l'au-delà. J'étais en concentration spirituelle, les yeux fermés, lorsque je vis soudainement une ouverture au-dessus de moi. J'étais comme entouré d'une noirceur semi-matérielle. Le contour de l'ouverture ressemblait à celui, un peu flou, d'un puits vu de son fond. J'ai tenté de le franchir, mais une force m'en empêchait. J'ai cependant pu apercevoir un bleu magnifique qui baignait l'au-delà. C'était un bleu d'une nuance et d'une luminosité que je n'avais jamais vues auparavant.

Je n'étais évidemment pas en processus de mort, mais mon Esprit-Guide me confirma plus tard que j'avais bel et bien perçu un petit coin de l'au-delà, tel que je le percevrai peut-être à mon arrivée d'après-mort.

Ce n'est que lorsque le seuil de cette ouverture est franchi que la coupure du cordon transmetteur peut mettre fin à l'association qui reliait l'Esprit à son corps de chair.

La peur de mourir, que peut parfois ressentir l'Esprit en mourant, ne dure véritablement que le temps de cette rupture. Une perte de conscience permet ensuite à l'Esprit de bénéficier d'un certain temps de récupération. Celui-ci peut durer de quelques secondes pour les uns à plusieurs jours pour d'autres, comme certains vivent intensément chacune de ces étapes alors que d'autres ont à peine le temps de se rendre compte de ce qui se passe.

Pour mieux comprendre, laissons les témoignages suivants nous décrire différentes façons d'arriver dans l'autre monde. Pour alléger les récits, je me limiterai à ce qui me fut rapporté à partir du moment de l'éveil de l'Esprit décédé, alors que le passage était déjà complété.

Libérée de la chair

Marguerite* souffrait d'une grave maladie dont la lente évolution avait provoqué de pénibles souffrances et ce, pendant de nombreuses années. À sa mort, elle était à

---

* Tous les prénoms de cette partie sont fictifs.

peine dans la trentaine, mais la vie ne lui avait offert que peines et tourments. Le mal que sa chair lui faisait endurer l'avait profondément rapprochée de Dieu. Armée de ses croyances spirituelles bien enracinées, convaincue que son Créateur savait ce qu'il avait à faire, elle offrait ses souffrances à Dieu. Elle fut, pour son entourage, un témoignage vivant de l'acceptation de la volonté divine.

Le soir de sa mort, son Esprit sortit très tôt de sa carcasse prématurément usée. Les proches qui veillaient son corps comateux la croyaient tout près d'eux, alors que son Esprit avait déjà quitté les lieux. Bien que la corde d'argent la reliait toujours au corps de chair qui se refusait à mourir, ses souffrances étaient terminées. Marguerite visitait ses parents et ses amis qui étaient avertis de sa mort imminente. Elle tenta de communiquer avec eux, ne parvenant qu'à produire certains signes que peu reconnurent. Deux de ses grands-parents depuis longtemps décédés, deux tantes et deux oncles l'accompagnaient. Lorsque la corde d'argent se rompit, elle n'eut connaissance que d'une très brève perte de conscience. Elle dégusta avidement la santé retrouvée. Le corps dégénéré qu'elle avait quitté n'avait laissé aucune séquelle dans son périsprit dont la luminosité révélait son élévation spirituelle.

Elle demeura près des siens pendant quelques jours, s'efforçant d'inspirer ses proches de bien accepter son départ libérateur.

Dans l'au-delà, une grande fête avait été préparée pour elle. Plusieurs Esprits qu'elle ne pouvait pas encore reconnaître rendaient hommage à leur sœur tant aimée enfin libérée des affres de la chair. Elle s'émerveilla de tout ce qui l'entourait, surtout de la radieuse harmonie de sons et de couleurs dont la beauté est à peine descriptible pour nous.

Entourée d'un grand nombre d'amis, son arrivée donnait lieu à une multitude de signes d'amour et de tendresse. La générosité de sa vie pourtant si souffrante donnait déjà des fruits merveilleux.

Elle entrait dans un monde où la vie est bonne et généreuse. Le dernier souffle de son corps lui avait fourni enfin l'oxygène spirituel dont son cœur avait tant besoin.

Une ambition dévorante

Kaven mourut lui aussi dans la trentaine. Très tôt orphelin, il avait cherché à se rendre digne de prendre la place de son père, qu'il n'avait pu vraiment connaître. Ambitieux, visant les postes les plus élevés, son avenir terrestre s'avérait très prometteur. Sa carrière était le centre de sa vie et la chose spirituelle prenait une très petite part de ses soucis.

C'est d'ailleurs sa carrière qui devait fournir le prétexte au rendez-vous de la mort. Un soir qu'il se rendait à un souper d'affaires important, un banal accident de voiture mit fin brusquement à ses jours.

Des Guides l'aidèrent dans l'écoulement de son fluide inutilisé et ses souffrances furent ainsi grandement atténuées. Kaven reprit très vite conscience. Son cadavre était prisonnier de l'amas de ferraille et Kaven ne comprenait pas qu'il puisse s'observer en dehors de son corps déchiqueté.

Le spectacle de ce qu'il voyait ne le touchait pas comme étant une chose qui le concernait. Ne s'étant jamais vraiment soucié de ce qui pouvait l'attendre après la mort, il se persuadait qu'il devait vivre un genre de confusion due à un évanouissement.

Son Esprit-Guide s'approcha de lui, mais Kaven le prit pour un vivant. On le conduisit, par transfert direct, auprès de son épouse qui venait à peine d'apprendre la mauvaise nouvelle. Kaven fut alors soulagé, croyant pouvoir la rassurer lui-même. Il tenta, bien en vain, de lui dire qu'il n'était pas mort, que tout ceci n'était pas réel. Ses efforts inutiles le firent réfléchir sur la situation totalement inhabituelle. Son Guide put enfin lui faire réaliser qu'il venait de mourir. Rassemblant ses idées, il comprit subitement pourquoi, au moment de l'impact, il avait revu toute sa vie en un bref instant, puis pourquoi sa femme ne répondait pas à ses paroles.

Une grande rage envahit son cœur. Toutes ses ambitions devenaient irréalisables, tous ses efforts inutiles. Lui qui avait tant misé sur son avenir voyait son château s'écrouler.

Son Guide lui expliqua alors que toutes ces choses de la Terre n'étaient là que pour la progression de l'Esprit, que la vie terrestre était une étape de croissance spirituelle et non une période de jouissance matérielle.

Son Guide eut beau dire et argumenter, Kaven ne voulut rien entendre. D'autres Esprits aveuglés comme lui vinrent alors renforcer son désarroi. Kaven s'entraîna lui-même dans un état de souffrance et d'angoisse ne différant pas de celui des gens de la Terre.

Son tiraillement dura de nombreuses années, le temps qu'il comprenne enfin la voie à suivre.

Les retrouvailles

Bernard envisageait une retraite prochaine. Le dernier de ses enfants allait bientôt se marier et il se retrouverait seul dans sa grande maison. Veuf depuis deux ans, il songeait à terminer ses jours sous le climat accueillant des îles du Sud.

Ce soir-là, il veillait au coin du feu, songeant aux bons moments d'antan. Il éprouvait de la difficulté à digérer son souper. Dégustant lentement un petit digestif, il s'endormit doucement, pour la dernière fois de sa vie.

Il avait toujours cru en l'existence de Dieu et, par intuition, en celle de l'éternité de chacun. Depuis la mort de sa femme, il avait lu plusieurs ouvrages traitant de la survie après la mort. Bien que ce sujet n'ait jamais été le centre de sa vie, il y portait une attention que soutenait son intérêt pour les choses de l'Esprit.

Sa mort lui parut très rapide. Sa perte de conscience fut presque immédiate et d'une durée de quelques heures. À son éveil, il se vit flottant au-dessus de son corps qui semblait dormir. Une certaine angoisse l'envahit, mais il aperçu très vite son épouse disparue qui lui souriait. D'abord surpris, il crut faire un rêve. Sa femme bien-aimée le rassura, lui certifiant qu'il ne rêvait pas et que tout allait bien. Lorsqu'elle lui annonça qu'il venait de mourir, il crut à nouveau rêver. Son Esprit-Guide apparut et lui demanda de le suivre. Toute la pièce où il s'était endormi devint comme vaporeuse. Là où se trouvait le foyer, un paysage merveilleux s'ouvrit devant lui, l'enrobant de sons, de lumières et d'odeurs dignes des rêves fantastiques de sa petite enfance.

Il avança doucement dans ce paysage invitant. Sa femme l'accompagnait toujours, un peu à l'écart, attendant qu'il comprenne lui-même ce qui lui arrivait vraiment. La vision qui se présentait lui inspira un grand sentiment de bien-être et de réconfort. Entouré d'un monde dont il avait longtemps rêvé, accompagné de la femme qu'il avait toujours profondément aimée, soutenu par l'Esprit-Guide dont l'amour rayonnait, Bernard se sentait comme au paradis.

Voulant reprendre ses sens, poussé par un réflexe d'incarné, il demanda de revenir à sa maison. Il se vit alors instantanément de retour près de son corps encore chaud. Le téléphone sonna. Il voulut répondre, mais il se rendit bien compte que la matière échappait à l'emprise de ses mains. Là, il comprit que ce qu'il vivait était bien la réalité. Il se souvint alors de tout ce qu'il avait lu sur la mort : c'était donc vrai !

Un bonheur indescriptible envahit son cœur. Voir que c'était si doux et si bon ! Toutes ses souffrances, ses renoncements n'avaient donc pas été futiles ! Comprenant soudain que sa femme était bien réelle, comme lui l'était bien aussi, il fut un peu embarrassé de la façon un peu froide dont il l'avait accueillie. Des rires compréhensifs le rassurèrent aussitôt. Mille questions lui vinrent alors à l'Esprit, mais l'arrivée de son fils venant vérifier pourquoi personne ne répondait au téléphone l'attrista soudainement.

Sa femme l'apaisa, lui certifiant qu'il pourrait parler à leurs enfants pendant leur sommeil, comme elle l'avait souvent fait depuis son propre décès. Il se résolut donc à assister à la scène, incapable de rassurer celui qui le croyait mort.

Lorsqu'il constata jusqu'à quel point l'amour et l'attachement de son fils étaient profonds, ses sentiments d'affection se décuplèrent. C'était comme un mélange de douleur et de joie. Bernard demanda à l'Esprit-Guide s'il pouvait rester près des siens, du moins jusqu'aux obsèques. Dieu l'ayant permis, il put alors accompagner ceux qu'il laissait temporairement.

Il connut ainsi les Esprits-Guides de chacun et put

même échanger avec les Esprits de parents décédés attirés par l'émission de chagrin de ceux qu'ils aimaient.

Il apprit à communiquer par la pensée et put inspirer aux siens, des idées de courage et de réconfort. La nuit, lorsque chacun dormait, c'était comme une retrouvaille que l'éveil effaçait.

Après la cérémonie du service funéraire, dont l'homélie le toucha, Bernard s'installa progressivement dans le monde des Esprits qu'il devait réapprendre à connaître... Une vie fort prometteuse s'ouvrait devant lui.

Attiré par les illusions de la Terre

Fabien souffrait d'une maladie lui enlevant la moindre force que son corps voulait récupérer. Hospitalisé depuis déjà plusieurs semaines, il était maintenant en phase terminale. Il guettait anxieusement la mort qui l'arracherait à cette vie qu'il ne voulait pas quitter.

Ayant à peine dépassé la cinquantaine, Fabien croyait fermement que le sort était injuste avec lui. Ses ambitions venaient tout juste de prendre forme et constater qu'il ne pourrait profiter du fruit de son travail jetait une grande tristesse dans son âme. Le scénario de la fin de sa vie lui faisait même douter de la réalité de sa propre survie d'après-mort.

Les médecins ne lui donnaient que quelque temp à vivre lorsque l'au-delà lui fit ses premiers signes. Cet après-midi-là, tous ses enfants étaient autour de son lit et chacun lui parlait calmement. Parfois, une larme venait trahir l'émotion qu'ils ressentaient à la vue de leur père agonisant.

Soudain Fabien indiqua du doigt un des coins de la chambre.

Une certaine crainte se lisait sur son visage. Il demanda

aux autres si eux aussi voyaient son père, pourtant mort depuis plus de vingt ans. Angoissés par cette curieuse question, ses enfants cherchèrent à le rassurer, lui disant que c'était sans doute l'effet de ses médicaments. D'un geste de la tête, il acquiesça à leur argument, mais dans sa pensée, il savait maintenant que non seulement il survivrait à la mort, mais qu'en plus il ne mourrait pas seul.

Les deux jours suivants, il resta pensif et silencieux. Son corps s'affaiblissait davantage, mais il demeurait conscient de tout ce qui se passait autour de lui.

À la fin de la journée, il montra à nouveau le coin de la chambre. Ses proches regardèrent, mais ne virent rien. Il demanda qu'on le soulève dans son lit. À peine eut-il tendu le bras, comme s'il voulait embrasser quelqu'un, que le dernier soupir sortit de ses poumons.

Il se vit, après quelques instants, au-dessus de son corps, étreignant son père qu'il avait tant aimé. Il vit sous lui, comme s'il se tenait sur un plancher invisible, ses proches s'affairant à tenter de ranimer son cadavre inerte. Il vit le médecin de garde accourir. Il entendait tous leurs propos. Témoin des larmes de ceux qu'il quittait, il leur disait vainement de ne pas pleurer.

Il resta plusieurs jours près de ses proches, rôdant dans ces lieux dont il aurait tant voulu profiter. Même après les obsèques, il voulait continuer à vivre près des siens. C'est son père qui l'invita à le suivre dans le vrai monde de l'Esprit. Rassuré sur la possibilité qu'il aurait de revenir plus tard, il accepta. Le trop fort attachement terrestre qu'il conservait allait cependant l'empêcher de comprendre ce qu'il avait à faire. La place que lui réservait son père ne lui convenait pas, regrettant toujours de ne pas goûter à ce qu'il avait quitté sur la Terre.

Son Guide et un Esprit initiateur vinrent assister son père dans la tâche de lui faire comprendre la nouvelle réalité de sa vie, mais sa faiblesse spirituelle l'entraînait aux dimensions illusoires de la Terre. Fabien erra donc pendant de nombreuses années, dans les lieux de sa dernière incarnation. Il reprenait ainsi la chaîne des souffrances morales qu'il aurait pu quitter. Sa mort ne le délivrait donc de rien, prisonnier des attaches matérielles ancrées dans son périsprit. Ce n'est que lorsque les siens moururent à leur tour qu'il put comprendre la futilité de son entêtement. Voyant que ceux-ci cherchaient la lumière, se libérant de leur prison, il suivit leur exemple, conscient de plus en plus du bonheur dont il s'était privé.

Un homme honorable

Le témoignage qui suit nous donne une bonne idée de l'attention particulière qui est apportée à chacun d'entre nous, selon les conditions relatives de notre mort.

Émile menait une vie honorable. Apprécié de tous ceux qui le connaissaient, il s'efforçait de vivre en fonction du mieux-être de chacun. Lorsqu'un grave accident vasculaire détruisit une importante partie de son cerceau, tous furent décontenancés qu'une telle chose arrive à un homme si bon.

Après une longue convalescence, malgré un bon rétablissement psychomoteur, Émile était demeuré confus. Son comportement ressemblait désormais à celui d'un enfant ne cherchant qu'à rire et à chanter. Il n'était plus que le portrait de celui que ses proches avaient connu. Il en souffrait en Esprit, mais acceptait cette épreuve qui lui était nécessaire.

À sa mort, sa perte de conscience dura quelques jours. Il s'éveilla dans l'au-delà, dans ce qui lui semblait être une chambre d'hôpital. Une ambiance assez extraordinaire enveloppait la pièce. Loin d'inspirer la tristesse, elle incitait au bonheur et à la réjouissance. Une chaleur confortable semblait venir d'une lumière provenant de toutes parts.

Émile sortait d'une période de régénérescence périspritale. La destruction cérébrale avait eu un contrecoup au niveau du périsprit et une restructuration énergétique avait été nécessaire.

Lorsque Émile reprit vraiment conscience, on attendit qu'il pose lui-même les questions. À nouveau maître de ses pensées, il chercha à connaître la raison de sa présence en ce lieu.

Des bribes de souvenirs de sa vie terrestre lui revenaient constamment. Un Esprit initiateur vint alors près de lui. Il lui expliqua la situation réelle qu'il vivait, lui annonçant à la fois la fin de son épreuve et la mort de son corps charnel. Émile écouta avec beaucoup d'attention. Constatant la véracité de ces dires, il fut ravi de voir la facilité de la vie de l'au-delà. Il se sentait bien et trouvait très réconfortant d'apprendre qu'il pouvait vivre désormais dans cet état, du moins le temps de son erraticité.

Des parents qui avaient franchi le seuil avant lui vinrent ensuite le rejoindre. La joie des retrouvailles fut très grande, mais la pensée d'un fils qu'il avait laissé sur la Terre parvint à son Esprit. À cet instant, il voulut le revoir. Ils partirent tous ensemble, se retrouvant directement et en un bref instant dans les lieux qui lui étaient tant familiers.

Il y trouva ses proches à la fois peinés de son départ et soulagés de sa délivrance.

Émile se réjouit de leur réaction. Conscient qu'ils se retrouveraient tous un jour, rassuré par les contacts que permet le sommeil corporel, il retournait dans le monde de l'Esprit, empressé de vivre pleinement cette autre dimension de la vie humaine.

Surpris par la mort

F. était un jeune marin ayant toujours rêvé d'aventure. Le bateau sur lequel il s'était embarqué sombra en plein océan, lors d'une tempête qui se leva sans crier gare. Il vint se révéler à moi, un soir de juillet 1984. On ne put savoir à quel équipage il appartenait lors de son décès. Quant à son nom, il signa « Celui qui vit toujours ».

Voici les grandes lignes de son témoignage concernant son arrivée dans l'au-delà.

Le soir était déjà tombé et F. décida d'aller dormir un peu avant d'entreprendre son prochain quart. Il s'endormit rapidement, rompu par la fatigue de la dure journée. À son réveil, le souvenir d'un craquement lugubre et profond hantait sa pensée. À sa grande surprise, il constata dès lors que sa minuscule cabine était remplie d'eau de mer. Il vit son corps flotter parmi les objets épars. Le bateau s'était retourné et avait sombré.

Il était mort sans même s'en rendre compte, sans douleur d'aucune sorte. Il se voyait dans l'eau, près de son corps sans vie.

Alors qu'il se demandait ce qu'il pouvait bien faire dans une telle situation, la pensée qu'il était mort l'angoissa avec insistance. Était-ce la fin ? Était-ce donc cela la mort ?

Il songea alors à ceux qu'il avait laissés dans son pays et cette préoccupation lui fit quitter sa position désagréable. Il se retrouva subitement dans la maison de ses parents. Il les voyait et les entendait très bien. Il tenta de leur parler, mais aucun ne lui prêtait attention, sauf sa jeune sœur qui fit part à ses parents d'une curieuse impression de la présence de son frère.

La nouvelle de sa mort n'était pas encore parvenue

chez lui et F. tentait de les prévenir pour qu'ils ne s'en fassent pas pour lui.

Un Esprit initiateur vint pour l'aider, mais F. le prit d'abord pour un étranger en visite chez ses parents. Ce n'est qu'un peu plus tard qu'il comprit qu'il faisait partie du même monde que lui, plus précisément lorsque l'Esprit initiateur insista pour qu'il l'écoute. Celui-ci l'aida à se déplacer en Esprit. F. voulait revoir tous ses parents et ses amis, tentant de trouver quelqu'un qui pourrait l'entendre. Ce désir provenait du fait que ces derniers n'avaient jamais beaucoup cru en la survie de l'au-delà et maintenant qu'il vivait lui-même la situation, F. ne pouvait que constater leur erreur ; ce qui le poussait avidement à vouloir les éclairer. Devant son incapacité à se faire entendre d'eux, il se résigna finalement à assister, impuissant, à l'annonce de sa mort. Un profond chagrin assombrissait sa joie de survivre à la mort. Voir que ceux qu'il aimait le croyaient disparu à jamais, qu'ils le pensaient dissous dans son être, perdu comme la goutte d'eau dans la mer, tout cela le faisait souffrir.

C'est avec beaucoup d'émotion qu'il me dit toute la tristesse et la désolation d'entendre son parent, son ami, parler de lui comme s'il n'était plus rien, alors que jamais sur la Terre la plénitude de son être n'avait été aussi grande.

Sous l'emprise de l'avarice

Lorsque Georges s'était à nouveau incarné, il était venu lutter contre une faiblesse bien ancrée en lui, celle de l'avarice.

Ses résolutions de départ avaient été bien sincères, mais toute sa vie avait malheureusement confirmé une stagnation spirituelle. Sa faible volonté n'avait pu résister à l'attrait que les richesses illusoires de la Terre exerçaient sur lui.

Toute sa vie fut le témoin d'une course morbide vers l'accumulation de biens matériels. Perfidie, ruse, privation, despotisme, tout pouvait servir son engouement néfaste. Aux yeux des hommes aveugles, il était de ceux qui réussissent ; à ceux de l'Esprit, il était de ceux qui doivent recommencer.

Le jour de sa mort, il laissait une grosse fortune à des héritiers qui attendaient avec impatience ce moment tant rêvé.

Georges venait de conclure une alléchante transaction lorsqu'un infarctus l'emporta subitement, en plein après-midi d'une journée qu'il qualifiait de rentable. Suivant les volontés qu'il avait plusieurs fois exprimées, son corps ne fut pas exposé et l'incinération se fit dans les plus brefs délais possibles.

Georges avait toujours été convaincu que la mort suspendait toute forme de vie consciente. Pour lui, l'homme ne reprenait vie qu'à la fin des temps, au jugement dernier où Dieu effaçait toutes fautes. Lorsqu'il s'éveilla en Esprit, presque toutes traces de son corps avaient disparu ; seules quelques cendres venaient témoigner de l'existence de son enveloppe dissoute.

Il se retrouva parmi ses héritiers et fut témoin de toutes les scènes qui le concernaient. Il fit de grandes colères devant l'absence d'attention que l'on portait à sa présence. Un Esprit initiateur lui disait qu'il était mort, mais son aveuglement l'empêchait de considérer ses propos. Georges préférait le traiter de fou, lui conseillant même de se faire soigner.

Lorsque Georges entendit les propos fort désobligeants à son égard, il voulut quitter les lieux, mais il constata que cela lui était impossible. Il devait manger les fruits qu'il avait lui-même cultivés.

C'est ainsi qu'il apprit tout ce qu'on pensait de lui. Les souffrances qu'il avait imposées avaient tellement créé d'amertume que ses proches ne lui voyaient que des défauts. Tous étaient soulagés de son départ.

Georges cherchait à se consoler par toutes ses réussites financières, mais ses héritiers étaient bien décidés à profiter des biens qu'il avait laissés bien malgré lui. Il fut ensuite témoin de la dilapidation de ses richesses. Ses protestations hurlantes n'avaient aucun effet. Il avait beau crier, injurier, il n'avait plus aucune influence sur ses proches.

Cette situation lui causait de profondes souffrances morales. Son attachement à tout ce qui avait été ses biens l'empêchait de voir clair. Il était comme embrouillé de rage. Après plusieurs mois de cette situation déprimante, Georges versa sur la pente du découragement. Il se voyait pris dans un cercle sans issue qu'il ne comprenait pas. Il ne pouvait s'expliquer tous ces changements profonds. L'Esprit initiateur revint alors pour lui parler et là, Georges se souvint qu'il avait déjà vécu tous ces revers. Il comprit enfin qu'il venait d'aboutir à la fin d'une épreuve d'incarnation qui avait échoué encore une fois. Une tristesse indescriptible prenait toute la place de son cœur. Ses pleurs de vaincu venaient briser le silence qui l'avait soudainement enveloppé. Il vit alors devant lui toutes les souffrances qu'il avait à nouveau semées. Il frémit à la vue de la récolte qui l'attendait ; Georges devait tout recommencer, devant en plus payer les dettes supplémentaires qu'il avait contractées.

L'Esprit initiateur l'invita à le suivre dans le monde de l'au-delà, où il devait se préparer à nouveau à affronter l'épreuve de l'incarnation, seul remède à son périsprit malade.

Son crime était au rendez-vous

Léon mourut presque de vieillesse à l'âge de quatre-vingt-trois ans. Il avait mené une vie prospère qui avait fait l'envie de plusieurs. Pendant plus de cinquante ans, il avait traîné avec lui un lourd secret qui devait avoir une très néfaste suite dans l'au-delà.

Alors qu'il avait une trentaine d'années, Léon avait exécuté un plan morbide visant à faire disparaître une personne gênante. Son crime parfait aux yeux des hommes lui avait donné bien des avantages matériels. Il avait toujours cru avoir réalisé une bonne affaire. Les jouissances de la vie terrestre étaient même parvenues à étouffer les quelques étincelles de remords qui avaient surgi dans son Esprit aveuglé.

Sur son lit de mort, l'épuisement de son corps lui faisait presque bien accueillir l'heure du repos. Le passage à trépas devait cependant lui fournir de bien amères surprises.

Contrairement à ce qu'il s'attendait, Léon s'éveilla dans un lieu lui rejetant à la face le crime odieux dont il s'était rendu coupable. Pour lui, l'au-delà se limitait aux lieux mêmes où il avait commis ce meurtre qu'il croyait parfait. À son grand désarroi, Léon tenait à la main une copie exacte de l'arme dont il s'était servi. Même ses vêtements paraissaient être ceux qu'il avait portés. Du sang maculait ses habits, donnant encore plus de morbidité au drame qu'il revivait. Il avait beau essayer de se débarrasser de ces effets, rien n'y faisait. Tout était comme collé à sa personne.

Une panique indescriptible étouffa sa pensée ; il se

disait que tout cela ne pouvait être vrai. Il tenta de se convaincre qu'il rêvait et que son cauchemar prendrait bientôt fin. Malheureusement, l'impression d'un très long écoulement de temps ébranla fortement son espoir.

Il voulut alors s'échapper des lieux, mais dès qu'il tentait de franchir les limites de ce qu'il percevait, une noirceur opaque lui opposait comme un mur infranchissable.

Une rage débridée lui déchira le cœur. Il maudit Dieu de lui infliger ces souffrances et menaça le ciel de sa vengeance.

Par cette attitude, il repoussait malheureusement tous ceux qui pouvaient l'aider. Sa faiblesse spirituelle était la seule cause de ses tourments et elle l'empêchait maintenant de trouver le remède à ses maux.

Une solitude totale était son seul compagnon. Toute sa vie durant, il s'était coupé du souci d'autrui et maintenant, il en récoltait les fruits. Il subissait amèrement la loi du contrecoup des gestes négatifs.

Le silence absolu qui l'enveloppait lui faisait parfois douter de son existence. L'absence de jour et de nuit, liée à une angoisse sans nom, lui fit perdre bientôt la notion du temps. L'impression des jours écoulés lui fit multiplier par dix, puis par vingt, la durée réelle de ses tourments.

L'image ensanglantée qu'il voyait de lui-même ne lui inspirait malheureusement aucun regret ; seules la rage et la haine s'exprimaient dans ses gestes et ses pensées. Après de longs mois de ces conditions, Léon reçut les premiers contacts conscients d'un Esprit initiateur. Il voulut dès lors l'attaquer, cherchant bêtement à le tuer. Il refusa d'écouter les conseils bienveillants qu'on lui donnait. Léon ne parvenait pas à prendre conscience de la gravité de sa faute. Il refusait de reconnaître ses torts, seule source de ses tourments.

L'Esprit initiateur se retira, l'enjoignant en vain de bien vouloir écouter ses conseils.

Léon se retrouva donc seul avec sa plaie, que son ignorance empêchait de panser. Ce triste sort, Léon dut le vivre tant que la lumière n'apparut pas dans son Esprit. Cette lumière prit d'abord la forme du repentir sincère, signe de la compréhension spirituelle. Beaucoup plus tard, ce repentir devint désir de réparation.

Avant d'en arriver là, Léon dut cependant faire taire un ennemi redoutable : son propre orgueil. Il dut ensuite s'attaquer à l'épine de son cœur, son égoïsme monstrueux, ne laissant place à aucune compassion.

Selon le témoignage de mon Esprit-Guide, plusieurs désincarnés dans la même situation que Léon peuvent devoir souffrir ainsi pendant plusieurs dizaines d'années, voire même des siècles, avant de laisser apparaître les premières lueurs libératrices. Ils sont alors prisonniers d'eux-mêmes. Ce n'est ni Dieu ni personne d'autre qui le veulent ainsi, ce n'est que l'application des Lois parfaites et immuables, nécessaires à la progression spirituelle ; celles-là mêmes auxquelles nul ne peut échapper.

Le fratricide

Le témoignage suivant rappelle un peu l'histoire de Caïn et Abel de la Bible chrétienne. Waren habitait avec son demi-frère de quatre ans son cadet une ferme prospère que leur père leur avait léguée.

Les deux hommes ne s'étaient jamais vraiment bien accordés. Le fait de devoir partager leurs biens, les heures de travail et même leurs temps de repos rendait leur vie amère. Leur aveuglement les empêchait d'apprécier le bonheur qui leur souriait. C'était comme un cercle vicieux : Waren avait toujours jalousé son demi-frère et celui-ci avait toujours réagi au rejet qu'il subissait. Lorsque Waren se maria, les choses se corsèrent davantage. Waren aurait bien voulu jouir seul de tous ses biens. Un jour, des circonstances particulières offrirent à Waren l'occasion rêvée de se débarrasser de son demi-frère encombrant. Celui-ci avait subi un grave accident, loin dans les champs. Lorsque Waren le découvrit, il saignait abondamment. Waren décida alors d'attendre morbidement que la mort ait fait son œuvre avant d'intervenir.

L'enquête ne put conclure qu'à une mort accidentelle. Waren se retrouva à la fois libéré de son rival et enrichi du double de ses biens. Les avantages qu'il percevait étouffaient les remords qui voulaient émerger.

Dix ans s'étaient écoulés et Waren n'avait toujours pas d'enfant. Il commençait à penser à sa relève lorsque la mort vint le faire passer à trépas. Dès son arrivée dans l'au-delà, Waren fut frappé de stupeur par la vision des yeux de son demi-frère qui le regardaient fixement. Il avait la certitude que sa victime était là, toujours devant lui, cherchant à connaître le pourquoi d'un geste si mauvais.

Waren ne comprenait pas sa soudaine situation. Où était-il donc rendu ? Que signifiait donc tout ce qui lui arrivait ? Étourdi par sa désincarnation, obnubilé par son ignorance de la réalité spirituelle, Waren se voyait perdu dans un monde de fous où plus rien ne tenait debout. Il entendit une voix qui lui semblait être celle de son demi-frère. Il pensa alors que ce n'était pas possible, puisque celui-ci était mort et enterré. La voix lui expliqua que lui aussi était maintenant décédé. Waren ne le crut pas. Il voulut se pincer pour tenter de se réveiller, mais à sa grande surprise, il s'aperçut que son corps n'était plus comme avant.

Les yeux de son demi-frère vinrent très près de lui. Là,

ses doutes se transformèrent en horreur. Il revit le regard agonisant qui le suppliait tant.

Waren voulut se sauver. Il courut sans arrêt pendant un long moment, mais il avait comme l'impression de toujours demeurer sur place. Le regard de son demi-frère ne le quittait jamais. Waren rencontra d'autres Esprits qui vinrent vers lui. À peine eut-il l'idée de leur demander de l'aide qu'il se vit pointer du doigt. Tous semblaient le désigner comme le meurtrier de son demi-frère. Waren chercha alors à se cacher. Il erra dans des lieux sombres lui semblant de plus en plus inhospitaliers. Le sol lui paraissait rocailleux. Tout ce qui y poussait n'était que plantes épineuses sans aucun feuillage. Les gens qu'il rencontrait le désignaient chaque fois comme un meurtrier fratricide. Il chercha donc à s'isoler davantage, étant déjà suffisamment harcelé par ce regard qui ne le quittait pas. Après un temps qui lui sembla une éternité, Waren reçut la visite d'un Esprit initiateur qui lui expliqua ce qu'il vivait. Pris de pleurs inconsolables, Waren demanda à l'Esprit ce qu'il était advenu de tous ses biens. Waren eut alors la vision très nette de ce qui se passait, là où avait été son chez-lui.

Il vit que sa femme, seule héritière, s'était remariée. Elle avait pris pour époux celui qui était son employé. Il vit que tout ce qu'il avait tant convoité était maintenant possédé par des étrangers et que des fils d'étrangers en hériteraient.

Cette vision lui causa une grande douleur. Waren n'avait donné de l'importance qu'aux choses matérielles et seules ces dernières occupaient encore son Esprit. Pendant que l'Initiateur lui expliquait ce qu'il devait faire, d'autres Esprits s'approchèrent. Waren se sauva pour tenter de se soustraire à leur regard. L'Initiateur s'approcha à nouveau, mais maintenant Waren fuyait même cet Esprit qui voulait l'aider.

Épuisé par ces conditions invivables, Waren établit certains liens avec des Esprits semblables à lui. Il crut d'abord en être réconforté, mais il comprit vite qu'il ne fréquentait que ceux qui avaient la même image que lui. Il vit alors la bassesse de son Esprit et son désir de se cacher fut encore plus grand.

Lorsque j'ai demandé des explications sur le regard permanent de son demi-frère assassiné, mes correspondants de l'au-delà ont expliqué qu'il s'agissait en fait d'une projection de la faute commise. Ce n'est pas la victime qui harcelait son meurtrier, mais bien ce dernier qui se harcelait lui-même, par le rebondissement de son acte mauvais. Dans le cas de Waren, son frère était tout près et tentait réellement de l'aider, mais Waren ne pouvait le voir ni entendre ses propos chaleureux. La gravité de l'acte mauvais créait un mur ne laissant passer que ce qui était en contrecoup direct de sa faute.

Quant à l'Esprit initiateur, dans pareille situation, celui-ci est toujours prêt à aider, mais l'absence d'écoute annule souvent son efficacité ; en fait, il faut que le décédé lui prête une oreille accueillante. De plus, une écoute trop obnubilée par le souci matériel empêche le défunt d'entendre ce qu'il devrait entendre.

Un suicide bien inutile

Josua avait mené une vie trouble, parsemée de multiples abandons à ses bas instincts. Il avait déjà certains acquis, mais sa faiblesse spirituelle le faisait trébucher dès qu'une épreuve un peu difficile se présentait. Sa négligence face à sa nature spirituelle l'avait empêché d'acquérir la force qui était pourtant à sa portée. En excellente santé physique, ses déboires résultaient toujours de ses mauvais choix que provoquaient ses penchants jouisseurs.

Après s'être gavé des plaisirs à sa disposition, il se lassa bientôt de la vie pourtant généreuse à son endroit. Rejetant la lumière que certains voulurent lui donner, niant la dimension spirituelle de son être, il crut que la mort mettrait fin à l'écœurement qu'engendrait la futilité de sa vie. Il refusa l'effort du combat. Ayant toujours choisi le chemin le plus facile, il préférait quitter la Terre plutôt que de devoir s'en servir pour s'avancer sur la voie de l'Esprit.

Amateur invétéré d'armes à feu, il mit fin à ses jours en se logeant une balle dans la tête. L'exécution de son plan macabre mettait fin à un plan de vie pourtant riche en ressources de toutes sortes, dont il n'avait jamais su vraiment profiter.

Lorsqu'on trouva son corps dans sa petite maison de campagne, on dit de lui qu'il était mort sans souffrance. La réalité était cependant fort différente.

Contrairement à ce que Josua lui-même croyait, cette mort volontaire l'entraîna dans une phase de souffrances atroces. Lorsque la balle pénétra dans son cerveau, son corps s'effondra, mais la mort ne fut pas immédiate. Bien qu'il aurait pu paraître inconscient aux yeux de quiconque, Josua demeurait relié à son corps et en ressentait encore les sensations de douleur. Sa pensée était toujours intacte malgré les bris cérébraux ; Josua vécut la moindre seconde de sa mort.

Une douleur physique d'une grande intensité donna à ces minutes une impression d'un temps sans fin. Une autre douleur, qui ressemblait à celle d'une forte brûlure, vint s'ajouter ensuite aux sensations physiques que son périsprit pouvait encore ressentir. Josua perdit alors conscience quelques instants. Ce très bref répit lui permit de passer dans le monde de l'au-delà. Son éveil fut cependant un véritable choc, car même mort, les souffrances de brûlure n'avaient pas cessé et la vie continuait avec ses mêmes exigences spirituelles. Josua gémit de pleurs et de désespoir. Les conseils qu'on lui avait donnés de son vivant lui revinrent à l'Esprit. Il se souvint de ce qu'on lui racontait sur la survie d'après-mort. Le pauvre avait cru en finir et sa mort ne faisait qu'accentuer ses souffrances. Josua chercha désespérément un moyen de s'en sortir. Curieusement, il pensa à nouveau au suicide. Cette pensée lui fit enfin saisir toute la stupidité de ses fausses croyances passées. Il voyait maintenant que rien ne peut faire mourir l'être humain, seul son état de vie pouvant être changé.

Josua appela alors à l'aide. L'intensité de ses souffrances accrut son ardeur à vouloir se sortir de cette situation infernale.

Un Esprit initiateur se tenait tout près de lui, mais Josua ne pouvait ni le voir, ni l'entendre. Josua se voyait seul dans sa misère qu'il avait lui-même provoquée. Ses cris de désespoir eurent un écho auprès de ceux de l'au-delà qui l'avaient connu. Eux aussi vinrent l'entourer pour le réconforter, mais Josua ne pouvait ressentir leur présence. La loi du contrecoup spirituel le voulait ainsi.

Josua se sentit soudainement attiré vers un lieu sombre. Il s'y rendit, espérant que cela serait bon pour lui. L'angoisse qu'il ressentait se transforma subitement en horreur lorsqu'il vit que c'était la tombe où reposait son corps qui commençait déjà à se décomposer. Par la loi du contrecoup, Josua avait l'impression très nette de sentir les vers lui ronger les entrailles. Ses cris ne recevaient jamais de réponse. Il voulait échapper à tout cela, mais une force supérieure l'entraînait à subir inlassablement ces souffrances indescriptibles.

Josua dut souffrir la décomposition de son corps jusqu'au dernier muscle. Quant à l'écoulement fluidique qui lui donnait ses impressions de brûlure, il dura un peu plus de cinquante ans.

Une responsabilité partagée

Un autre témoignage d'un Esprit qui s'était suicidé confirme également cette longue période de souffrance d'après-mort. La différence que nous pouvons observer réside cependant dans sa durée que de bons sentiments ont abrégée.

Dans un fatal élan de désespoir, James s'était coupé les veines des poignets. Une grande déception amoureuse l'avait incité à mettre fin à ses jours. Lui aussi croyait, dans sa naïveté, se libérer ainsi de ses soucis.

Lorsqu'il s'éveilla dans l'au-delà, il fut grandement surpris de se voir encore vivant dans la pièce même où gisait son corps mutilé. La vue du sang répandu lui donna l'impression d'une nausée incontrôlable. Un regret d'une intensité incommensurable envahit toute sa pensée. Constater que son geste n'avait aucunement abrégé ses souffrances morales lui donna un sentiment d'échec humiliant. L'écoulement fluidique le faisait atrocement souffrir et il se voyait, en plus, toujours affublé des mêmes problèmes sentimentaux qui lui faisaient tant mal. Il assista à la découverte de son cadavre, témoin des commentaires de désolation face à son geste futile. Un Esprit initiateur lui fit voir tout ce que son plan de vie lui aurait réservé. Il vit avec horreur qu'un amour sans faille lui avait été destiné. Il vit aussi, dans sa douleur, qu'un autre le vivrait à sa place. Cette vision accrut ses souffrances déjà insupportables. Il se voyait maintenant comme un raté dont l'ingratitude envers Dieu était immense. Cet état dura plus de trois ans. Après ce temps, son sentiment sincère de regret envers Dieu allégea progressivement son fardeau. Il put échanger même avec un Esprit-Guide qui voulut le soutenir dans son temps de souffrance. Un sombre chagrin l'étouffait continuellement, mais on lui apprit qu'il pourrait se reprendre. Cela créa en lui un rayon d'espoir l'incitant à tout mettre en œuvre pour prendre en main la réussite de son avenir spirituel. Ses souffrances étaient encore très vives, mais savoir qu'il s'en sortirait lui procurait des forces quadruplées.

Lorsque je demandai pourquoi il avait reçu un appui qui semblait particulier pour un cas de suicide, mon Esprit-Guide me répondit que cela était d'abord dû à la sincérité de ses sentiments de regret et à sa sensibilité spirituelle déjà développée. Puis il ajouta, avec une certaine insistance, que la responsabilité de son geste macabre devait se partager dans une plus grande part avec celle qui l'avait poussé, par une attitude malveillante, à s'abandonner au suicide illusoire.

Il croyait au néant

Léandre avait été éduqué dans un milieu très religieux. Son éducation n'avait cependant pu venir à bout de son instinct matérialiste lui faisant nier Dieu et toute la question de la survie d'après-mort.

Dans sa période de jeunesse, son attitude était principalement soutenue par un désir de faire sensation auprès de son entourage. L'image enviée qu'il créait ainsi allait le pousser à persévérer dans cette voie toute sa vie durant.

Léandre s'amusait à tourner en ridicule tous ceux qui

avouaient leur croyance spirituelle. Pour lui, seule la matière existait et tout le reste n'était que fable et imagination.

Léandre menait par contre une vie honnête, quoique fêtarde, et nul n'eut jamais rien de sérieux à lui reprocher.

Profitez de la vie, disait-il, après il sera trop tard. Lorsque quelqu'un mourait, il disait de ne pas s'en faire, que tout était maintenant fini pour le défunt et que les survivants étaient les seuls à plaindre. Il regardait le cadavre figé et ne pouvait voir au-delà de la chair inerte.

Léandre vécut très vieux et la mort fit son œuvre pendant son sommeil. Il s'était endormi dans son lit moelleux et devait s'éveiller dans le néant qu'il avait tant prêché.

Toute sa vie, il avait tenté de convaincre les autres que la mort débouchait sur le néant et c'est précisément ce qui lui était réservé.

Léandre ne prit conscience de sa survie qu'après une longue période angoissante, que seule la négation de son raisonnement matérialiste put arrêter.

Léandre se retrouva donc dans la situation qu'il avait lui-même décrite de son vivant. Dans une noirceur totale, il ne pouvait ni sentir, ni voir, ni entendre. Aucune stimulation ne pouvait lui parvenir. Seule sa pensée demeurait en action.

Au début, il se dit satisfait de voir qu'il avait bien eu raison de croire que la mort débouchait sur le néant. L'absence de toute sensation lui démontrait bien que rien n'existait après la mort. En se prolongeant, cette situation lui donna bientôt une impression de longueur ennuyante. Le temps passait et Léandre se trouvait toujours dans ce néant continu.

Après plusieurs mois de cette pénible impression du langoureux rien éternel, Léandre se mit à raisonner sur le fait qu'il puisse prendre conscience de son état. Comment pouvait-on conscientiser le néant ? Celui-ci ne devrait-il pas anéantir sa conscience ? Le fait de percevoir n'était-il pas la preuve de sa non-existence ? Toutes ces questions brassaient dans son Esprit et Léandre dut bien conclure que le simple fait de pouvoir raisonner sur la question démontrait qu'il avait bel et bien survécu à sa mort.

Léandre prit alors panique. Serait-il coincé comme ça dans le rien absolu pendant toute l'éternité ? Comment se sortir de ce pétrin ? Il eut beau réfléchir, l'absence totale de communication lui faisait conclure à l'impossibilité de s'en sortir. Pendant une très longue période de ce déchirement, il réfléchit de plus en plus sur l'existence de Dieu. Léandre se demanda si Dieu n'existait pas Lui aussi étant donné que la vie continuait après la mort. Les premières lueurs de lumière lui parvinrent et un Esprit initiateur lui adressa quelques mots.

Léandre se sentit d'abord ridicule et un peu gêné de son athéisme aveugle. Il se résigna ensuite à demander à l'Esprit initiateur comment se sortir de sa fâcheuse situation. Celui-ci lui demanda ce qu'il pensait de la survie d'après-mort. Léandre admit son erreur et s'en excusa auprès de Dieu. Il demanda qu'on lui pardonne et qu'on l'aide à s'en sortir. Il se dit même prêt à réparer le tort qu'il aurait pu causer par son exemple anti-spirituel.

Léandre se dégagea lentement de son néant et put progressivement faire connaissance avec ce monde dont la vie est beaucoup plus grouillante que celle de notre pauvre Terre.

Léandre n'avait jamais été vraiment mauvais dans sa vie, il était surtout étourdi et léger. Il devrait certes réparer toutes les erreurs qu'il avait semées, mais ses efforts à venir seraient centrés d'abord sur l'étude approfondie de la réalité spirituelle. Avec son intelligence, Léandre aurait pu faire de grandes choses en fonction du plan divin. Conscient de son retard, il était enfin décidé à faire de véritables efforts pour se rattraper.

Un matérialisme aveuglant

Marcus avait lui aussi passé son existence terrestre à nier la réalité de l'au-delà. Son orgueil et sa haute suffisance lui faisaient voir les croyants comme des êtres primaires d'une grande naïveté. Il adorait argumenter en faveur de sa thèse matérialiste. C'était pour lui un excellent tremplin pour s'accorder de l'importance. Pour Marcus, tout raisonnement n'avait de valeur que si une démonstration scientifique pouvait l'appuyer. Limité dans son cadre de référence, Marcus ne pouvait voir au-delà de ce que ses pauvres sens pouvaient lui apporter.

Pour Marcus, la mort devait ne pas changer grand-chose dans sa négation spirituelle. Convaincu de ses allégations, son arrivée dans l'au-delà ne fut qu'une occasion de nier la nature spirituelle de ce qui l'entourait.

Marcus mourut accidentellement, dans des circonstances ne lui laissant pas la possibilité de comprendre ce qui lui arrivait. Il trépassa donc sans se rendre compte de l'approche de sa dernière heure. Son corps fut incinéré comme il en avait manifesté le désir dans son testament. À son éveil, il ne restait plus que les cendres déposées dans une urne que l'on avait enterrée.

Fidèle à ses convictions, Marcus nia catégoriquement sa propre mort. Il était bien évident à ses yeux que tous ces prétendus Esprits initiateurs ne pouvaient que mentir, puisque pour lui la vie d'après-mort n'existait pas.

Il constata bien que des choses très bizarres se passaient, mais il était convaincu qu'il en trouverait vite une explication rationnelle.

Les Initiateurs le ramenèrent dans les lieux mêmes où il avait vécu, parmi ceux qu'il laissait dans le deuil. Il entendait leurs propos, mais Marcus les jugeait confus. Comment pouvait-on parler de sa mort alors qu'il était encore vivant ?

Un Esprit-Guide lui suggéra de leur adresser la parole. Marcus s'exécuta et vit bien que personne ne tenait compte de sa présence. Le Guide voulut l'amener à en conclure qu'il était bien mort, mais Marcus en déduisit plutôt qu'ils le snobaient. Marcus exprima même le désir de quitter les lieux pour leur donner une bonne leçon. Le transport particulier effectué par la pensée ne suffit pas non plus à le convaincre. La confusion encore trop grande l'empêchait de voir clairement les choses comme elles se présentaient réellement.

Si son corps n'avait pas été incinéré, les Initiateurs auraient eu un argument de nature à accélérer sa prise de conscience, mais ils devaient maintenant attendre que Marcus se rende compte par lui-même de sa survie d'après-mort. On lui avait expliqué son nouvel état et Marcus devait maintenant trouver la lumière par son propre raisonnement.

Marcus erra parmi les gens qu'il rencontrait ici et là dans ce monde inconnu. Il y recevait tout ce dont il avait besoin pour comprendre, mais ses préjugés anti-spirituels l'incitaient à s'éloigner de tous ces bornés qui parlaient de la vie de l'Esprit. Marcus commença ainsi un long périple parsemé de questionnements sans réponse satisfaisante, réponse sans mesure à sa trop courte vue.

Au premier abord, Marcus peut nous paraître plutôt entêté, mais il faut en comprendre un élément important de l'arrivée dans l'au-delà. Dans la première période qui suit la mort, une certaine confusion règne dans l'Esprit de plusieurs décédés, surtout chez les moins anciens, au faible développement spirituel. Cette confusion favorise une grande influence des avis entretenus pendant l'incarnation. Selon le degré d'avancement de ces Esprits, cette confusion peut durer de quelques jours chez certains à plusieurs années chez d'autres.

Un cœur fermé aux autres

Le témoignage suivant est celui d'un prêtre ayant toujours vécu dans un état de sévérité qu'il projetait dans ses relations avec autrui.

Normand avait toujours scrupuleusement obéi à la lettre des commandements de sa religion. Très respectueux de la loi des hommes, il appliquait le même zèle à mettre en pratique les lois plus particulières de son sacerdoce. Sans pitié pour tous ceux qui reniaient ses croyances, il oubliait malheureusement l'esprit que la lettre devait lui inspirer.

Ses cinquante ans au service de son Église lui supposaient la certitude que le ciel l'attendait à la fin de ses jours. Une certaine sécurité sur son après-mort venait donc réconforter les périodes difficiles qu'il devait passer dans son quotidien. Pour Normand, aimer Dieu avait toujours pris l'image d'un dévouement aveugle à l'application de ses lois. Malheureusement, cette application prenait chez Normand la dimension d'une imposition reniant le principe sacré de la liberté de conscience. Il n'avait pas compris qu'éclairer les âmes ne signifiait pas les forcer à se plier à la lettre qu'elles ne saisissaient pas. Il voulait obliger la semence à pousser, sans se préoccuper de la nature du sol qui la recevait.

Son attitude imbibée de son étroite conception l'amenait souvent à ne pas respecter l'esprit de ce que nous inspire toute la volonté divine : celui de l'amour des autres.

Pendant les quelques jours que dura son agonie, Normand songeait parfois à ce qu'il devait quitter, mais l'idée qu'il entrerait dans le ciel le consolait de son inquiétude.

Les douze heures de coma qui précédèrent son décès lui permirent de prendre pleinement conscience de l'action de la mort. Toujours relié à son corps agonisant, Normand pouvait quand même se déplacer en Esprit là où sa pensée le dirigeait. Il voyait clairement toute la réalité de la séparation corporelle. Des Esprits connus l'accompagnaient et Normand se voyait bien parti vers le ciel tant attendu.

Lorsque la corde d'argent se brisa, Normand perdit conscience pendant plusieurs heures. À son éveil, il se retrouva dans les lieux mêmes de son incarnation. Son corps avait été emporté et une ambiance de deuil enveloppait la maisonnée. Une grande tristesse assombrit sa pensée. Pourquoi n'était-il pas au ciel ? Tout ce en quoi il avait cru n'était donc que mensonges ? Que faisait la Justice divine dans tout cela ? Normand ne comprenait pas que la mort puisse apporter une si pauvre récompense à son dévouement.

Il demanda l'aide du ciel, priant Dieu de venir l'accueillir. Un Esprit initiateur vint alors vers lui et lui demanda ce qu'il désirait savoir.

Normand lui expliqua l'histoire de sa vie qui débouchait sur un si triste sort. Normand ne pouvait concevoir qu'il demeurerait pendant l'éternité dans les mêmes lieux que fréquentent les vivants. L'Esprit initiateur lui expliqua que c'était en lui-même qu'il trouverait le chemin du bonheur céleste. Il tenta de lui faire comprendre que son fanatisme religieux avait fermé les portes conduisant au bonheur. L'Esprit l'amena avec lui visiter les gens que Normand avait bien connus pendant son ministère. Il revit cette femme qu'il avait mise à la porte pour son manque répété de vertu, puis ce jeune homme à qui il avait refusé le gîte, l'accusant de fainéantise, puis cet homme qu'il avait mis anathème, l'accusant d'hérésie, sans avoir pris la peine de le comprendre.

À sa grande surprise, Normand remarqua que tous ces gens paraissaient heureux. Ils ne semblaient pas ressentir ce tiraillement qui le chagrinait tant. L'Esprit initiateur lui expliqua que, contrairement à lui, ces gens avaient ouvert leur cœur aux autres.

Normand demanda alors si toute sa vie avait été inutile. Toutes ses heures au service de l'Église, tous ses efforts de chaque jour à implanter l'enseignement de Dieu n'ont-ils donc servi à rien ?

L'Esprit lui fit comprendre alors que Dieu était infiniment juste et que chacun recevait la mesure précise qu'il méritait. Normand vit bien que l'attention qu'on lui portait était un signe qu'on ne l'abandonnait pas. Il demanda à l'Esprit de l'aider à se diriger vers Dieu. Ses croyances spirituelles et sa forte confiance en Dieu rendaient Normand accessible au soutien direct de l'au-delà. Les heures qui venaient étaient certes plus difficiles que le ciel qu'il avait imaginé, mais Normand entrait dans une phase d'étude et de préparation le conduisant à une meilleure compréhension spirituelle et rendant les étapes de réparation à venir plus faciles à réussir.

Il n'aimait pas l'effort

Pendant de nombreuses années, Eddy avait mené une vie de bohème. Peu soucieux de suivre les conseils qu'on lui donnait, il n'avait toujours fait qu'à sa tête, suivant son bon vouloir du moment. Très jeune, il avait quitté sa famille pour partir à l'aventure dans le vaste monde.

Son manque de discipline et sa faible volonté à surmonter les difficultés le poussèrent à changer constamment de métier. À peine avait-il trouvé une place qu'il cherchait à s'exiler sous d'autres cieux. Il sema rapidement sur sa route une réputation de démissionnaire qui rendit ses embauches de plus en plus rares.

Sans le sous, Eddy trouvait quand même à la vie un certain charme qui lui plaisait. Le fait de ne pas être obligé de travailler tous les jours lui redonna vite son goût de l'école buissonnière. L'idée de la rareté du travail devint son excuse qui faisait taire sa conscience impuissante. C'est ainsi qu'il épousa progressivement la vie de bohème qui devait ensuite se réduire à la simple existence d'un clochard quémandant sa subsistance.

Eddy ne s'était jamais vraiment préoccupé de la notion du bien et du mal. Il se contentait de vivoter la journée, espérant simplement que celle du lendemain serait encore meilleure. Cette vie ennuyante devait prendre fin un soir d'hiver. Eddy, qui s'était endormi dehors en état d'ivresse, ne put s'éveiller lorsqu'un froid intense fit abaisser la température de son corps sous le minimum vital.

Rendu dans l'au-delà, Eddy demeurait toujours près de son corps gelé. Il s'était endormi dans la confusion que procure l'alcool et son éveil d'outre-tombe le laissait dans le même état.

Son cadavre ne fut découvert que trois semaines après son décès. Pendant tout ce temps, Eddy était demeuré tout près, s'inquiétant de se voir ainsi gelé et figé, alors qu'il se sentait quand même vivant, face à lui-même.

Eddy ne comprenait pas et ne cherchait pas non plus à comprendre. Son seul souci était de garder son corps, seule passion de sa vie. Lorsqu'un Esprit initiateur s'approchait pour l'aider, il le repoussait, demandant avec insistance qu'on le laisse en paix.

Lorsqu'on découvrit son cadavre, Eddy commença à réfléchir un peu plus sur son sort. Cette fois-ci, il avait beau exiger qu'on le laisse tranquille, chacun faisait comme s'il n'existait pas. Il entendit les badauds parler de lui comme étant mort et vit qu'on emmenait son corps, sans tenir compte de lui. Inquiet, il accompagna sa dépouille et resta tout près jusqu'à son enterrement. Lorsque tout fut terminé, il se retrouva seul avec lui-même. Il refusa à nouveau l'aide de l'Esprit initiateur, se contentant de laisser venir le temps, comme il avait l'habitude de le faire.

Pour Eddy, sa vie morose de clochard devait continuer dans l'au-delà, le temps que la lumière perce la carapace dont il s'était couvert.

2

L'ADAPTATION AU MONDE DE L'AU-DELÀ

L'arrivée dans le monde de l'au-delà marque le début d'une période de vie plus ou moins spirituelle, selon notre degré d'avancement. Cette période dite d'erraticité offre à l'Esprit la possibilité de s'avancer davantage. Il y trouve des conditions reliées à lui-même qui lui permettent, selon sa volonté, de bien se préparer aux futures épreuves de l'incarnation. Cependant, l'Esprit ne peut profiter de ces avantages que lorsqu'il s'est adapté au retour dans son monde naturel.

Cette adaptation prend elle aussi plusieurs visages et sa durée est relative à chacun des Esprits. Les moins avancés s'adaptent très difficilement à la vie spirituelle. Leur faible élévation les pousse continuellement à fréquenter les mondes physiques des incarnés. Leurs préoccupations toutes matérielles peuvent même, chez certains, les rendre inaptes à la vie véritablement spirituelle. Cet état primaire nécessite une succession d'incarnations rapprochées, de nature à spiritualiser suffisamment ces Esprits au périsprit trop chargé.

Les Esprits moyens de la Terre s'adaptent pendant une

période plus ou moins longue, selon les acquis accumulés dans la chaîne des incarnations. Leurs préjugés d'incarnés peuvent persister pendant quelques années. Ils prolongent souvent la manière de voir qu'ils entretenaient pendant leur incarnation. Leur adaptation emprunte alors certains traits prédominants qu'ils avaient de leur vivant.

Quant aux Esprits plus avancés, l'adaptation se fait facilement. Reconnaissant très tôt le monde spirituel où ils avaient déjà vécu, ils entrent rapidement dans la phase constructive des activités utiles. Pour eux, la mort charnelle est une véritable libération. Ils se souviennent des joies extraordinaires que procure la vie de l'Esprit et un vif empressement les pousse à vivre pleinement les conditions de vie de l'au-delà.

Un bel exemple d'Esprit avancé dont l'adaptation se fait assez facilement est celui du témoignage n° 1 que nous avons vu au chapitre précédent.

Marguerite entra dans le monde de l'au-delà avant même que la corde d'argent soit rompue. Reconnaissant rapidement l'heure qui devait sonner, elle profitait déjà de son nouvel état, malgré que son corps comateux vivait encore.

L'ambiance de festivité qui enrobait son arrivée lui procurait une joie de vivre n'étouffant cependant nullement son souci envers ceux qu'elle aimait.

Les trois semaines qui suivirent sa mort furent consacrées à la consolation des siens dont l'amour avait été sincère. Elle attendait patiemment chaque nuit pour échanger avec ses proches sur la façon de poursuivre leur vie sans elle. Ceux-ci s'éveillaient alors soulagés par la certitude intuitive de sa survie bien réelle. Le souvenir de ses antériorités lui vint très tôt. Le constat de la brillante réussite de ses dernières épreuves lui procura une joie que seul le fruit d'ultimes efforts peut inspirer. Elle se souvint des étapes importantes qu'elle avait vécues, soulignant les acquis, retenant les faiblesses à travailler, évaluant le chemin à parcourir. Elle se remémora certains travaux qu'elle avait préparés pendant chaque sommeil de son corps ; comme elle l'avait fait toute sa vie d'incarnée, Marguerite planifiait ses occupations à venir.

Ses amis lui conseillèrent de se reposer un peu, après les très rudes épreuves qu'elle avait passées.

Elle se rappela un moment merveilleux que sa dernière enfance lui avait procuré. Elle fut aussitôt comme emportée dans un monde féerique où elle retrouvait, en beauté centuplée, cette ambiance de paix et de sérénité qui l'avait tant marquée. Elle était comme dans un monde de l'enfance où tout est merveilleux.

Des sons venaient caresser son ouïe et des couleurs aux nuances harmonieuses faisaient tourner d'ivresse son regard enchanté.

Un bonheur pénétrant tout son être lui faisait goûter ce qu'elle n'aurait jamais cru possible. Le temps avait disparu. Seul ce bonheur sans borne semblait s'accrocher à jamais, dans un tourbillon sans fin. Elle aurait pu s'abreuver de cette jouissance spirituelle tant qu'elle l'aurait désiré, mais après un temps qu'elle ne pouvait évaluer, elle pensa qu'elle serait bien plus utile à se dévouer pour les autres. Cette pensée grava en elle un reflet de ce bonheur régénérateur qu'elle garderait comme compagnon pendant tout le temps de son erraticité. Pour nous donner une petite idée de cette joie indescriptible, Marguerite nous suggéra de penser au plus grand bonheur de la Terre et de le multiplier ensuite par mille. Chargée d'énergie, Marguerite était désireuse de se rendre utile et s'offrait déjà pour accomplir les travaux que Dieu voulait bien lui confier.

Cette description peut certes rendre optimiste toute

personne croyant bien répondre aux exigences des lois spirituelles, mais il faut bien admettre que pour ceux et celles de la Terre, l'autre extrême est malheureusement plus fréquent dans la réalité vécue par l'ensemble des Esprits désincarnés.

Prenons, par exemple, le cas de tous ceux qui ne se préparent pas à la vie spirituelle. Mes communications m'ont fait constater que plusieurs de ces derniers sont susceptibles de vivre une longue et pénible adaptation à l'existence de l'au-delà. N'y trouvant pas l'objet de leurs motivations coutumières, ils entretiennent, par leur conception erronée, une vie qu'ils considèrent pourtant fade et insensée.

Ce n'est qu'après de longues années de souffrances que leur mentalité a rendu nécessaires qu'ils comprennent enfin que ce n'est pas dans les attraits des choses de l'incarnation que l'Esprit peut trouver le chemin du bonheur.

Ainsi, plusieurs de ces Esprits trop attachés aux choses matérielles ne peuvent retirer d'avantages à être libérés de leur corps de chair. Leur attachement matériel les obnubile et leur vie continue avec les mêmes tiraillements qu'ils avaient de leur vivant. En fait, ils sont Esprits et malgré cela ils ne peuvent se rendre compte des possibilités de leur nouvelle forme de vie.

Des cas assez ironiques d'adaptation difficile me furent communiqués comme exemples de l'absurdité que pouvait provoquer une trop grande négation spirituelle chez certains matérialistes bornés. Tels ces Esprits entêtés à ne pas croire à la survie d'après-mort qui se regroupèrent dans l'au-delà et continuèrent à nier bêtement l'existence qu'ils vivaient. La même euphorie de leur temps d'incarnation empêchait leur intelligence de percevoir l'évidence. Malheureusement, pour ces Esprits, seule une longue prolongation de leur état put les amener à découvrir la réalité de leur expérience d'outre-tombe. Les conditions très pénibles de leur environnement créées à la mesure de leur fausse conception finirent par avoir raison de leurs sophismes insensés. Un questionnement inspiré par des Esprits initiateurs les incita à remettre en cause leur philosophie confuse. Ils avaient cependant gaspillé beaucoup d'énergie qui aurait pu être fort constructive, autant pour eux-mêmes que pour les autres.

Nous disions plus haut que plusieurs Esprits en période d'adaptation étaient encore influencés par leur manière de voir d'incarnés. Cet aspect de l'adaptation est très important pour comprendre les difficultés que plusieurs vivent dans leurs premiers moments de vie d'outre-mort. En mourant, l'Esprit conserve son entière personnalité. Il amène avec lui ses préoccupations intimes qui vont grandement affecter sa façon de s'adapter à ses nouvelles conditions de vie. C'est pour cela que la préparation à la vie spirituelle est très importante pendant l'incarnation. Celui qui a intégré dans son être ses croyances spirituelles en la réalité de l'au-delà et qui entretient des relations intimistes avec son Créateur par la prière favorise grandement une bonne adaptation dans la vie d'outre-tombe qui l'attend inexorablement. Le souci spirituel l'aura incité à adopter une vie meilleure qui sera de nature à améliorer son sort. Enfin, s'étant probablement moins endetté, il échappera plus rapidement aux incarnations pénibles des mondes d'épuration.

Ce n'est que lorsque l'adaptation est terminée que l'Esprit exprime la somme de ses acquis. À ce moment-là, il a perdu l'influence trop vive de sa dernière incarnation et sa pensée devient véritablement celle d'un habitant du monde des Esprits.

Mes échanges avec ma sœur décédée m'ont bien confirmé cette réalité. Si je compare entre elles les communications reçues, je constate une rapide progression dans son détachement envers les préoccupations terrestres. En fait, plus les mois avançaient et plus elle donnait une vision spirituelle, se rapprochant de plus en plus de celle de mon Esprit-Guide. Elle en vint même à atteindre, dans son jugement, un degré d'objectivité tel que je reconnaissais à peine celle que j'avais connue. Seul demeurait l'amour intense animant une profonde préoccupation de ne faire que le bien.

Donc, en s'adaptant, l'Esprit se dépouille du vêtement exclusif de sa dernière vie, pour revêtir celui de toute son existence.

Chacun peut assez facilement s'imaginer ce que sera sa période d'adaptation dans sa vie d'outre-tombe. Il suffit qu'il évalue son degré de spiritualisation et de détachement matériel pour constater si cela sera facile pour lui. Si la réponse est négative, il n'en tient alors qu'à lui-même de faire en sorte de se préparer un avenir meilleur.

Quoi qu'il en soit, chacun finira bien un jour par comprendre le sens véritable de sa vie d'incarné. Ce qu'il faut cependant bien saisir, c'est qu'il vaut beaucoup mieux pour nous tous de le faire tout de suite que d'avoir à supporter plusieurs existences avant d'atteindre la lumière.

Il est bien certain que Dieu, dans ses lois, a tenu compte des conditions de chacun de ses enfants. C'est pourquoi toute personne menant une vie spirituellement bonne ne doit pas craindre la difficulté à s'adapter à son autre forme de vie. D'après ce que j'ai pu en conclure, seuls les gens ayant vraiment manqué aux principes spirituels du respect de la volonté divine ont de véritables et profondes raisons de craindre l'au-delà.

3

LE CIEL ET L'ENFER

Suivant les croyances populaires les plus répandues, le ciel serait un lieu situé au-delà de notre ciel terrestre où les bons adorent Dieu inlassablement, en compagnie des saints, des anges et des archanges. Quant à l'enfer, situé dans les niveaux inférieurs de la Terre, les mauvais hommes y brûleraient éternellement, en compagnie des anges déchus et de tous les damnés.

Or, qu'en est-il vraiment ?

Selon ceux qui vivent déjà dans l'après-mort, ni le ciel, ni l'enfer ne sont des lieux. Ce sont des états d'âme engendrés par la nature de nos actes et de nos pensées. En fait, c'est nous-mêmes qui sommes porteurs de notre ciel ou notre enfer, selon les choix que nous avons faits entre le bien et le mal. De plus, comme nous conservons, après notre mort, l'histoire de toutes nos existences passées, le ciel et l'enfer prennent différents visages, selon les incarnations vécues et l'élévation de notre Esprit.

De tous les témoignages que j'ai reçus, aucun ne confirme l'existence éternelle d'un ciel et d'un enfer. L'homme est en progression continue vers Dieu et celle-ci implique de nombreuses incarnations nécessaires à l'avancement spirituel. L'idée d'un arrêt éternel en jouissance ou en souffrance ne trouve donc aucun fondement dans le principe qui gère immuablement la montée de l'humanité cosmique tout entière. Quant à l'état ultime de l'épuration totale, il correspond à une notion différente de celle que nous pourrions concevoir. Il s'agit d'un état divin dont la description échappe complètement aux capacités limitées de nos pauvres cerveaux.

Voici les explications qui me furent apportées pour appuyer la compréhension du ciel et de l'enfer, du moins pour ce qui concerne les incarnés de la Terre.

Le ciel

Comme nous le disions tout à l'heure, le ciel n'est pas éternel. Il ne peut durer tout au plus que le temps séparant deux incarnations. Ce temps d'erraticité peut cependant devenir de plus en plus long, au fur et à mesure que les épreuves impliquant la chair deviennent moins nécessaires à l'avancement de l'Esprit. Pour ces Esprits avancés, le ciel devient alors comme un état permanent, suspendu périodiquement pendant les étapes de réincarnation.

Mais qu'est-ce donc que le ciel ? Après la mort physique, l'Esprit garde sa personnalité et conserve l'empreinte de son histoire. Lorsque l'Esprit a pleinement profité des plans qui lui étaient tracés, il en reçoit un retour le mettant dans un état de bonheur continu dont la forme et l'intensité sont fidèlement adaptées à ses actes, à sa personnalité et à son degré d'avancement.

Le ciel peut donc varier considérablement d'un Esprit à un autre. L'Esprit bon mais ignorant ne vit pas le même état que son frère également bon mais plus avancé en connaissances. Celui qui a vécu un quotidien misérable connaît un ciel différent de celui qui avait choisi des épreuves plus faciles. Bref, tous les Esprits suffisamment avancés ont leur ciel, mais chacun reçoit selon ses œuvres et les traits de son avancement.

Plus encore, chacun reçoit ce qui est intimement à sa portée. Ainsi, chaque Esprit qui mérite le bonheur céleste retrouve des conditions qui sont à sa pleine convenance. S'il en était autrement, il devrait fournir des efforts d'adaptation qui pourraient l'empêcher d'être vraiment heureux.

Le visage que prend le ciel peut même se transformer au rythme de la modification de ses idées et de ses intérêts. Ainsi, quelqu'un qui a connu des conditions stables de bonheur peut les voir se transformer si une nouvelle élévation de sa conscience fait qu'elles ne lui conviennent plus.

Voici trois témoignages que j'ai retenus pour bien démontrer les formes différentes que peut prendre le bonheur dans l'au-delà. Il s'agit de trois cas d'Esprits ayant vécu une bonne incarnation sur la Terre.

Un dévouement sans faille

Issu d'un milieu pauvre, Raynald avait dû quitter l'école très jeune pour assurer la subsistance de sa famille. À la mort de son père, il avait dû prendre la responsabilité des siens et sans murmurer, il travaillait vaillamment, du matin jusqu'au soir. Répétant jour après jour les gestes mécaniques que son travail exigeait, il rêvait d'une vie calme à la campagne où il vivrait sainement sur une petite ferme.

Son rêve contrastait grandement avec les conditions de travail de l'usine polluante.

Il ne pouvait guère se garder d'argent pour lui-même,

donnant généreusement son maigre salaire que sa mère administrait selon les besoins de la maisonnée.

Pour s'aider à tenir le coup, Raynald priait Dieu de l'assister dans ses efforts. Sa confiance en Lui lui faisait espérer un changement de son sort.

Après dix ans de ce régime, Raynald trouva un nouvel emploi dans une mine. C'était beaucoup plus rémunérateur, mais cependant bien loin de son rêve. Il se résigna à ces conditions, remerciant Dieu de ne pas le laisser tomber.

Lorsque Raynald mourut, il n'avait pu réaliser ses projets, mais il était satisfait du devoir accompli.

Dans l'au-delà, sa survie ne le surprit guère, car il avait toujours cru fermement à la vie éternelle. Les conditions de vie qu'on lui offrait dans l'au-delà dépassaient tout ce qu'il aurait pu croire. Il se retrouva au beau milieu d'un champ regorgeant d'épis de blé. Des bâtiments comme ceux dont il rêvait tant resplendissaient dans leurs couleurs vives. Des arbres au feuillage généreux abritaient une multitude d'oiseaux qui gazouillaient en harmonie. Un grand jardin soigneusement préparé n'attendait plus que lui pour donner ses fruits.

Raynald vivait un bonheur inespéré. Il recevait tout ce qui pouvait le rendre heureux. Seul son attachement envers ceux qu'il avait quittés venait assombrir son cœur. Cependant, lorsqu'il sut qu'il pourrait être avec eux pendant leurs heures de sommeil, il put apprécier toute cette joie.

Lorsque de son vivant Raynald rêvait à cette petite ferme, c'était l'ambiance de la vie de campagne qui lui manquait. Il n'avait jamais été obsédé par un désir de la posséder ; seule l'idée de pouvoir y vivre l'attirait vraiment. Comme il avait su renoncer à cet attrait sur la

Terre par générosité pour les siens, il le recevait en mieux dans le monde de l'Esprit.

Raynald pouvait profiter à sa guise de ce paradis, accompagné de plusieurs d'en haut qui l'aimaient. Cependant, son besoin de se sentir utile qui s'était grandement développé dans sa dernière incarnation surgit bientôt dans son Esprit. Dès cet instant, le visage de son paradis perdit de sa saveur et son ciel dut se transformer à la mesure de son élévation spirituelle. Raynald trouva monotone une vie trop centrée sur lui-même. Ayant beaucoup pratiqué le dévouement envers autrui, il savait déjà que c'était là la seule source des véritables joies. Ne connaissait-il pas ces bons moments parce qu'il s'était donné aux autres ?

Raynald demanda s'il pouvait servir dans ce monde merveilleux. Il ressentit alors un bonheur qui fit pâlir ce qu'il avait cru être le vrai paradis.

Raynald fut invité à suivre une formation spéciale à la mesure de ses acquis. Le souvenir de ses courageuses victoires passées lui revint. La conscience de sa valeur le remplit d'espoir face à ce qu'il pourrait réaliser pour ses frères. Raynald goûterait désormais au bonheur céleste haut de gamme, celui que procure l'exécution des travaux utiles.

Elle s'oubliait pour les autres

Sabrina était l'aînée d'une petite famille de deux enfants. À l'âge de neuf ans, elle accompagnait ses parents dans un voyage de plusieurs jours, qui l'avait enchantée. Cette expérience devait lui inspirer un désir de voyager qui ne ferait que croître en vieillissant.

D'une grande générosité, Sabrina se dévouait envers ses parents et ses amis. Malgré sa compagnie agréable, elle choisissait souvent de demeurer loin des jeux trop exubérants des jeunes de son âge. Elle préférait ses lectures assidues qui lui racontaient les lointains pays du monde.

Ses projets d'avenir qu'elle entretenait secrètement convergeaient vers son rêve de visiter les contrées inconnues. Tout cela n'étouffait cependant pas la générosité qu'elle exprimait autour d'elle. Elle attendait simplement que son temps vienne de lui-même.

Les années passèrent et Sabrina avançait vers la réalisation de ses projets. Elle rencontra l'élu de son cœur qui partageait les mêmes goûts qu'elle. L'avenir s'annonçait aussi beau que son enfance, lorsque la mort subite de son père vint jeter une ombre sur son tableau. Elle ne s'était aucunement préparée à une telle éventualité. D'une santé solide comme un roc, son père avait toujours donné l'impression de pouvoir vivre centenaire. Tant que son père vivait, sa mère était à l'abri de tout souci, mais qu'adviendrait-il maintenant qu'elle devenait seule ?

Son frère s'était trouvé un emploi au loin et Sabrina demeurait la seule à pouvoir aider sa mère à se relever de son épreuve.

Un peu plus tard, Sabrina se maria. Elle et son époux décidèrent de s'occuper de sa mère qu'ils logèrent près d'eux dans un petit logis aménagé à l'étage de leur maison.

La santé de sa mère déclina peu à peu et, après quelques années, Sabrina eut bientôt à s'occuper d'elle presque autant que de ses propres enfants.

Le soir, lorsque le calme était revenu, elle songeait un peu tristement à ses beaux rêves de jadis qui ne se réaliseraient jamais. Elle n'en gardait cependant aucune amertume, car son élévation d'Esprit était suffisante pour qu'elle comprenne que la vie sur Terre n'avait d'autres buts que celui de se grandir en Dieu.

Vingt longues années s'écoulèrent ainsi. L'ordre du jour avait le plus souvent été le même : s'oublier pour les autres. Sabrina mourut quelques semaines à peine après le décès de sa mère. Pour son entourage, c'était une absurdité du sort qui ne rendait pas justice à son dévouement, mais, dans l'au-delà, Sabrina comprenait le sens profond de sa vie. Sabrina venait de réussir brillamment un plan de vie impliquant deux volets d'une même victoire morale.

Pour expliquer son cas, Sabrina dut reculer un siècle et demi dans ses souvenirs. Autrefois, elle était un Esprit égoïste qui n'éprouvait pas beaucoup de compassion envers les souffrances des autres. À cette époque, elle s'était incarnée dans l'entourage de celle qui était aujourd'hui sa mère. Son attitude d'alors avait directement provoqué vingt ans de misère à celle qui devenait ainsi son créancier spirituel. Une sérieuse préparation, ayant nécessité deux difficiles incarnations préalables, avait permis cet essai où Sabrina devait payer sa dette, tout en confirmant son acquis spirituel. Quant à sa mère, elle devait connaître tous ces déboires en contrecoup de ses erreurs passées. Les deux plans concordaient parfaitement pour les objectifs spécifiques de chacune et Dieu avait permis que les deux Esprits puissent se retrouver ensemble. Sabrina y trouvait toutes les conditions propices à son rachat et sa mère obtenait ainsi un support important à la réussite de son épreuve.

Dans l'au-delà, en voyant les grands pas franchis par cette vie difficile, Sabrina déborda littéralement de joie. Aucune récompense ne pouvait dépasser les sentiments de contentement qu'elle ressentait. Se voir ainsi libérée d'un fardeau périsprital qu'elle avait si lourdement traîné lui donnait des ailes dans presque tous les sens du mot.

Ce bonheur de la victoire sur elle-même était désormais ce qui la maintiendrait dans un état céleste qui lui fournirait une grande motivation à monter davantage.

Après l'euphorie des premiers instants, Sabrina demanda aux Initiateurs si elle pouvait réaliser ses rêves de voyage. La réponse affirmative la combla de satisfaction et, par déplacement instantané de la simple pensée, elle entreprit son périple autour de notre Terre. Sabrina n'y trouva cependant rien de bien agréable. Voyant désormais par son Esprit, elle comprenait bien au-delà des fardages offerts aux touristes incarnés. Pour Sabrina, cette pauvre planète n'était maintenant qu'un lieu d'épreuves que seule la prière des croyants incarnés pouvait rendre attirante.

Un Esprit initiateur l'invita alors à visiter le monde des gens heureux, celui des paradis célestes prenant multiples visages, presque à l'image de chacun. Sabrina découvrit des beautés insoupçonnables aux incarnés. Elle voyait qu'elle n'avait rien manqué sur la Terre, regagnant même au centuple ce à quoi elle avait renoncé.

Avant qu'elle ne soit rassasiée, Sabrina songea à sa première joie, celle de sa réussite. Elle vit qu'elle donnait accès à un bonheur beaucoup plus subtil. Elle mit fin alors à son périple et manifesta le désir de redevenir utile aux autres. Son acquis du dévouement lui permettait enfin de comprendre la route à suivre pour atteindre des états de bonheur encore plus grands. Elle sentait maintenant qu'elle s'approchait des sentiers menant à la compréhension de Dieu et son Esprit ne demandait plus qu'à poursuivre en ce sens.

Par sa détermination, Sabrina avait progressé rapidement sur la voie spirituelle. Son éveil à la réalité des lois régissant la progression de chacun l'incitait à viser un avenir spirituel meilleur. Désormais, elle pouvait s'éloigner des souffrances parsemées sur le chemin de tous ceux qui n'ont pas encore compris.

Elle était heureuse d'une joie céleste réelle, mais elle ne vivait que le reflet d'un bonheur encore plus grand. La compréhension de cet avenir la ravit et elle voulut partager avec tous le joyau spirituel qui brillait dans son cœur.

Sabrina entrait dans un des girons du bonheur céleste : plus je veux partager, plus j'ai du bonheur ; plus je le partage, plus j'en ai à donner.

Le monstre du village

Lorsque Théodore vint au monde, une profonde malformation du visage lui donnait une apparence que même sa mère trouvait repoussante. Cette anomalie allait constituer le nerf conducteur de la majorité de ses épreuves terrestres.

Dès son enfance, il était l'objet d'une moquerie soutenue de la part des jeunes de son âge. Certains parents interdisaient même à leurs enfants de fréquenter le monstre du village, comme si la laideur était une maladie contagieuse. D'une grande sensibilité, Théodore en gardait de profondes blessures dans son cœur meurtri par tant de malveillance.

Il ne fréquenta l'école que quelque temps. Les réactions qu'il provoquait firent céder ses parents à ses supplications de le garder chez lui. D'intelligence plutôt lente, il apprit, grâce aux efforts de sa mère, à déchiffrer les rudiments de l'écriture et du calcul.

Tant qu'il vécut avec ses parents, Théodore resta dans

une sécurité relative, à l'abri des rapports incertains de la société intolérante.

Lorsque sa mère mourut, Théodore perdit plus qu'une maman. Celle-ci avait su l'accepter pleinement dans son amour. Après le choc de la naissance, elle avait reconnu les grandes qualités de cœur de son enfant unique. Sa compréhension les avait rapprochés, formant des liens d'une grande douceur. Elle était la confidente des peines de son enfant que le sort avait tant défavorisé. Chaque pelletée de terre jetée sur le cercueil de sa mère enterrait avec elle la seule partie de sa vie où il pût trouver de réconfortantes consolations.

Son père, d'un naturel peu dégrossi, ne démontra aucun enthousiasme à le garder avec lui. Il espérait secrètement que Théodore décide de partir, libérant la place de son poids gênant.

Que de larmes coulèrent sur ses joues déformées. Sans le sou, il partit sur le chemin rocailleux le menant vers l'inconnu.

Il trouva un emploi chez un cordonnier en quête d'un apprenti. Pouvoir travailler dans l'arrière-boutique, à l'abri des regards, lui plaisait et il apprenait un métier qui l'intéressait. Le cordonnier avait un chat qu'il gardait pour chasser la vermine. Théodore s'attacha rapidement à cet animal, dont le ronronnement lui rappelait vaguement les douces comptines de sa mère décédée.

Très dévoué à son travail, il satisfaisait entièrement aux espérances de son employeur. Ses relations amicales se limitaient cependant à celles qui le liaient à ce dernier et au chat qui l'avait adopté. Sa laideur l'éloignait des gens dont il craignait les intentions.

Théodore vécut ainsi reclus sur lui-même, ne demandant rien d'autre que de vivre en paix. Il n'entretenait aucun mauvais sentiment contre quiconque. Aucune amertume ne venait assombrir son cœur.

Une nuit de décembre, alors qu'il était profondément endormi, un incendie vint le surprendre dans son sommeil du juste. Il mourut asphyxié sans revenir à cette vie qui fut pour lui si pénible à supporter. On trouva, près de son corps, celui du chat qu'il avait tant aimé. Il quittait cette existence comme il était venu, accompagné d'un être qui pouvait l'aimer.

Dans l'au-delà, les traits de Théodore avaient toute la beauté de son cœur. Chacun qui le voyait complimentait ses couleurs auriques. À sa grande surprise, personne ne parlait plus de sa laideur. Depuis son éveil dans l'au-delà, Théodore se trouvait dans un vrai paradis. Une belle jeune femme, qu'il ne reconnut pas tout de suite, vint vers lui. C'était sa mère ayant repris ses traits de jeunesse. Un bonheur indescriptible envahit tout son Esprit. Son emballement l'empêcha de voir le chat que tenait sa mère. Quelle surprise en reconnaissant son ami de la Terre ! Théodore était comblé ; que pouvait-il désirer de plus, en se voyant entouré de ceux qu'il aimait tant ?

Théodore ne connut pas un bonheur aussi subtil que celui des deux cas précédents, mais selon la mesure de son degré d'élévation, il reçut la récompense lui convenant et le comblant.

Plus tard, il manifesta à son tour le désir d'être utile dans ce monde de l'Esprit et les tâches qu'on lui confia furent à la portée précise de ses possibilités.

Ces trois cas donnent une assez bonne idée de toutes les informations et témoignages reçus sur le sort des Esprits heureux de l'au-delà. Dans un premier temps, chacun d'eux connaît des conditions précisément adaptées à sa condition intime. Ce qui explique que le ciel puisse prendre des visages différents. Ils sont ensuite imprégnés d'un bonheur dont la densité demeure intacte jusqu'à l'incarnation suivante.

Leurs acquis spirituels les poussent enfin à vouloir aider leurs frères dont ils comprennent les besoins. C'est là qu'apparaît la phase des activités utiles qui peut permettre à plusieurs une intéressante progression spirituelle, pouvant même annuler la nécessité de certaines incarnations.

Par la suite, la conscience du rôle qu'ils assument dans le plan divin leur fait connaître une autre forme de bonheur, laquelle accroît celle déjà existante.

Lorsque vient le temps de se préparer à d'autres incarnations, la vision du bonheur qui les attend empêche d'assombrir leur Esprit. Ils savent que maintenant qu'ils ont échappé aux premiers pièges menant aux tourments, ils ne pourront que progresser davantage dans ce versant de l'au-delà où l'âme approchée de Dieu finit par se bercer d'un bonheur sans nom.

L'enfer

Avant de recevoir l'enseignement de l'au-delà, ce qui m'inspirait le plus de doute concernait l'enfer éternel où Dieu bannissait pour toujours une multitude de ses propres enfants. L'idée que quelques dizaines d'années d'erreurs puissent nous condamner à une éternité de souffrances me posait de sérieuses questions. Un coin de mon cœur rejetait cette croyance contredisant la nature intime de Dieu. Une telle disproportion de la punition niait à mes yeux le principe même de la miséricorde et de la bonté divines.

Mes échanges médiumniques me confirmèrent la pertinence de mes doutes.

En premier lieu, soulignons que pendant mes trois années de correspondance directe avec l'au-delà, aucun témoignage n'est venu nier l'existence de l'enfer. Celle-ci est effectivement une réalité bien concrète que plusieurs expérimentent ou ont déjà expérimentée et que bien d'autres connaîtront malheureusement encore.

Là où errent nos conceptions de l'enfer, c'est sur sa nature réelle. D'abord, comme pour le ciel, l'enfer n'est pas un lieu, mais bien un état d'âme. Il est engendré par les actes mauvais de l'Esprit.

De tout temps, les croyances les plus répandues ont situé l'enfer dans des lieux tels : la surface de notre planète, ses entrailles et même certains coins de notre exosphère planétaire. Or, tous les témoignages reçus concordent pour avancer qu'en réalité, l'Esprit mauvais porte son enfer en lui-même, qu'il le vit indépendamment des lieux réels où il se trouve.

L'idée que l'enfer soit un lieu peut cependant avoir un sens pour certains Esprits souffrants, car très souvent ils vivent l'impression d'être isolés de ceux qui ne souffrent pas. Cela peut même devenir une certitude pour plusieurs. La réalité est tout autre, mais comme leurs conditions les empêchent de voir ceux qui compatissent avec eux, ils en concluent qu'ils sont physiquement isolés dans un lieu à part.

De plus, le contrecoup de leurs actes mauvais peut créer autour d'eux un monde pseudo-matériel qui est à l'image de ce qu'ils sont. Ils ne peuvent voir alors que laideurs et difformités, miroir de leurs impuretés périspritales.

Ce qu'ils perçoivent autour d'eux peut, pour plusieurs, se résumer à tout ce qui est stérile et sans attirance. Sol rocailleux, arbres défoliés, ronces aux épines aiguisées, éclairage vague et quasi absent, odeurs désagréables ne sont que quelques éléments qui me furent donnés en description de l'environnement que cet état peut créer.

Certains peuvent errer dans les lieux mêmes de leur incarnation passée, mais dans ce cas, ceux-ci constituent souvent des décors douloureusement évocateurs qu'ils souhaiteraient fuir à jamais. D'autres hantent naïvement ces lieux, cherchant vainement à satisfaire leurs vices, ce qui entretient gravement leurs souffrances.

D'après mes informateurs, la croyance qui veut que l'enfer soit situé dans les entrailles mêmes de la Terre fut largement inspirée par deux réalités qui peuvent être vécues dans cet état.

La première est celle de la souffrance. Parmi les plus grandes souffrances que nos corps peuvent ressentir, celle du feu est sans doute parmi les plus vives. Or, beaucoup d'Esprits en souffrance de l'enfer comparent leur état à celui de quelqu'un qui se fait brûler vif. Les hommes ayant forcément constaté la présence du feu dans les entrailles de la Terre par les éruptions volcaniques faisant parfois de grands ravages, ils en conclurent que les descriptions données pas les Esprits qui se révélaient par leurs médiums ne pouvaient désigner que ce lieu. Plusieurs prêcheurs prirent ensuite cela comme exemple de ce qui attendait les gens ne respectant pas les principes spirituels qu'ils enseignaient.

La sensation de brûlure qui me fut décrite revêt une nature presque physique. Elle est rendue possible par la densité périspritale quasi matérielle que l'on rencontre chez les Esprits non épurés. Il existe aussi une forme de sensation semblable qui est de nature morale. Les Esprits qui l'ont déjà endurée la décrivent comme étant encore plus pénible à supporter. Elle imprègne l'Esprit d'un malaise total rongeant le moindre recoin de ses pensées. Elle est beaucoup moins physique, mais beaucoup plus vive. Elle est le lot des Esprits intelligents devenus esclaves de leurs ambitions orgueilleuses.

La seconde réalité ayant inspiré l'idée que l'enfer se situait dans les entrailles de la Terre se réfère à un état particulier que peuvent vivre certains Esprits dont l'incarnation fut entièrement centrée sur la satisfaction matérielle.

Suivant ce qui me fut décrit, ces Esprits au périsprit très lourd sont tellement attirés par la matérialité terrestre qu'ils deviennent comme physiquement attachés à leur corps. Ils ne peuvent ainsi s'élever plus haut que le niveau où ils sont enterrés. Ils se voient littéralement collés dans le sol, prisonniers de cette emprise matérielle dont ils avaient fait le centre de leur vie. Pour eux, l'enfer est vraiment dans les niveaux inférieurs de la Terre. Certains peuvent se dégager jusqu'à la ceinture, alors que d'autres ne peuvent même pas faire émerger leur tête. Cet état peut durer très longtemps, le temps nécessaire à l'apparition d'une lueur spirituelle suffisante pour qu'ils comprennent leurs erreurs d'orientation et fassent ainsi appel à l'aide de Dieu.

Comme nous disions tout à l'heure, le principe même de la miséricorde divine rejette l'idée de l'éternité des souffrances de l'enfer. Ces souffrances sont le contrecoup direct des actes de l'Esprit et Dieu donne toute la lumière suffisante pour que l'Esprit en souffrance puisse de lui-même comprendre la responsabilité de son sort. Il peut ensuite prendre les moyens pour se sortir du pétrin dans lequel il s'est lui-même placé.

Pour l'Esprit ayant à subir l'état d'enfer, cette compréhension ne peut cependant s'atteindre que lorsqu'il laisse la lueur spirituelle apparaître en lui. Tant que sa volonté reste obnubilée par ses imperfections, il vit un enfer qu'il croit fermement éternel.

Cette impression d'éternité de ses souffrances vient du fait que dans cet état, toute notion temporelle disparaît. L'Esprit ne sait plus depuis quand il souffre, ni même depuis quand il est mort. Pour lui, la seconde se confond avec l'heure, le jour avec les semaines, les mois avec les années. Il récolte, hors du temps, ce qu'il a semé pendant la durée de son incarnation. Plus encore, il devient vite convaincu que ses souffrances n'arrêteront jamais. Pour lui, il en sera toujours ainsi. Selon le degré de son encroûtement périsprital et la gravité des gestes qu'il a posés, cette lugubre conviction ne reçoit une lueur d'espoir qu'après une durée propre à chacun.

L'Esprit alors soulagé est suffisamment éclairé pour se servir de l'aide bienveillante que Dieu a généreusement mise à sa portée. Des Esprits initiateurs viennent l'assister dans la mesure de sa bonification, toujours prêts à le soutenir dans son désir de devenir meilleur. Il souffre encore, mais il comprend qu'il peut jouer un rôle important dans l'amélioration de son propre sort.

Selon la volonté qu'il investira pour suivre les lois spirituelles, il se sortira de ce cercle morbide de l'infériorité du mal où l'Esprit ne peut recueillir que les retours de souffrances dévorantes.

Les explications données par l'au-delà parlent de plusieurs cas d'Esprits mauvais qui se prennent résolument en main après avoir vécu cette situation d'enfer. Ils font alors de véritables pas de géant dans l'échelle spirituelle. Ils se soumettent à de rigoureuses et profondes préparations d'incarnation leur permettant de prendre les bouchées doubles dans leur cheminement. D'autres moins énergiques doivent prendre beaucoup plus de temps et de détours, mais tous, même ceux qui persistent à stagner dans leur ignorance, réussissent à atteindre un jour la complète épuration. D'où le signe fort révélateur de la réelle miséricorde divine.

Cette miséricorde ne rend certes pas l'enfer moins répugnant et moins effrayant, mais elle nous fait comprendre la grandeur de la générosité de notre Père céleste. Il a créé des lois spirituelles régissant la montée de ses créatures ; ces lois sont d'une rigidité parfaite, mais elles appliquent impeccablement le principe de justice autant face au mal que face au bien. Que l'homme se soit soumis à ces lois ou qu'il en soit contrevenant, il ne reçoit chaque fois que le retour précis de ses œuvres. Dès qu'il a compris que ces lois sont les phares conduisant au bonheur céleste, il apprend à s'en servir volontairement comme outil de sa progression. Il voit désormais dans chacune de ses incarnations un nouveau tremplin le projetant encore plus haut vers les hautes sphères des vibrations divines. Ses erreurs passées sont des leçons et ses victoires, les points de force sur lesquels il trouvera toujours un appui.

Coupable d'avortements

Ursula s'était découvert des talents d'infirmière, alors que la guerre qui sévissait dans son pays l'avait obligée à fournir un effort d'assistance qui était réclamé de toute la population. Elle n'avait pas fréquenté l'école bien longtemps et ses habilités se limitaient aux travaux manuels de son train quotidien. Aussi, lorsqu'elle s'inscrivit comme aide bénévole, elle ne s'attendait guère à s'adonner au soin des personnes blessées. Une pénurie de médecins et d'infirmières obligea les autorités à recruter des auxiliaires à qui on donnait une formation adaptée aux situations les plus courantes.

Ursula y démontra une facilité d'exécution qui lui permit d'apprendre beaucoup par sa pratique.

Lorsque la guerre fut terminée, Ursula se refusa à reprendre ses anciennes occupations qu'elle trouvait désormais ennuyantes. Des circonstances particulières la placèrent peu après face à un choix qui allait être déterminant dans son incarnation. On fit appel à ses talents pour pratiquer un avortement sur une jeune fille qu'elle connaissait bien. C'était le premier d'une triste série de gestes mettant fin à des vies humaines que Dieu lui-même avait autorisées. Elle croyait naïvement rendre service à ces femmes ignorantes, alors que nul ne peut échapper aux obligations créées par ses actes antérieurs. Elle pensait ne faire mourir qu'un amas de cellules alors que la mort du fœtus est totalement la même que chez l'enfant né. Plusieurs années s'écoulèrent et Ursula était secrètement en demande, vu la qualité de ses interventions meurtrières. Dieu lui avait accordé qu'elle se serve d'un grand talent anciennement acquis pour aider ses frères incarnés et elle avait choisi de l'utiliser pour empêcher ceux de l'au-delà de venir se grandir vers Dieu. Elle bloquait leur accès à la voie nécessaire de l'incarnation. Le secret de ses actes conservait bien son image de la femme dévouée à la vie, mais dans l'au-delà, sa nature réelle allait être dévoilée au grand jour, autant par la perte de son masque d'incarnée que par le sort qui l'attendait.

Le premier trait qu'elle vit du visage de l'enfer modelé par ses actes fut l'absence de lumière. Pour Ursula, l'au-delà était un lieu baignant dans la froide noirceur lui inspirant une peur incontrôlable. Comme ses actes avaient empêché ses frères de voir le jour, à son tour, elle subissait cet empêchement, mais à un degré encore plus cinglant, soit dans la même proportion que celle qui sépare le pouvoir d'un adulte de celui d'un enfant à naître.

Les premiers sons qu'elle put entendre dans l'au-delà traduisaient des plaintes sans mot semblant venir de très loin. Elle fut d'abord soulagée de constater qu'elle n'était pas seule. Puis ce qu'elle entendait se rapprocha d'elle. Elle reconnut de nets gémissements accompagnés de bruits que feraient des corps de chair qu'on déchiquetterait. Chaque bruit retentissait en elle, lui donnant l'impression que son corps se démembrait dans d'atroces douleurs. Cette sensation épouvantable était tout à fait insupportable et Ursula implora Dieu de venir à son aide. Elle entendit une voix qui surgit dans la noirceur opaque. Les gémissements la tenaillaient, mais elle s'efforça de comprendre ce qu'on lui disait. C'était un Initiateur qui venait l'aider par la permission divine.

Elle revit, dans sa misère, les actes de sa vie qui l'avaient projetée dans cet état. L'Esprit initiateur lui expliqua qu'elle avait enfreint une importante loi spirituelle et qu'elle subissait le contrecoup de ses actes barbares. On lui montra en pensée les plans de vie qui avaient été retardés par ses interventions et elle vit les fâcheuses conséquences que devaient en subir les Esprits qui ne purent mettre à profit leur préparation d'outre-tombe.

Après ces explications, la voix se tut. Seuls les gémissements incessants et la noirceur anonyme accompagnaient Ursula dans son enfer déchirant.

La révolte surgit stupidement de son cœur aveuglé. Elle rejeta tous les blâmes sur Dieu lui-même, oubliant la motivation réelle de ses erreurs.

Les années passèrent... Après cette languissante période de ce déchirement intérieur, elle vit qu'elle n'avait rien à gagner par la révolte. Elle demanda qu'on lui parle à nouveau, mais seules les plaintes lui donnant constamment l'impression d'une envie de vomir répondaient à ses appels. Le temps passa encore et Ursula crut fermement qu'elle était condamnée ainsi pour toujours. Ses pleurs baignaient ses peines que rien ne venait soulager. Elle se souvint de certains échanges qu'elle avait eus dans les périodes de sommeil de sa dernière vie. Les conseils qu'elle avait reçus lui revinrent et elle constata qu'elle avait bien été la seule artisane de ses décisions.

L'Esprit initiateur revint vers elle quelque temps après et cette fois, elle put le voir. Son repentir avait donné un peu de lumière en elle, mais ses peines n'étaient cependant pas finies. Une faible lueur lui donna une vague idée de ce quelque part inhospitalier qui l'entourait. Elle demanda à l'Initiateur si elle pouvait faire quelque chose pour mettre fin à ses souffrances. Il lui fit comprendre que Dieu seul donnait les permissions par l'application de ses Lois immuables.

Lorsque le regret sincère jaillit enfin de son cœur, l'enfer perdit son visage d'éternité. Ursula put comprendre que ses souffrances prendraient fin un jour. Lorsqu'elle voulut savoir quand elle serait libérée, on lui répondit que le seul chemin libérateur était, pour elle, celui d'une nouvelle incarnation.

Elle voulut alors se préparer et demanda ce qu'elle devait faire. Pour Ursula commençait une très longue période de vaines tentatives d'incarnation. Chaque permission accordée concernait un fœtus non viable qui ne verrait jamais le jour. Ursula devait subir à son tour ce qu'elle avait imposé à ceux qu'elle avait empêchés de naître.

Elle connaîtrait une longue série de tentatives d'incarnation, seul remède à ses souffrances. Elle devait souffrir elle-même les pénibles impressions vécues par l'enfant tué dans le ventre de sa mère. À son tour, elle devait ressentir l'horreur provoquée par la destruction de son corps en gestation. Elle devait elle aussi connaître le rejet total d'une mère qu'elle désirait tant. Ensuite, elle devait réparer tout le tort causé aux Esprits dont elle avait retardé la montée.

Enfin, ayant mal utilisé ses talents, elle devait connaître plus tard le triste sort de celui qui n'en a aucun.

Au moment où je reçus ce témoignage, elle cherchait encore à se libérer de ses souffrances. Un Guide me confia cependant qu'elle pourrait bientôt commencer une incarnation, première d'une longue série de réparations.

Il rajouta également un détail que Ursula n'avait pas donné. Lorsqu'elle put enfin prendre conscience de ceux qui l'entouraient dans l'au-delà, elle reconnut plusieurs assassins dont elle avait connu l'histoire, de son vivant. Elle chercha vivement à s'éloigner de ces gens qu'elle trouvait repoussants. Elle ne comprenait pas pourquoi elle se retrouvait parmi tous ces criminels. Son questionnement provoqua beaucoup de moqueries parmi ses compagnons qu'elle dédaignait. Elle se fit dire avec mépris, par un Esprit qui s'était rendu coupable du meurtre de son frère, que lui, au moins, avait eu des raisons de haïr à ce point. Elle se retrouvait parmi ceux qui étaient coupables de la même infraction à la loi de l'amour, celle qu'aucune excuse ne peut justifier.

De simples animaux au service de l'homme...

Vincent avait participé, à titre de chercheur, à des expériences médicales pratiquées sur des animaux. Les buts poursuivis étaient toujours revêtus de l'honorable manteau du dévouement pour l'humanité. La réalité traduisait cependant un orgueil hautain face à ce que Dieu lui-même avait conçu et appliqué par ses lois de l'évolution biologique.

Les expériences qu'il menait faisaient facilement fi du

bien-être des cobayes utilisés. Ces derniers subissaient dans l'impuissance de leur infériorité animale les conditions souvent fort douloureuses qu'on leur imposait. Lorsque Vincent recevait un appel de sa conscience, il l'étouffait rapidement, prétextant en lui-même que ce n'était que de simples animaux au service de l'homme.

Lorsque ses recherches débouchaient sur une application possible pour soigner les hommes, Vincent recueillait les honneurs en oubliant le prix que ses cobayes devaient en payer.

Après plusieurs années de travaux, Vincent prit une demi-retraite. Il se consacra alors à l'enseignement auprès de plus jeunes qui, comme lui, orienteraient leur existence à manipuler les règles de la vie que Dieu a pourtant si sagement pensées.

Il leur transmit son ignorance que la naïveté des hommes appelait connaissance. Il perpétua ainsi une orientation de la recherche qui provoquait pour chacun s'y adonnant d'amers revers dans l'au-delà.

Lorsque Vincent passa à trépas, il fut en pays de connaissance. À sa grande surprise, il y retrouva tous les animaux que ses expériences avaient menés à la souffrance, puis à la mort.

Déjà plus ou moins croyant en la vie d'après-mort, il constatait non seulement sa propre survie, mais aussi celle des animaux qu'il avait si morbidement connus.

Aux premières approches de ces bêtes, il voulut, en réflexe d'incarné, imposer sa suprématie. Aucune ne répondait cependant à ses ordres. Serpents, singes, chiens, chats, porcs et bien d'autres le regardaient attentivement, semblant surveiller ses gestes. Vincent voulut quitter les lieux, mais les animaux se déplacèrent rapidement pour l'en empêcher. Vincent eut rapidement la nette impression qu'il n'avait aucun contrôle sur la situation. Il se sentit devenir la proie de ses anciennes victimes.

Les rôles étaient maintenant inversés. En retour de ses actes, ce n'était plus lui qui dictait sa loi, mais bien la Loi qui dictait ce qu'il devait endurer à son tour.

Encore imprégné de ses conceptions d'incarné, il chercha à les effrayer. Mal lui en prit, car tous se ruèrent sur lui.

Vincent s'enfuit alors à toutes jambes et courut sans ne jamais s'arrêter. Les animaux le talonnaient constamment et Vincent courait sans arrêt. Il crut un instant qu'il les avait semés. Il se cacha derrière ce qui lui semblait être un genre de rocher, mais son repos fut vite interrompu par de nombreux serpents l'entourant et cherchant à le piquer.

Vincent s'enfonça dans une zone où la noirceur pourrait peut-être le soustraire à l'attention de ses poursuivants. À peine camouflé, il évita de justesse une morsure de puissantes mâchoires cherchant à l'attraper.

Il courut à nouveau et toujours, où qu'il aille, les bêtes le retrouvaient, ne lui laissant aucun répit.

Vincent subissait, à son tour, les assauts qu'il avait lui-même imposés à ses poursuivants. La loi du contrecoup l'empêchait de réaliser que ces animaux ne pouvaient pas lui faire de mal, puisqu'il était maintenant un Esprit. Il ne comprenait pas non plus qu'il pouvait se déplacer par la simple pensée, la course étant bien inutile dans l'au-delà.

Vincent devait conserver l'impression de la matérialité réelle, pour vivre les conditions de son enfer.

Après une durée soutenue de cette fuite incessante, Vincent commença à se demander si cela prendrait fin un jour. Une panique vint fortement ébranler son assurance d'autrefois. Il ne voyait aucune issue possible, devant subir ces conditions sur lesquelles il n'avait aucun contrôle d'aucune sorte.

Lorsque Vincent fondit en larmes, courant encore et encore, échappant de justesse aux coups qui lui semblaient bien réels, un Esprit initiateur vint lui parler. Vincent bénéficia alors d'une brève accalmie qu'il dégusta ardemment. L'Initiateur lui expliqua les raisons de son sort. Il lui parla des devoirs qui incombent à l'homme envers ses frères du monde animal. Il lui parla également des lois divines qui doivent être respectées, celles-ci étant porteuses du retour positif ou négatif que nos actes font naître.

Vincent demanda qu'on fasse cesser cette situation qu'il considérait malgré tout ne pas mériter. L'Initiateur lui répondit que lui seul possédait la solution à son problème. En fait, Vincent devait sincèrement comprendre la gravité de ses actes et accepter la loi divine telle qu'elle était. Seule l'imperfection peut faire rejeter une loi parfaite et Vincent devait s'élever suffisamment pour le comprendre. Son orgueil encore trop grand l'empêchait malheureusement de voir le remède à ses maux, pourtant présent en lui.

La poursuite reprit ensuite de plus belle, rendant les jours et les mois plus longs que les années.

Après ce temps, des souvenirs de ses expériences lui revinrent à la pensée. Il fit alors certains rapprochements avec l'angoisse qu'il endurait lui-même. La lumière commença enfin à surgir dans son Esprit. Lorsqu'il se rendit compte de l'horreur qu'il avait imposée à toutes ces bêtes mutilées, une pitié imprégnée d'un regret créa une atmosphère de plus grande clarté. Tous les animaux poursuivants l'entourèrent, mais leur agressivité n'y était plus. Chacun d'eux portait les séquelles des interventions qu'il avait pratiquées sur eux.

Un à un, ils se présentèrent devant lui, montrant leurs plaies. À chaque fois, Vincent ressentit ce qu'ils avaient enduré. Ses souffrances étaient grandes et Vincent voyait maintenant l'horreur de ses actes.

Après que le dernier eut passé devant lui, tous disparurent. Vincent restait seul avec lui-même, voyant la petitesse de ce qu'il croyait grand et la grandeur de ce qu'il avait cru si négligeable.

Lorsque Vincent se manifesta, les souffrances que nous venons de voir étaient depuis longtemps terminées, mais il était encore à la recherche de tous ceux qu'il avait induits en erreur, du temps de son enseignement. Conscient que chacun récolte les fruits de sa semence, il voulait corriger les faussetés qu'il leur avait inculquées par son ignorance. Vincent cherchait ainsi à limiter les dettes qu'il avait à payer.

Un voleur talentueux

En se réincarnant, William s'était cru bien préparé à vaincre une faiblesse qui l'avait fait beaucoup souffrir dans l'au-delà. Son goût des richesses terrestres le faisait chuter dans les pièges du vol et de la malhonnêteté. Son orgueil l'avait poussé à développer davantage son intelligence que son sens moral et les conséquences de ses actes le forçaient maintenant à amender draconiquement l'orientation qu'il s'était donnée.

Pour réussir son épreuve, William devait revenir avec ses talents, mais aussi avec ses tendances. Il avait choisi des parents honnêtes et une famille économiquement moyenne, croyant ainsi qu'il développerait une certaine modération avec ceux qui possédaient sans abus et surtout qui savaient se satisfaire d'un confort suffisant.

Son enfance se passa sans trop attirer l'attention de ses

parents, ni celle de ses frères et sœurs. Il manifesta certes un certain talent précoce à faire de bonnes affaires aux dépens de ses camarades, mais son entourage jugeait plutôt cela comme étant de bon augure pour son avenir.

Vers l'âge de quinze ans, son manque de motivation à l'école inquiétait ses parents. William était déjà attiré par le marché du travail qu'il disait plus à la mesure de ses besoins. Devant son entêtement, son père accepta de satisfaire sa demande de travailler, croyant qu'il en tirerait une belle leçon.

William commença donc son premier emploi comme garçon de course, dans un magasin général où on vendait un peu de tout. William y rencontrait beaucoup de gens et cela lui permit de se faire rapidement une opinion sur la société en général et les gens en particulier.

William y détecta les failles exploitables et en tira des avantages suffisamment lucratifs pour démarrer sa propre petite affaire après quelques années à peine.

Le monde des affaires était pour lui ce que l'eau est au poisson. Il y trouvait tout ce qui correspondait à sa personne, mais aussi les éléments-clés de son épreuve.

À quarante ans, William n'avait plus qu'un seul dieu : celui de l'argent ; son cœur n'écoutait plus qu'une seule loi : celle du profit inconditionnel.

Plus tard, la soif du pouvoir fit clairement ressortir son manque de droiture. Habile jouteur dans la compétition sociale, il gravit les échelons aux dépens de tous ceux qu'il devait utiliser.

Son image était rutilante et le poids de ses avoirs étouffait sa maigre conscience qui voulait lui rappeler la fausseté de sa route.

Les ignorants n'avaient pour lui que respect et admiration et chaque courbette de leur part accroissait l'élan de son orgueil.

William mourut subitement, juste au moment où il se serait engagé sur une voie dont il n'était pas à la mesure.

Pendant que ses funérailles résonnaient sur la Terre, William récoltait dans l'au-delà les premiers fruits de sa semence. À son réveil dans le monde des morts, William se retrouva habillé de vêtements sales et déchirés dont il avait un grand dégoût. Il voulut enlever tout de suite ses loques méprisables, mais tous ses efforts furent vains à se débarrasser de ses haillons brisant son image de marque. La confusion créée par son arrivée subite dans le monde des Esprits l'empêchait de comprendre sa situation et William agissait exactement comme de son vivant.

Il ordonna à droite et à gauche de venir l'aider. L'indifférence de tous ceux qu'il voyait le fit alors entrer dans une grande rage, mais personne ne daigna s'occuper de lui. Son attitude hautaine l'isolait de ceux qu'il voyait. Tous semblaient pourtant bien s'entendre entre eux, mais personne ne portait attention à ses revendications.

William exigea qu'on respecte sa personne. Il prit l'attitude réflexe de son ancien statut terrestre et commanda à ces petites gens de s'éloigner de lui. La vue de leur inébranlable indifférence face à ses tourments augmenta son mépris pour ces inconnus ne reconnaissant pas son rang. William s'enragea encore plus.

Quant à ses haillons, ils semblaient toujours collés à lui-même. Il avait l'impression qu'ils faisaient partie de lui. William s'interrogea sur la réalité de ce qu'il vivait. Il se dit que tout cela n'était pas possible. La confusion l'empêchait de comprendre son état. Il cria à tue-tête qu'on vienne le secourir, mais c'était toujours comme si personne ne le voyait ni ne l'entendait. Quand il voulut attraper quelqu'un pour qu'on lui explique la raison de toute cette mascarade, il ne put atteindre aucune de ses cibles. Après une longue période de cet isolement, à l'image de ce qu'il entretenait envers ses frères d'incarnation, la confusion se leva un peu dans son Esprit. Le souvenir subit de son statut social de la Terre le révolta à nouveau contre ce qu'il vivait. Ne comprenant pas encore la réalité de sa mort, il s'indignait qu'on ose lui imposer pareille insulte. Il exigea, à grands cris, qu'on le mène parmi les siens. Comme si l'on se pliait à ses exigences, William eut l'impression d'être littéralement téléporté vers d'autres lieux. La lumière de l'endroit était faible et jetait des ombres déformées d'individus semblant se traîner misérablement. Lorsqu'il put distinguer les gens venant vers lui, il reconnut sur eux les mêmes haillons qu'il portait lui-même. Leur allure était celle de criminels notoires et ils n'inspiraient aucune confiance.

À son soulagement, il constata qu'ils prenaient conscience de sa présence. Enfin ! On l'écouterait et il pourrait savoir ce qui se passe. Bien qu'il lui répugnait de parler à ces gens louches, il leur demanda des informations pour pouvoir enfin sortir de cette situation.

Devant l'inquiétude qu'il manifesta, tous répondirent par de grands éclats de rire moqueurs. On lui expliqua qu'il était mort et enterré, qu'il était maintenant parmi les gens semblables à lui.

William protesta de toutes ses forces. Comment pareils bandits pouvaient-ils prétendre être de sa classe et de son rang ? Il les traita de fous furieux et leur demanda de quitter les lieux. De nouveaux éclats de rire vinrent refroidir son élan. On lui conseilla de se taire et de se calmer. Quelques centaines d'Esprits se présentèrent ensuite en donnant un bref résumé de leur vie. Mensonge, vol, perfidie, fraude étaient les matériaux tissant la trame de leurs histoires. William rétorqua que lui n'était pas comme eux, qu'il avait réussi alors qu'ils étaient de la graine de prisonniers. On lui répondit qu'il ne tromperait plus personne maintenant et qu'il devrait s'habituer à vivre l'éternité parmi eux. La soudaine accalmie de sa fougue fit bien rire tous ses indésirables compagnons, bien amusés de voir ce prétentieux prendre ainsi la place qui lui revenait.

William passa plusieurs années de notre temps terrestre à rejeter le blâme sur les uns et sur les autres. Il recevait en retour l'image exacte de ce qu'il était. Le jeu social du « pas pris, pas coupable » de la Terre lui avait fait oublier qu'on ne peut se mentir à soi-même et que le semblant ne change rien au réel.

William erra longtemps dans ces lieux où il ne trouvait que les mêmes tourments perpétuels. Il était maintenant convaincu, comme les autres autour de lui, qu'il ne pourrait jamais s'en sortir. L'absence de jours et de nuits rendait interminable ce temps qu'il ne pouvait plus du tout évaluer. Lorsque sa longue réflexion forcée s'orienta enfin sur ses propres responsabilités, des souvenirs de sa dernière erraticité lui revinrent vaguement. Il lui sembla alors avoir déjà vécu une semblable situation dans un temps très lointain. La sincérité de son questionnement permit enfin à un Esprit initiateur d'entrer en contact avec lui. Pour William, voir quelqu'un aux traits de bonté était un rafraîchissement indescriptible.

Ses souvenirs devinrent plus précis et William put interroger l'Initiateur sur le sens de ce qu'il vivait. On lui dit que les haillons étaient la projection des défauts entretenus par ses incarnations et dont il revêtait son Esprit. On lui expliqua que ses compagnons étaient à l'image de lui-même dévoilé au grand jour.

William revit ensuite la préparation insuffisante de sa dernière période d'erraticité. Il comprit enfin qu'il revivait les mêmes souffrances qu'il avait déjà connues. Trop téméraire, il avait manqué de sagesse face aux conseils de ses Guides. Il devait maintenant recommencer.

Humilié par l'échec, déçu de lui-même, la douleur de voir le chemin à reprendre était grande, surtout en constatant les dettes nouvelles à payer. Une seule consolation venait diminuer sa peine, celle de voir qu'il s'était quand même légèrement amélioré. Il ressentit une grande reconnaissance envers la bonté de Dieu qui lui permettait de se reprendre malgré ses fautes contre Lui. La route allait être longue, mais Dieu lui donnerait le soutien dont il avait besoin. Une seule condition lui suffisait, comme à tous les enfants de Dieu : ouvrir son cœur à son Créateur pour ne pas enfreindre les lois spirituelles régissant la montée.

Beaucoup d'autres Esprits vivent des états d'enfer dont la description présente des variations particulières. Ils ont tous cependant deux points communs : celui de la souffrance poignante découlant de leurs actes mauvais et l'impression inébranlable que cela durera toujours. L'enfer, état temporaire engendré par l'ignorance de l'Esprit peu avancé, est en fait un effet de la loi immuable de l'élévation progressive. Selon les Guides, si ces contrecoups de l'au-delà n'existaient pas, ce serait extrêmement long, pour certains, avant de connaître le bonheur des hautes vibrations de la vie spirituelle.

J'ai pu vérifier la justesse de cette explication en échangeant avec certains Esprits qui souffraient, bien qu'ils ne vivaient pas vraiment l'enfer tel que nous venons de le voir. La première impression que ceux-ci donnaient ne laissait pas du tout supposer qu'ils pouvaient souffrir. Ils se disaient heureux malgré leur malheur et prétendaient s'adonner à des plaisirs rendant leur séjour agréable. Leur langage traduisait leur faible niveau d'avancement, mais ils cherchaient quand même à tromper tout le monde sur leur sort. Leur orgueil les empêchait d'admettre leur faiblesse, retardant ainsi l'amélioration de leur situation.

Tous les conseils qu'ils donnaient trahissaient un désir hypocrite de faire faire le mal. La jalousie qui les rongeait les poussait à vouloir que les autres souffrent comme eux. Ils tentaient donc de donner une image attrayante de leur vie d'après-mort qui n'était en fait qu'un amas de pleurs et de tourments.

Leur degré de connaissance de la réalité de l'au-delà était fort limité. Plusieurs d'entre eux ignoraient même l'existence de leurs réincarnations successives. Ils végétaient dans leur encroûtement périsprital, ne cherchant qu'à propager leurs souffrances par contamination de leur ignorance aveugle.

Selon mon Esprit-Guide, il existe plusieurs de ces Esprits en erraticité sur notre globe. Ils sont comme en classe d'attente où ils reçoivent les informations suffisantes pour s'amender et mettre en œuvre leur amélioration spirituelle. Ce sont des Esprits qui ont parfois déjà souffert l'enfer, mais dont les scories sont encore tellement lourdes, que la faiblesse de leur volonté ne peut que les maintenir loin de la lumière. Certains profitent de cet état pour changer leur orientation. Malheureusement, pour plusieurs autres, leur matérialité les entraîne à rechercher l'ambiance de leurs anciennes jouissances. Ils n'y récoltent alors que de lourdes frustrations accroissant leurs souffrances.

L'attitude de certains d'entre eux les fera tomber dans un état d'enfer réel, qu'ils favoriseront en persévérant dans le mal.

D'autres, par contre, comprendront la route à suivre. En écoutant les bons conseils des Initiateurs, ils seront progressivement conscients de leur antériorité et recevront l'assistance nécessaire à la mise en place de leur plan d'avenir.

L'enfer en tant que tel n'est donc pas un état que connaissent immédiatement tous les Esprits mauvais en arrivant dans l'au-delà. Certains, dont les acquis antérieurs permettent un niveau suffisant de possibilités, peuvent vivre un genre de transition qui, même si elle est douloureuse, leur offre un espoir de reprendre plus vite la montée prometteuse. Les épreuves et les rachats seront quand même difficiles pour eux, mais ils auront évité l'enfer au visage de l'éternité.

Malheureusement, pour les autres, nous constatons que les souffrances et les bons conseils de bienveillance ne suffisent pas. La réalité de l'enfer leur permet de comprendre alors la nécessité de se réorienter. Plus tard, lorsqu'ils atteindront les premiers sommets, ils riront bien de leur sot entêtement passé et leur regard se tournera vers Dieu pour Le remercier de sa généreuse miséricorde. Ils verront qu'ils auront toujours engendré eux-mêmes leurs souffrances, Dieu n'ayant toujours été que le bon Père amoureux leur tendant les bras.

4

LES SPHÈRES DE L'AU-DELÀ

Nous avons vu que malgré la mort du corps charnel l'homme demeure lui-même avec sa personnalité totale. Continuant d'exister, il doit donc vivre quelque part, dans un lieu déterminé occupant un certain espace. Bien que ce lieu et cet espace soient à la mesure de son état d'Esprit, ils n'en demeurent pas moins définissables et descriptibles.

Tout d'abord, suivant les explications qui me furent fournies, le niveau d'évolution de l'Esprit détermine le champ d'accès au monde de l'au-delà. Or, c'est dans le périsprit que ce niveau s'exprime, par la vitesse vibratoire de sa constitution. Ainsi, l'Esprit peu avancé présente des vibrations périspritales proches de la matière brute, alors que celui dont le périsprit est plus épuré des scories inférieures présente des vibrations plus élevées s'apparentant davantage aux mondes plus spirituels.

Le degré d'épuration du périsprit est donc déterminant pour l'accès au monde de l'infini. En fait, c'est lui qui ouvre ou ferme les portes à l'Esprit errant.

Pour distinguer les niveaux du monde d'après-mort, tous les Esprits parlent des sphères de l'au-delà. Quand j'ai demandé ce qu'ils entendaient par là, plusieurs ont répondu ne pas comprendre le pourquoi de cette expression. Pour eux, c'est simplement la désignation des différents contextes d'existence que permettent les différents niveaux d'élévation spirituelle. De ceux qui ont pu donner leur compréhension de la question, deux explications plausibles en sont ressorties.

Selon la première, cette expression donne une certaine idée de la réalité vécue, en ce sens que la multitude des différents mondes de l'au-delà leur apparaît comme des sphères concentriques, s'ajoutant progressivement à celles déjà existantes.

Ainsi, plus l'Esprit avance, plus il a accès à des sphères nouvelles et plus son monde d'outre-tombe est vaste, plus ses possibilités de réalisation sont étendues.

Du point de vue de l'au-delà, l'Esprit peut donc se voir comme au centre des mondes accessibles qui s'étendent autour de lui. Prenons l'exemple d'un caillou qui tombe dans l'eau calme. Des cercles concentriques s'étendent à partir du point d'impact et se multiplient successivement, s'éloignant en cercles de plus en plus grands. Or, suivant la première explication, l'Esprit perçoit l'accès au monde de l'au-delà un peu comme le caillou percevrait les vagues concentriques qui l'entourent, sauf que pour l'Esprit, elles s'étendent dans toutes les dimensions et elles sont permanentes.

L'Esprit ne percevrait donc que les sphères à sa portée bien qu'il connaisse généralement l'existence des autres et n'accéderait qu'à celles dont il porte en lui le niveau de vibration correspondant.

La deuxième explication reçue rattache l'utilisation du terme « sphère » aux globes matériels flottant dans l'espace infini.

Suivant leurs propos, les Esprits errants se regroupent par affinité d'évolution autour des astres et des planètes tels que nous les percevons dans notre ciel terrestre. Ils y vivent cependant de la vie spirituelle, dans des dimensions échappant à nos sens charnels. Certains y seraient temporairement pour des travaux spécifiques ou encore des études préparatoires, alors que d'autres y passeraient de plus grandes périodes. L'accès à ces mondes serait également sélectif, en fonction du niveau d'épuration de l'Esprit et les activités y seraient différentes pour chaque sphère.

Dans les deux cas, l'Esprit ne peut pas accéder aux sphères dont les vibrations sont trop élevées, mais il peut se rendre là où les vibrations sont égales ou inférieures à celles de son périsprit. Cette limite d'accès correspondant au degré d'avancement garantit que les Esprits moins évolués ne pourront venir perturber, par leurs défauts encore existants, les mondes de bonheur habités par ceux qui ont déjà gradué par leurs efforts.

Ces deux explications sont probablement complémentaires. Il y a du moins un aspect dont nous sommes absolument certains, c'est que chacun vit dans une ambiance correspondant exactement à ce qu'il est dans la somme de tous ses acquis et de ses actes passés.

Pour certains Esprits, le monde de l'au-delà peut présenter des particularités qui rappellent celles de notre monde matériel, surtout dans les sphères inférieures dont la densité se rapproche de notre matière lourde.

Sons et couleurs sont parmi celles qui font le plus souvent partie du décor de ces mondes. Leur qualité et leur éclat s'accroissent cependant avec l'élévation de la sphère qu'ils baignent. Plusieurs Esprits qui ont voulu décrire les couleurs qu'ils perçoivent parlent de nuances que nous ne pouvons connaître sur la Terre. Des beautés enivrantes de couleurs interpénétrantes ont été décrites comme des velours pour la vue extasiée. Des jeux de lumières décomposant leurs couleurs dans des effets de prismes harmonisés donnent des résultats qu'on ne pouvait me décrire, n'ayant pas de point de référence pour me faire comprendre.

Il y a certes les ténèbres et la nuit permanente pour les Esprits végétant dans les profondeurs du mal, mais pour ceux qui sont dégagés de son emprise, l'au-delà baigne dans un merveilleux éclairage dont la vue ne peut se rassasier.

Les sons furent également décrits par certains Esprits comme une réalité fort agréable à entendre. Selon leur témoignage, tout y est en harmonie et de nature à rendre encore plus reposante l'ambiance de calme et de douceur. Les Esprits mauvais n'ont pas encore accès à ces beautés sonores, mais pour tous ceux s'étant suffisamment élevés, la dégustation de plusieurs délices musicaux est déjà à leur portée.

Il me fut donné, sans doute en vue de mes recherches, d'entendre personnellement quelques échantillons de la musique de l'au-delà. Je vécus la première expérience de cet ordre vers l'âge de quinze ans. C'était un soir où tout le monde dormait dans la maison. Je tardais à me coucher, profitant du silence enveloppant toute la pièce. Seul le tic-tac de l'horloge venait cadencer le calme, lorsque j'entendis un cantique d'un air inconnu que semblait chanter une chorale fort imposante. C'était comme si je me trouvais à l'intérieur même d'une grande chorale invisible. Les voix harmonieuses venaient de partout autour de moi. Le chant était d'une beauté que je n'avais jamais entendue sur cette Terre.

Par la suite, il m'arriva à quelques reprises d'entendre des carillons de cathédrale battre à la volée tout autour de moi. Les gongs semblaient sonner de loin, mais je ne parvenais jamais à situer la direction précise de leur provenance.

Ce n'est que lorsque j'ai vécu mes échanges avec nos frères de l'au-delà que j'ai à nouveau entendu la musique du monde des Esprits. C'était le plus souvent en m'endormant, juste au moment d'entrer dans le sommeil. J'entendais une musique produite parfois par différents instruments et parfois par des voix d'adultes et d'enfants.

Chaque fois, il s'agissait de performances faisant pâlir nos actuelles productions terrestres. Les instruments que j'ai le plus souvent entendus s'apparentaient au violon, à la trompette et à la cornemuse.

Malheureusement, depuis que mes correspondances ont cessé, la musique s'est tue. Je garde par contre un souvenir marqué de ces expériences qui m'ont fait concrètement comprendre la description que je vous livre dans ces lignes. Il est bien certain que malgré tout cela, je n'ai qu'un mince aperçu de cette réalité, car, m'a-t-on dit, dans les sphères les plus avancées, la musique se confond à la couleur dans un mouvement vibratoire commun, ce qui est difficilement concevable pour nous sur la Terre.

Une autre particularité de l'au-delà est la température ambiante qui est ressentie par les Esprits. À l'état d'Esprit, nous sentons une certaine impression de confort que produit une température idéale. La quasi-totalité de ceux qui en ont parlé la décrivent comme étant presque chaude. Elle ne varie jamais et sa provenance semble diffuse, sans source bien précise. Les Esprits se sentent généralement confortables, ne subissant pas de soubresauts de chaleur ou de froid. Cette particularité ne s'applique cependant pas à ceux qui ont à souffrir temporairement des situations particulières découlant de leurs mauvais choix d'incarnation.

Un aspect de l'au-delà qui est fort intéressant pour tous ceux aimant la nature est celui de la présence des animaux qui survivent eux aussi à la mort charnelle. Ils permettent un ravissement du contexte, rendant la vie plus complète pour plusieurs désincarnés. Nous les voyons alors sans l'agressivité que certains peuvent avoir sur la Terre. D'autres provenant de planètes lointaines viennent en plus compléter l'ensemble harmonieux du monde animal. Certains Esprits qui ont beaucoup aimé des animaux pendant leur vie peuvent les retrouver et connaître d'autres joies en leur compagnie.

Une autre particularité de l'au-delà évoquant notre monde est celle de la présence des odeurs. Ainsi, lorsque les Esprits nous parlent de fleurs, ce n'est pas seulement une image froide, mais bien un objet réel pour eux et leur entourage, ayant toutes les caractéristiques odoriférantes de celles des mondes d'incarnation. Les odeurs sont donc un autre aspect qui rend le monde de l'au-delà encore plus vivable et plus à la mesure de ce que nous sommes.

Pour comprendre la présence des différents objets et même des décors dont parlent les Esprits, mon Esprit-Guide m'a expliqué l'existence d'une pseudo-matière que l'on ne retrouve que dans l'au-delà. La pseudo-matière est constituée d'énergie cosmique, genre de fluide malléable auquel les Esprits peuvent donner plusieurs formes par le jeu de leur volonté.

C'est la pseudo-matière qui permet l'existence de tous les objets qui meublent l'au-delà. L'objet ainsi créé n'est cependant pas permanent. Il suffit qu'il n'ait plus d'utilité pour qu'il disparaisse et retourne à nouveau dans les courants d'énergie éternelle.

La pseudo-matière est indispensable à l'au-delà. Sans elle, l'Esprit aurait l'impression de vivre dans le vide, sans aucun contexte d'existence.

En arrivant dans le monde des Esprits, tout ce qui est nécessaire à notre adaptation est ainsi présent, nos actes d'incarnés préparant ce qui nous entourera à notre arrivée. C'est pour cela que nous ne vivons pas tous le même contexte de retour dans le monde des Esprits. Encore là, chacun récolte ce qu'il a semé dans son incarnation, dans la pleine mesure de ses œuvres.

Après une période d'adaptation dont la durée est propre à chacun, l'Esprit peut manipuler la pseudo-matière presque à sa guise. Il le fera naturellement en fonction de ce qu'il est et la mettra au service de ses véritables préoccupations.

Ainsi, certains Esprits encore dans l'erreur s'amusent à reproduire une foule d'objets en cherchant à satisfaire leurs passions d'incarnés. Ils s'encroûtent dans leurs imperfections, renonçant ainsi au seul vrai bonheur qui est uniquement de nature spirituelle. Ils prolongent leurs angoisses qui ne seraient plus nécessaires et perdent un temps précieux à des futilités qu'ils trouveront plus tard d'une banalité enfantine.

Pour ceux qui comprennent plus vite en se centrant sur l'importance des choses spirituelles, la pseudo-matière leur sert d'instrument de progression vers les plus hauts sommets. Ils entretiennent d'abord une ambiance qui leur est sympathique, puis s'en servent à bon escient dans leurs travaux qu'ils jugent nécessaires.

Par exemple, grâce à la pseuso-matière, les Esprits peuvent accéder à d'immenses bibliothèques où sont présentes les copies de tous les ouvrages écrits par les incarnés du Cosmos éternel. Tous les sujets possibles y sont traités. Ils y trouvent des œuvres de nature à les faire progresser à pas de géant. Ils peuvent y recueillir de précieux conseils en lisant les travaux d'Esprits plus avancés, préparant ainsi de meilleures incarnations qui porteront de bons fruits.

La pseudo-matière permet donc aux Esprits de vivre dans un monde à leur image et il n'en tient qu'à eux-mêmes de s'en servir pour se grandir vers Dieu. Les étourdis qui y trouvent un moyen de végéter dans leur matérialité restent libres de persévérer dans leurs erreurs, mais ils en récolteront malheureusement d'amers regrets.

Après notre mort, cette pseudo-matière n'est pas vraiment inconnue pour nous. Lorsque nous rêvons, pendant notre sommeil, nous sommes en fait dans le monde des Esprits. Or, souvent, nous y manipulons déjà la pseudo-matière pour donner forme à certains contextes dont nous avons besoin pour nos activités de l'au-delà.

C'est parfois la provenance de certains rêves dont nous nous souvenons vaguement à notre réveil et qui nous laissent une ferme impression d'avoir été bien réels. Évidemment, l'utilisation de la pseudo-matière est elle aussi régie par des lois qui obligent certains retardataires à voir tôt ou tard le sens à en donner.

En résumé, toutes les sphères accessibles aux Esprits désincarnés présentent des conditions de vie s'adaptant très bien au niveau de spiritualisation de chacun d'entre nous. L'Esprit moins dégrossi baignera ainsi dans un milieu rappelant le monde matériel, alors que les plus avancés se berceront dans les hautes gammes de vibrations célestes.

Nous pourrions même dire qu'il existe autant de sphères de l'au-delà qu'il existe de niveaux d'avancement spirituel. Pour mieux nous le faire comprendre, les communicateurs regroupent cet ensemble en trois classes principales, soit les sphères inférieures où les Esprits peu avancés recherchent encore les illusions de la matérialité, les sphères intermédiaires où l'Esprit est en nette progression dans l'éclosion de sa nature divine et les sphères supérieures où l'Esprit participe à l'existence de toutes choses, dans un bonheur dépassant notre entendement.

5

LES ACTIVITÉS DE L'AU-DELÀ

Dans l'au-delà comme sur la Terre, qu'il soit parmi les morts ou parmi les incarnés, l'homme trouve la réalisation de son existence dans les actes qu'il pose. Même après la mort, l'homme redevenu Esprit continue à se réaliser dans les activités répondant à ses besoins. En fait, l'au-delà est un ensemble de mondes où l'action est encore plus grouillante que sur notre globe. Les possibilités étant celles de tous nos acquis, chaque Esprit y trouve des facilités beaucoup plus grandes que sur la Terre où le souvenir de nos antériorités disparaît sous le voile de l'incarnation. Plus encore, après chaque fin d'incarnation, l'Esprit y trouve de nouveaux défis à sa portée, la vie terrestre ayant élargi son champ de réalisation. Chaque Esprit ne s'y adonne donc qu'à des activités correspondant intimement à ce qu'il est. Il pourra même agrandir son cercle d'intérêt en élevant sa conscience spirituelle. Cela nécessitera cependant certaine abnégation face à des attirances illusoires incrustées dans son périsprit.

J'ai séparé les activités que l'on m'a décrites en deux classes principales, soit celle des Esprits au périsprit lourd et celle des Esprits dégagés. Il faut bien retenir que cette division n'a pour but que de faciliter la compréhension de l'au-delà. Dans la réalité, l'Esprit n'est limité que par ses imperfections, toutes les possibilités lui étant ouvertes dans la mesure de son épuration progressive.

Activités d'Esprits au périsprit lourd

Chez ces Esprits, les activités de l'au-delà répondent à un désir de prolonger les impressions de la matérialité dont ils sont encore les esclaves. Bien qu'ils aient quitté leur corps charnel, ils ressentent encore les attirances pour les sensations qu'ils ne connaissent plus. Ils cherchent à les compenser par des efforts illusoires qui ne font qu'entretenir leurs souffrances et retarder leur avancement.

L'alcool était son maître

Jules avait vécu une existence marquée par un alcoolisme incontrôlable. La dive bouteille avait été la seule chose qu'il avait vraiment aimée sur la Terre. Dès son adolescence, l'alcool était devenu le maître de sa volonté et la maîtresse de son Esprit. Personne ne se plaignait vraiment de lui, mais sa dépendance rendait sa vie stérile et sans attrait.

Dans l'au-delà, la première pensée de Jules fut de demander à boire. Malgré sa mort, son Esprit embrouillé cherchait encore à étancher sa soif, n'ayant pourtant plus de stimulation physique.

Voyant l'insatisfaction de sa folle demande, il tenta de trouver le précieux liquide tant convoité. Des Initiateurs lui avaient bien dit qu'il était maintenant mort, mais sa passion aveuglait sa raison. Son périsprit trop imprégné de sa faiblesse continuait de lui donner l'impression des besoins de son ancien corps de chair. Par l'insistance de sa demande, il fut conduit sur la Terre, dans les lieux de consommation alcoolique. Il fut d'abord bien emballé de revoir cette ambiance tant chérie. Piaffant d'impatience, il se précipita sur un pichet de bière. Une désagréable surprise ébranla son ardeur lorsqu'il constata qu'il lui était impossible de boire ce qui était pourtant à sa portée. Il huma les odeurs du houblon, ce qui stimulait encore plus son besoin de s'enivrer.

Après plusieurs tentatives infructueuses, Jules se montra disposé à écouter les explications d'un Guide qui l'accompagnait. Lorsqu'il fut bien convaincu de sa mort, un grand chagrin assombrit son Esprit. Une envie indescriptible à l'égard de ceux qu'il voyait boire à volonté le minait de l'intérieur.

À cause de sa grande soif, il se résigna malheureusement à se contenter de sentir ce qu'il ne pouvait plus boire, rejetant les judicieux conseils qu'on lui donnait. Ses activités se limitèrent ainsi, pendant longtemps, à faire morbidement la tournée des grands ducs, accroissant constamment la frustration de son attachement matériel et ravivant sa douleur. Pour Jules, l'au-delà se limitait à ce petit coin de notre monde inférieur de la Terre. Par son attachement, il se privait des dimensions spirituelles, seule source de bonheur réel. Il errait dans des lieux où plusieurs de ses semblables retardaient aussi leur montée. Il avait pourtant le pouvoir de s'en sortir, celui de sa volonté, mais sa vision de l'effort le faisait reculer, trop habitué à s'abandonner mollement à sa passion débridée.

Une obsession dévorante

De son vivant, Florent s'était développé la réputation d'un expert en bon goût. Ne recherchant que le beau dans tout ce qui l'entourait, il vouait, en plus, une attention obsédante à la conservation de tout ce qu'il possédait. Il ne s'était jamais marié, de peur que d'autres viennent briser l'harmonie du monde qu'il s'était créé. Les enfants n'étaient pas les bienvenus dans sa demeure, au même titre que les chats et les chiens. Pour lui, seul comptait le caractère précieux de ses biens.

Dans l'au-delà, Florent apporta avec lui cette passion qui allait l'empêcher de connaître les joies de la vie spirituelle. Très imprégné de son souci matériel, Florent persévérait à vouloir garder ce qu'il croyait encore lui appartenir. Des Esprits initiateurs lui avaient donné la possibilité de prendre conscience de son erreur, mais, malgré tout, la Terre le retenait tel un boulet aimanté.

Florent était pourtant bien conscient de sa mort. Il voyait le bonheur de ceux qui avaient compris, mais tel un aveugle-né ne comprenant pas la notion des couleurs, il ne parvenait pas à saisir le sens des appels bienveillants qu'on lui adressait.

Son monde d'après-mort prolongeait donc le cadre borné de sa vie terrestre, à la mesure de son obsession. Florent limita ainsi ses possibilités pendant de nombreuses années.

Il errait dans son ancienne demeure laissée sans héritier, assistant, impuissant, au lent dépérissement de ses objets chéris. Lorsque les procédures légales désignèrent un nouveau propriétaire, il voulut empêcher l'accès aux lieux qu'il considérait toujours comme son chez-lui. Il manifesta sa présence et la maison eut dès lors la réputation d'être hantée par des démons maudits. Mal lui en prit, car le nouveau maître de ses biens, peu embarrassé par les scrupules, mit sournoisement le feu à tout cela, récupérant, par les assurances, une somme d'argent qui lui suffisait largement.

Horrifié, Florent se voyait dépouillé de l'objet de ses intérêts. Pris de panique, il fuit sans savoir où il allait vraiment. Son attirance allait malheureusement le tenir encore prisonnier de la Terre, toujours aveuglé par cette sotte folie.

La fièvre de l'or

Charles avait vécu en pauvre malgré d'importantes richesses accumulées. L'avarice avait corrodé son cœur que la soif de l'avoir avait rendu stérile. Toute sa vie, son aveuglement matériel s'était retourné contre lui, l'empêchant de profiter de tout ce que ses richesses lui auraient permis. Sa vie ne lui avait apporté que la maigre joie de caresser ses pièces d'or à la froidure métallique.

À sa mort, Charles ne put emporter ses avoirs, mais son vice le suivit au-delà de la tombe. Après avoir souffert le spectacle de la dilapidation de ses biens par ses proches riant de sa folie, Charles se sentit comme dénudé dans cet au-delà ne lui offrant que la pauvreté de son âme. La souffrance qu'il endurait était à la dimension de sa faiblesse. La plaie était vive et Charles cherchait à calmer ce feu qui le rongeait. Les Initiateurs lui indiquèrent la route à suivre, mais leur appel à l'effort et à l'amendement ne le tentait guère. Pour lui, personne ne le comprenait dans sa subite misère. Il avait toujours appuyé sa vie sur son or et maintenant qu'il ne l'avait plus, tout lui semblait reposer sur rien.

Après plusieurs années d'errance à chercher ce qu'il ne pouvait trouver, il découvrit la pseudo-matière qu'il pouvait manipuler. Sa folie le reprit dès lors et ce désir qui, autrefois, le faisait trembler d'émotion raviva ses tourments. Dès ses premiers efforts, il put reproduire ce qui lui parut être de belles pièces d'or qui aiguillonnèrent son envie. Sa folie étourdissait son Esprit. Il voulut aussitôt en faire d'autres, mais dès qu'il se concentrait sur celles-ci, les premières disparaissaient. Ses motivations inférieures rendaient très éphémère tout ce qu'il désirait former. Charles entra alors dans une course haletante contre le temps illusoire que durait l'objet de sa passion dévorante. Des Initiateurs lui rappelaient parfois la futilité de ces choses illusoires, mais sa passion fermait la porte de son cœur. Charles entrait dans un cercle vicieux dont il était le seul à manger les fruits amers : plus il ravivait sa passion désormais sans objet, moins ce dernier pouvait exister et moins il existait, plus sa passion se ravivait.

Obsédé par le plaisir des sens

Adrien s'était abandonné à la satisfaction de ses désirs charnels au point d'en devenir presque déséquilibré. La volupté sexuelle exerçait sur lui un attrait qu'il se refusait de maîtriser. Presque toute sa vie fut garnie d'aventures successives de toutes sortes prenant parfois même l'image de l'orgie. Il mourut des suites de ses abus, ayant demandé à son corps ce qu'il ne pouvait supporter.

Pour Adrien, l'au-delà ne présentait rien qui puisse valoir la peine d'être vécu. Son encroûtement périsprital rendait son Esprit incapable de comprendre les joies sublimes de la vie spirituelle. Son attirance vers les plaisirs charnels était telle que seule la chair aurait pu calmer ses tourments.

Adrien repoussa malheureusement les offres bienveillantes des Initiateurs qui pouvaient l'aider. La mort lui imposait les règles qu'il avait toujours refusées et Adrien ne pouvait concevoir que son existence prendrait désormais cette orientation platonique à laquelle il ne s'était nullement préparé.

Sa passion dévorante l'entraîna vers les lieux de débauche de la Terre. Il y retrouva le contexte familier de sa vie et crut un instant qu'il y serait heureux. La perception des spectacles charnels excita profondément son désir de satisfaction sensuelle bien ancré dans son périsprit. Il dut bien constater, hélas, qu'il ne possédait plus les moyens de ressentir la jouissance libératrice de ses pulsions endiablées. Ses besoins de sensations prirent une ampleur telle qu'il en gémit de frustration. Cette expérience aurait pu lui servir de leçon, mais son vice bien ancré persistait à imposer son rythme lacérant. Adrien crut bien naïvement qu'il trouverait tôt ou tard un moyen de parvenir à ses fins. Il continua donc encore, pendant longtemps, à se mêler à toutes ces folies inutiles, allant même visiter plusieurs chambres à coucher, épiant les échanges amoureux les plus intimes.

J'ai reçu d'autres témoignages du même genre, de ces Esprits obnubilés par leurs passions. Dans tous les cas, leur périsprit alourdi les confinait à connaître une vie d'après-mort peu attirante. Ils n'y trouvaient que le prolongement du contexte d'incarnation qui avait préparé leurs souffrances.

Ces Esprits ne vivent cependant pas l'enfer en tant que tel. Leurs souffrances découlent plutôt de leur matérialité dont la nature est incompatible avec celle du monde de l'Esprit. Leur erraticité couvre souvent une longue période de souffrances, qu'ils pourraient éviter par l'action de leur volonté. Malheureusement, pour le plus grand nombre d'entre eux, leur aveuglement les empêche de comprendre les amendements qu'ils devront de toute façon s'imposer.

Pour nous, ce qu'il importe de retenir de leurs témoignages, c'est la très fâcheuse suite que peuvent avoir nos attachement matériels dans la vie d'après-mort qui nous attend.

Activités d'Esprits dégagés

Chez les Esprits suffisamment dégagés de l'emprise de la matière, les activités de l'au-delà peuvent prendre des visages riches et fort intéressants. Chez eux, nous pouvons réellement constater les possibilités de l'au-delà. Nous avons vu que chez les moins avancés, la vie d'après-mort ne présente rien de bien emballant. Or, la situation est très différente pour ceux qui sont en mesure de goûter à la véritable vie spirituelle.

Contrairement à celles des Esprits inférieurs, les activités décrites ci-après sont vécues lorsque la période d'adaptation à la vie de l'au-delà est terminée. Certains Esprits peuvent donc accéder plus rapidement que d'autres à ces possibilités qui sont uniquement à la mesure de l'élévation de l'Esprit, de ses acquis et de l'orientation de sa motivation. Elles sont cependant toujours conditionnelles à l'autorisation de Dieu, seul Maître d'œuvre du plan universel et éternel.

J'ai regroupé les témoignages suivants selon les aspects principaux qui en ressortaient. Les informations recueillies ne sont certes que partielles, mais elles nous donnent une bonne idée de la variété des traits que prend le visage des activités utiles de l'au-delà.

Activités semblables à celles de nos incarnations

Certaines de nos activités d'incarnation peuvent trouver de très intéressantes applications dans le monde de l'au-delà. Leur utilité touche le monde des Esprits, tout en pouvant, pour certaines d'entre elles, se répercuter directement dans le monde des incarnés. Ces activités à la mesure de ceux qui les vivent sont également adaptées aux besoins de ceux qui en bénéficient. Elles répondent à des objectifs bien définis, autant pour ses auteurs que pour ceux à qui elles s'adressent.

Une comédienne de profession

Eugénie s'était développé un grand talent de comédienne. Sa vie s'était consacrée généreusement à cette voie qu'elle jugeait avec beaucoup d'admiration et même de tendresse. Eugénie démontrait bien d'autres talents, mais son choix s'était arrêté sur ce métier qui lui renouvelait la fraîcheur printanière de chacune de ses journées. Lorsqu'elle était sur les planches, Eugénie se sentait un peu en mission auprès de son public. Elle se réjouissait alors d'avoir fait rire le cœur meurtri, suspendu un instant le temps des soucis, égayé les visages de ces gens qu'elle aimait tant. Quand elle comprit, dans l'au-delà, que son talent avait survécu avec elle, Eugénie chercha à savoir si, dans ce si beau coin de vie, on avait besoin d'une humble comédienne.

Non seulement il y avait une place, mais encore on l'attendait pour des rôles préparés pour elle. Elle connut les gens de sa troupe, tous des comédiens possédant la même empathie et la même sensibilité faisant reconnaître les plus grands acteurs. On lui expliqua la vocation particulière du théâtre de l'au-delà. On lui apprit que des pièces y sont régulièrement offertes à tous ceux aimant les représentations théâtrales et désirant profiter des scénarios susceptibles de leur apporter de bons conseils pour leur cheminement spirituel. Pour cela, chaque trame jouée s'inspire directement de l'histoire d'incarnation des Esprits présents dans l'assistance. Ceux qui se reconnaissent peuvent alors en tirer des leçons et s'inspirer des reparties suggérant la route à suivre. Ils voient, par la conclusion de l'histoire, les résultats qu'ils peuvent espérer. Les scénarios sont inspirés directement d'Esprits-Guides préparés à cette fin. Ils lisent l'histoire intime dans le périsprit de chacun et préparent ensuite, avec l'aide directe d'Esprits encore plus élevés, les textes susceptibles de les aider. L'Esprit spectateur y trouve une façon agréable de se faire conseiller, voyant d'un œil plus objectif ce qui peut accélérer sa montée.

Avant d'accepter cette offre la comblant de bonheur, Eugénie demanda de faire partie de l'assistance. Elle exprima le vœu qu'une pièce soit jouée pour elle et ses semblables. Elle voulait ainsi mieux comprendre ce que ses frères ressentaient devant le spectacle de leur vie. Elle saisit ainsi encore plus clairement son nouveau rôle de comédienne qui doit vibrer avec son public dans sa joie et son chagrin, l'accompagnant presque main dans la main vers la route que ceux d'en haut éclairent de leur cœur étincelant.

Un talent caché

Pendant les quarante ans de sa vie active, Ferdinand avait vaillamment maintenu une réputation d'homme n'ayant pas peur du gros ouvrage. Il méritait chacun des sous de son salaire, au point que tous croyaient bien qu'il aimait ce qu'il faisait. Son travail n'avait cependant toujours été pour lui que le gagne-pain béni de sa famille bien-aimée. Reconnaissant envers Dieu de permettre qu'il puisse faire vivre décemment les siens, il considérait simplement comme étant son devoir de s'en rendre digne.

Dans les temps libres dont il disposait, Ferdinand s'adonnait à un loisir qui ne rencontrait pas beaucoup d'amateurs dans le milieu où il était. Il faisait sa propre musique sur un vieux violon que son père lui avait légué. À l'occasion, on faisait appel à ses talents de violoniste dans les veillées du voisinage, mais ce n'était que pour animer les danses et les chansons.

Son don de compositeur ne demeurait connu que de ses proches malheureusement trop peu à la mesure de ses créations.

Parfois, il se surprenait à rêver à ce qu'il aurait pu faire de sa vie de musicien, mais son sens du devoir envers les siens le ramenait dès lors à l'ordre de sa réalité quotidienne.

Après sa mort, son violon demeura muet à jamais ; mais pour Ferdinand, sa carrière de musicien commençait. Il retrouva dans l'au-delà toutes ses compositions qu'il croyait perdues. Il reconnut la moindre des partitions, même celles qu'il n'avait pu concrétiser sous ses doigts pourtant bien agiles. On lui offrit de se produire sur les scènes de l'au-delà, où la musique trouve son écho dans tous les cœurs qui savent l'aimer et se bercer de ses vibrations cadencées. Ferdinand dégustait à volonté ce qui avait souvent été le sel de sa vie, dans les moments difficiles qui la rendaient trop fade. Plus tard, Ferdinand apprit à dépasser les limites de ses possibilités musicales, en s'initiant à la musique se référant à l'harmonisation des énergies vibratoires de l'au-delà. Il y trouva ce qui constituerait désormais le métronome et le diapason de ses créations. Dès lors, sa musique ne répondait plus seulement à sa propre sensibilité, mais aussi à toutes celles qui s'y juxtaposaient dans le monde qui l'entourait.

Médecin des pauvres

Fils d'une famille bourgeoise, Gaspard n'avait rencontré le vrai visage de la misère qu'en quittant son patelin pour ses études universitaires. À l'origine, il avait choisi la médecine pour le statut social qu'elle lui offrait. La vie allait cependant lui faire comprendre d'autres motivations beaucoup plus nobles pour embrasser cette profession qui ne peut devenir une vocation qu'avec la générosité du cœur.

En découvrant la souffrance, Gaspard fit également connaissance avec la pauvreté, compagne souvent assidue de la misère. La sensibilité de son cœur, que son éducation hautaine n'avait pu étouffer, s'éveilla dans un élan de compassion qui allait s'accroître tout au long de sa vie.

Au désespoir de sa famille, Gaspard s'établit dans les quartiers les moins nantis, là où on avait le plus besoin de lui. Vivant de ses avoirs qu'il jugeait suffisants, Gaspard n'insistait guère pour recevoir les honoraires que les malades ne pouvaient payer. Il fut rapidement considéré comme le médecin des pauvres. Sa vie fut ainsi consacrée à appliquer scrupuleusement le serment de dévouement qu'il avait prêté pour ses frères de l'humanité.

Son décès créa bien des pleurs. Tous croyaient perdre à jamais cet homme dont les soins avaient calmé tant de souffrances et de tourments. Son dévouement et son amour envers ses semblables allaient, au contraire, trouver une continuité, à partir du monde de l'au-delà souvent très proche de nous.

Dans le monde des Esprits, Gaspard découvrit que ses connaissances médicales pouvaient servir pour la guérison de certaines maladies d'origine périspritale, qui affectent plusieurs incarnés de la Terre. Cette découverte fut pour lui une révélation extraordinaire. En mourant, Gaspard avait été déçu de ne pouvoir soigner plus longtemps et cette possibilité de continuer remplissait son cœur d'un grand bonheur.

On lui expliqua que certains incarnés, dont le désordre périsprital cause des maladies corporelles, peuvent recevoir la guérison par une intervention au niveau du périsprit. Ses connaissances et son avancement moral lui donnaient la possibilité de le faire et on lui offrait maintenant de continuer son rôle de médecin en travaillant à un autre niveau que celui qu'il avait connu.

Gaspard se rendit donc au chevet des malades qu'on lui indiquait, soit ceux dont le plan de vie permettait la guérison, à la condition de se recueillir spirituellement. Sur la Terre, plusieurs de ces guérisons furent attribuées aux remèdes conventionnels, certaines furent même taxées de guérisons inexplicables. Toutes, cependant, n'auraient pu se réaliser sans l'intervention de Gaspard travaillant dans l'ombre de l'au-delà.

Assoiffé du spirituel

Hubert avait consacré une grande partie de sa vie à la recherche de Dieu. Dès son jeune âge, il démontra des dispositions spirituelles qui l'isolaient un peu de ses petits amis trop proches de l'appel matériel de leurs jeux.

Il avait grandi à l'abri de ses pensées, convaincu d'avance que la vie dans la chair trouvait son sens dans la dimension spirituelle de l'homme. Sa vie était à l'exemple de ses principes et nul ne pouvait lui reprocher quoi que ce soit. Son travail lui faisait rencontrer bien des gens, mais il ne pouvait guère partager ses connaissances, trop restreint par le contexte social qu'on lui imposait. Il forma, avec des amis, un petit cercle composé d'individus assoiffés de son savoir spirituel. Ils échangeaient le fruit de ses études et de ses expériences portant sur le sujet de l'homme et de l'Esprit. Après quelque temps, Hubert se surprit à mener comme une double vie. Il se consacrait, d'une part, à ses occupations professionnelles, répondant de son mieux aux exigences de son travail, et s'engageait, d'autre part, dans ses recherches qui lui tenaient tant à cœur. Hubert y trouvait ainsi les deux sources nécessaires à son existence, celle de sa vie matérielle et celle de sa vie spirituelle.

Hubert mourut sans laisser d'écrits relatant son cheminement. Seuls restaient les rapports verbaux des réunions qu'il présidait. Parmi ses amis, certains crurent qu'il devait être bien déçu de partir ainsi, sans avoir pu partager davantage les connaissances qu'il jugeait si importantes. Leur erreur était grande, car dans l'au-delà, Hubert pouvait transmettre le solde de ses recherches.

Toutes ses démarches terrestres avaient été étroitement suivies par ses frères d'en haut. En fait, elles avaient contribué à la réussite de son plan de vie. Il avait eu à raffiner certains traits nécessaires à ce qui lui était réservé.

Hubert était maintenant prêt à servir dans une fonction qu'il avait toujours désirée, celle d'enseigner les principes spirituels aux désincarnés moins avancés. Il entreprenait donc une carrière d'enseignant de l'au-delà, dans le sens véritable qu'elle doit prendre, soit celui d'aider en fonction des besoins de chacun, en réponse à des objectifs de croissance et d'élévation. Hubert avait toujours aimé échanger avec ceux qui comprenaient sa pensée spirituelle et il trouvait, dans son après-mort, la possibilité de le faire tout en aidant les autres.

Grâce à une permission divine toute spéciale, il me fut donné d'assister à un cours semblable dans l'au-delà. J'étais en phase de demi-sommeil lorsque je me trouvai soudainement au cœur d'une foule composée d'Esprits décédés. Selon mes premières impressions, il me sembla que j'étais le seul Esprit incarné présent à cette assemblée. Un grand nombre d'Esprits errants se tenaient debout, tous près les uns des autres. Ils semblaient tous revêtus d'un même genre de tunique faite d'une étoffe plutôt brute. Tous écoutaient scrupuleusement un enseignement qui était donné par un Esprit très brillant, d'un blanc fluorescent.

Il se tenait à l'avant de l'assemblée, expliquant à l'aide d'un objet tridimentionnel l'interaction du pré-déterminisme et du libre arbitre. Je me souviens avec certitude que ses explications me paraissaient logiques et fort pertinentes, mais à mon réveil, je n'avais malheureusement retenu que l'idée maîtresse de ses propos. Celle-ci portait sur la démonstration de la complémentarité du libre arbitre et du pré-déterminisme qui coexistent dans une très intime interrelation.

Activités préparatoires à la réincarnation

Un point sur lequel chaque Esprit est invité à mettre beaucoup d'accent dans ses périodes d'erraticité est celui de la préparation à ses futures incarnations. Cet aspect important de la vie d'après-mort se voit malheureusement négligé par plusieurs de l'au-delà. Certains Esprits peu avancés peuvent même ne pas comprendre qu'ils devront retourner dans la chair. Ils subissent alors passivement le sort tracé par leur passé, du moins jusqu'à ce qu'ils évoluent suffisamment pour prendre eux-mêmes leur destinée en main.

D'autres, malgré une pleine connaissance de la réalité des réincarnations successives, considèrent bien sincèrement qu'ils n'auront plus à se réincarner. Ils se fourvoient alors sur le libre arbitre dont ils profitent, en croyant naïvement qu'il leur permettra indéfiniment de repousser l'incarnation. En réalité, elle leur deviendra à nouveau nécessaire, dès la reprise de leur ascension spirituelle. Ces derniers sont souvent des Esprits déjà heureux qui se disent bien disposés à se satisfaire éternellement de leur état qu'ils jugent très acceptable. Cependant, la vision des possibilités encore plus grandes vécues par ceux qui sont plus avancés les incitera plus tard à reprendre le bâton du pèlerin.

D'autres enfin, plus éclairés sur le but ultime à atteindre, se consacrent à se préparer au retour dans la chair. Leurs activités préparatoires peuvent différer d'un Esprit à un autre. Suivant leur histoire, leur niveau d'élévation et le sens de leur motivation, ils opteront pour ce qui convient le mieux à leur propre personnalité, dans l'objectif de la progression spirituelle. Les cinq témoignages qui suivent nous permettent de constater cette adaptation des activités préparatoires, lesquelles furent peut-être notre lot avant de renaître dans notre chair actuelle.

Stimulé par l'amour

Hippolyte venait à peine de terminer une autre étape importante de la longue route qu'il s'était fixée et il se préparait déjà à revivre dans la chair pour accélérer sa montée.

Pendant plusieurs incarnations, Hippolyte s'était contenté de stagner dans la pénombre de l'insouciance spirituelle. Il y avait accumulé des dettes et l'opacité de ses faiblesses l'avait longtemps empêché de donner l'orientation salutaire à sa vie. Lors d'une certaine incarnation, Hippolyte s'était profondément attaché à des gens l'ayant chaleureusement soutenu dans ses efforts. Après cette incarnation, il avait désiré vivre en leur compagnie dans l'au-delà, mais son trop faible niveau d'avancement l'empêchait de partager leurs occupations. Chagriné de cette pénible situation, il s'était résolu, avec les conseils de certains Guides, à se retrousser les manches pour rejoindre ces frères qui lui tendaient la main.

Hippolyte s'était donc soigneusement préparé à progresser, tout en payant les dettes de ses actes d'ignorance. Il ne pouvait cependant pas prendre trop d'épreuves à la fois. Il avait donc choisi de faire plusieurs incarnations rapprochées, de nature à doser les plans en fonction de ce qu'il pouvait réussir.

Ses périodes d'erraticité ne duraient qu'à peine quelques semaines ou quelques mois. Lorsque mon Guide me rapporta ce témoignage, Hippolyte se préparait à renaître en vue d'une quatrième étape de son plan de reprise en main.

Son temps d'erraticité était certes très bref, mais les conjonctures avaient été prévues pour ce délai. En fait, Hippolyte devait réussir plusieurs incarnations constituant des volets différents d'un même plan d'ensemble, plan originant de sa ferme décision de monter plus vite. Les périodes d'erraticité ne nécessitaient donc pas une longue durée, puisque c'était toujours la même planification d'origine qui prévalait. Sa préparation consistait presque essentiellement à régénérer son périsprit d'énergie cosmique, en fonction des épreuves nouvelles à affronter. De plus, sa motivation s'accroissait sans cesse et il se sentait de plus en plus capable de réussir ce qu'il s'était fixé.

Aussi, pendant chacune des incarnations de ce plan, Hippolyte se préparait en Esprit avant la mort de son corps. À chaque période de sommeil, il travaillait dans l'au-delà sur la consolidation de sa route actuelle et future. En mourant, il n'avait donc pas à reprendre ce qui avait déjà été fait. Chaque nuit, il repassait sa journée, sous l'œil éclairé de son Guide. Il convenait en Esprit de ce qu'il retenait intuitivement dans la chair. Sa préparation se voulait donc continue, pouvant se référer à un plan précis comportant plusieurs incarnations. Un seul détail me fut donné sur la quatrième étape d'incarnation qui l'attendait, soit celui qu'il vivrait jusqu'à un âge très avancé.

Une sage préparation

Lorsque Xavier désira se consacrer plus entièrement à la préparation de sa prochaine incarnation qu'il sentait approcher, son décès datait de plus de quarante ans. Son état d'erraticité n'était pas malheureux, mais ses nouvelles connaissances acquises dans l'au-delà l'appelaient à monter plus haut vers les sphères avancées des vibrations divines. Il avait déjà consulté l'histoire de ses incarnations passées, relisant le livre de sa vie, où tout est relaté. Il y trouvait les faits expliquant ce qu'il était et montrant le chemin à suivre. Des Guides lui offrirent de l'aider dans sa réflexion. Il accepta avec joie, heureux de profiter de la lumière qui lui manquait encore. Il entreprit donc une longue analyse de son passé, évaluant à nouveau les acquis et soupesant les dettes à payer. Il étudia l'état de son périsprit et analysa l'atmosphère fluidique dont ses actes l'avaient entouré.

Il identifia ainsi les matériaux à sa disposition pour bâtir les plans à venir. D'autres Esprits protecteurs vinrent offrir leur avis, certains ayant déjà franchi les pas qui l'attendaient. Ensemble, ils tracèrent le plan qui convenait et Xavier put choisir parmi les contextes de vie qu'on lui suggérait. Lorsqu'il se sentit prêt, sous les conseils de ses Guides, il fit la demande à Dieu d'un retour dans la chair pour revenir encore plus près de Lui. Plein d'espoir, il s'apprêtait à quitter temporairement ce monde de l'Esprit d'où émanerait, le jour comme la nuit, la chaleur anonyme, mais toujours présente, de ses amis.

Un retour en terrain connu

Philippe n'avait pas revécu dans la chair depuis plus de cent ans. Dans sa dernière vie, il s'était signalé dans le domaine de la biologie et son travail acharné avait permis un certain avancement de cette science, que d'autres avaient pu continuer après lui.

Philippe possédait plusieurs acquis importants et son avancement spirituel le poussait constamment à aider ses frères moins avancés que lui. Il se destinait à revenir dans le même monde d'incarnation qu'il avait connu dans sa dernière vie.

L'analyse de son cheminement avait été appliquée avec le soin judicieux qu'y apportent toujours les Esprits comprenant son importance. Il en était maintenant à s'attaquer au thème principal de sa future incarnation, soit celui de faire progresser la connaissance scientifique dans le domaine médical. Pour cela, Philippe devait étudier dans l'au-delà tout ce qu'il allait découvrir sous le voile de l'incarnation.

Cette connaissance nouvelle qu'il devait apporter avec lui dans le monde des incarnés devait donc être intégrée avant de renaître dans la chair. Philippe consulta ses anciens travaux et ceux de plusieurs scientifiques ayant déjà travaillé dans le même domaine. Il dut accéder à une multitude de publications de l'au-delà, duplicata de ce qui fut déjà édité dans les mondes plus avancés. Son état d'Esprit lui permettait d'assimiler toutes ces connaissances nouvelles et ce, à un rythme que les cerveaux de chair ne peuvent permettre.

Il rencontra ensuite plusieurs chercheurs venus de mondes plus avancés que celui de sa prochaine vie. Philippe enregistrait le moindre conseil pouvant compléter le bagage dont il devait garder le souvenir intuitif.

Après cette importante étape, Philippe dut étudier avec des Esprits-Guides le plan de vie prévu pour l'orienter dans la voie choisie et pour l'éveiller aux connaissances que son Esprit garderait dans l'ombre jusqu'au moment voulu.

Une préparation longue et prudente

La préparation d'incarnation de Damien prit une forme plus particulière. Damien était un Esprit dont les acquis émergeaient à peine des scories à épurer. Résolu à mettre fin à ses souffrances découlant de ses actes d'ignorance, il cherchait à prendre les moyens pour se sortir de son infériorité.

Ses deux dernières incarnations ne lui avaient permis que quelques pas hésitants et il voulait accélérer son rythme, malgré tout ce qu'il avait à surmonter. Les Esprits-Guides lui conseillèrent la prudence. L'élaboration de son plan d'avenir fit l'objet d'une étude particulièrement judicieuse. Celle-ci permit de faire un rapprochement avec un cas semblable au sien. L'Esprit en question devait se réincarner très bientôt et son plan de vie constituait un bel exemple d'avenir envisageable pour Damien. Les deux Esprits se rencontrèrent et échangèrent sur l'étude mutuelle de leur plan de vie. Damien fut très intéressé par le chemin qu'on lui expliquait, mais ses deux dernières incarnations le faisaient douter de ses possibilités de réussite. C'est là que sa préparation d'incarnation prit son allure plus particulière.

Les Guides suggérèrent à Damien de remettre à plus tard sa réincarnation. Ils lui conseillèrent en échange d'accompagner, en Esprit, son nouvel ami dans l'incarnation qu'il commencerait très bientôt. L'idée lui plut et Damien intégra dans sa préparation ce temps de réflexion, où il pourrait observer directement un Esprit semblable à lui, affronter les mêmes épreuves qui l'attendaient.

Damien suivit donc son frère spirituel dans chacune des journées de sa vie terrestre. Il resta près de lui pendant un peu plus de soixante ans. Il épiait ses erreurs et ses chutes, tirant une leçon de chacune d'elles. Chaque victoire dont il était le fidèle témoin lui indiquait l'espoir à conserver. Des Esprits-Guides orientaient sa réflexion et Damien en tirait un enseignement remarquable. À la mort de son ami, Damien était prêt à franchir, à son tour, la route dont il connaissait bien les détours.

Sa préparation avait été longue, mais elle lui ouvrait la porte du succès. Les étapes à venir étaient encore nombreuses, mais la confiance soutenait désormais la cadence de ses pas.

Trop étourdi

Malgré les quinze ans passés dans le monde de l'au-delà, Yohan faisait toujours preuve d'un manque de sérieux l'empêchant de bénéficier des possibilités d'évolution à sa portée. L'étourderie enivrait son Esprit léger incapable de saisir les offres précieuses qui se présentaient à lui et dont il ne voulait pas profiter.

Son insouciance bloquait les possibilités qu'il portait en lui. Sa vision superficielle le retardait aux souvenirs des futiles plaisirs de la chair, jadis prétextes à ses rires frivoles.

Sa légèreté l'empêchait de goûter à la vie spirituelle, ce qui lui rendait l'existence de l'au-delà longue et ennuyeuse. Depuis son arrivée dans le monde d'après-mort, Yohan regrettait profondément cette chair qui l'attirait tant. Lorsqu'il apprit qu'il pouvait naître à nouveau, son désir s'intensifia démesurément. Les Esprits-Guides lui expliquèrent qu'il devait se préparer pour réussir à se débarrasser de cette dépendance morbide des plaisirs inférieurs, mais tous ces conseils le touchaient à peine.

Yohan ne voulait pas comprendre que c'est par la spiritualisation de son être qu'il se débarrasserait à jamais de ses tiraillements qui le faisaient tant souffrir. Il préférait masquer ses sentiments sous les traits d'un humour stérile, faux remède à ses tourments.

Un plan de vie avait été prévu pour lui, mais Yohan ne voulait même pas s'y attarder. Sa hâte de goûter à nouveau aux plaisirs trompeurs de la chair le détournait des précieux conseils qu'on lui prodiguait. Son plan de vie allait pourtant dans le sens de ses besoins, soit celui de se rapprocher de la vie spirituelle. Son étourderie allait donc porter ses fruits dans l'incarnation qui lui réservait bien des temps amers.

Un peu de sérieux dans sa préparation l'aurait fait

réfléchir sur ses erreurs de cheminement. Il aurait alors compris l'enfantillage de son attitude. Il aurait pu cesser d'être comme cet adulte s'attardant aux plaisirs de la sucette de son enfance. Il aurait vu la beauté des promesses à venir éclipsant majestueusement la naïveté des chatouillements charnels. Par sa faute, il accumulait de regrettables erreurs qu'il aurait pourtant pu éviter.

Activités de mission

L'accomplissement de certaines missions de l'au-delà peut constituer, pour celui qui les accepte, une façon intéressante de remplacer certaines épreuves qui nécessiteraient autrement une réincarnation. Il s'agit, dans ce cas, de participer activement à l'application de la volonté divine, selon les tâches offertes dans l'au-delà. L'Esprit est généralement libre d'accepter ces missions toujours adaptées au niveau d'avancement de chacun.

Certaines missions ne touchent que le monde des Esprits, alors que d'autres trouvent leur application directement dans le monde de l'incarnation. Dans les deux cas, il s'agit de servir d'engrenage dans le mécanisme harmonieux de la création divine infinie.

Chacun peut accomplir quelque chose à partir de ce qu'il est. Plus il a développé d'acquis et s'est élevé spirituellement, plus ses possibilités sont grandes et intéressantes. Nous pourrions même dire que chaque réincarnation constitue pour l'Esprit déterminé une école pouvant le faire graduer dans l'échelon des responsabilités de l'au-delà.

Ces activités de mission ne sont cependant pas toutes agréables pour celui qui les accomplit. Certains parlent même de missions nettement désagréables. Ces dernières sont, par contre, des activités nécessaires et celui qui les accepte n'en retire que de plus grands retours dans son cheminement futur. Sa compréhension de l'utilité de ses efforts multiplie son entrain et, plus tard, il n'en garde qu'un très bon souvenir : celui d'avoir été à la hauteur de ce qu'il pouvait donner à Dieu.

Des témoignages que j'en ai reçus, je n'ai pu vraiment séparer les missions agréables de celles désagréables, car la personnalité de chaque Esprit détermine souvent la façon dont ces activités sont envisagées. Ainsi, ce qui peut être agréable pour un peut l'être moins pour un autre et vice versa. Je vous livre donc ce que j'ai obtenu en mentionnant, lorsqu'il y a lieu, les appréciations données par les Esprits eux-mêmes.

Esprits protecteurs

Les Esprits protecteurs peuvent se situer à plusieurs niveaux d'évolution. Leur dévouement est foncièrement motivé par l'amour qu'ils vouent aux incarnés qu'ils protègent de l'au-delà. Leur mission est particulière, en ce sens qu'elle découle le plus souvent de leur propre demande qu'ils adressent à Dieu. Il arrive parfois que ce soit un incarné qui demande à un parent ou un ami défunt de l'assister dans les épreuves qui l'attendent. Il le fait alors dans ses périodes de sommeil corporel où il revit temporairement dans le monde des Esprits.

Les Esprits protecteurs jouent un rôle important et leur dévouement fait l'objet de récompenses divines en proportion de leur générosité.

Leur mission nécessite une permission spéciale de Dieu. Elle doit se faire dans le cadre précis du plan de vie établi pour le protégé, en collaboration étroite avec l'Esprit-Guide qui en a la responsabilité spécifique.

Un fils bien aimé

Isabelle faisait partie de cette horde d'Esprits protecteurs qui se dévouent pour des incarnés bien-aimés. Dès qu'elle fut adaptée à l'au-delà, Isabelle s'offrit à protéger un fils que sa mort prématurée avait laissé encore bien jeune sur la Terre. Des liens plus profonds que ceux de la chair les rattachaient dans leur histoire et Isabelle désirait de tout son cœur pouvoir aider son enfant dans son cheminement d'incarnation.

Ses acquis lui permettaient de lui être utile et ses efforts passés lui méritaient l'acceptation de sa demande. En s'offrant à soutenir son enfant, Isabelle se privait de certaines joies de la vie céleste, que son degré d'avancement lui aurait permis. Elle désirait cependant attendre de pouvoir connaître ce bonheur avec cet Esprit dont les pas d'incarné allaient être déterminants pour son avenir spirituel. Elle partagerait donc les peines de chacune de ses journées, attendant le repos de la nuit pour le consoler des pleurs nécessaires à sa montée.

L'Esprit-Guide de son enfant aimait bien sa compagnie et souvent, ils échangeaient sur le plan de vie de leur protégé. Isabelle devait, par contre, se soumettre aux conseils de l'Esprit-Guide. Elle dut même se tenir à distance, dans un moment difficile qu'elle aurait pu tenter de faire éviter. En fait, sa protection devait se soumettre à certaines conditions engendrées par les lois de l'évolution spirituelle. Ainsi, elle pouvait inspirer son Fils pour qu'il échappe aux dangers facultatifs de son plan, mais son action se limitait à l'encouragement, dans les épreuves obligatoires de la route à franchir. Isabelle était donc une voix inaudible, mais réelle, lui inspirant la force morale et la volonté de réussir. Elle était le soutien dans ses passages difficiles et la lumière dans les heures sombres de sa vie.

Elle eut à assister l'Esprit-Guide de son protégé contre les mauvais Esprits jaloux de voir progresser celui qui échappait aux souffrances de l'ignorance. La nuit, elle partageait avec son enfant bien-aimé les moments que le retour dans la chair maquillait en rêves imagés. Chaque victoire de son fils la réjouissait et chaque échec l'assombrissait. Elle voyait cependant le chemin parcouru et, au loin, le but qui approchait.

Lorsque son fils fut plus vieux, elle laissa parfois le Guide seul à le protéger. Elle se rendait alors dans les sphères de l'au-delà voir à préparer son arrivée que le plan prévoyait pour bientôt.

Dans ses derniers moments de vie charnelle, son fils faiblissait et ses proches souffraient à l'idée de perdre un être cher. Pendant ce temps, dans l'au-delà, Isabelle échangeait avec les Protecteurs et les Esprits-Guides de ceux qui le pleuraient. Pendant qu'ils soutenaient leurs protégés chagrinés du départ de leur bien-aimé, Isabelle vivait la grande joie de son retour tant attendu.

Elle l'accueillit dans l'au-delà, entourée de son Esprit-Guide et de plusieurs amis. Elle ne put cependant pas goûter immédiatement aux joies qui étaient à sa portée, car l'adaptation de son fils présenta certaines difficultés. Elle savait par contre que les épreuves étaient passées et que sa mission d'amour était bien accomplie.

Mes Protecteurs

J'ai pu échanger personnellement avec trois de mes Esprits protecteurs. Deux de ceux-ci ne furent pas contemporains à mon vivant actuel, alors que l'autre est mort lorsque j'étais tout jeune.

Des deux Esprits protecteurs que je n'ai pas connus dans mon incarnation actuelle, un s'est présenté comme étant l'Esprit de ma grand-mère paternelle, décédée alors que mon père n'avait que neuf ans. Elle m'affirma que bien avant sa propre mort nous échangions déjà ensemble dans l'au-delà.

Selon son témoignage, elle m'accompagna dans ma préparation d'incarnation et lorsque je choisis de naître d'un de ses fils, elle demanda de me protéger pendant ma vie. Dieu accepta, mais depuis ma naissance, sa présence ne fait pas l'objet d'une assiduité telle que celle qui est rapportée par l'Esprit Isabelle.

Les deux autres Protecteurs m'ont décrit des responsabilités plus spécifiques. L'un d'eux centra ses efforts principalement pendant mon développement médiumnique et mes échanges spirites, alors que l'autre m'aide surtout dans l'atteinte de certains objectifs particuliers de mon plan de vie.

Tous les incarnés de la Terre ont leurs Esprits protecteurs. Certains en voient même agrandir le cercle avec la mort de leurs parents ou de leurs amis. Même pour les incarnés au cœur encore assombri, se trouvent dans l'au-delà des Esprits qui cherchent à montrer leur amour envers eux dont ils partagent les joies et les peines. Les Protecteurs nous prouvent que la mort ne peut mettre fin à l'amour, car même au-delà de la tombe, nous en récoltons les fruits de la semence. Lorsque parfois nous nous croyons seuls et abandonnés à nous-mêmes, pensons à tous ces gens qui nous entourent et nous aiment. Ils sont invisibles à nos yeux comme l'air l'est à nos poumons, mais souvent ils apportent, à leur façon, l'oxygène spirituel qui nous fait reprendre notre souffle dans notre vaillante montée vers Dieu.

Esprits-Guides

Parmi les missions de l'au-delà que j'ai découvertes, celle que j'ai pu apprécier le plus intimement est sans doute la mission de servir d'Esprit-Guide auprès d'incarnés. Les échanges réguliers avec mon propre Esprit-Guide m'ont permis de comprendre la particularité de cette responsabilité présentant parfois de multiples difficultés pour celui qui l'assume. Cette mission, à laquelle seuls peuvent accéder les Esprits ayant atteint un certain niveau d'élévation spirituelle, peut cependant apporter beaucoup de joie dans les victoires méritées par leurs protégés incarnés.

Les deux cas suivants nous démontrent cette différence qui peut marquer la façon de vivre cette mission tout à fait indispensable à la réussite des incarnations dans les mondes de notre niveau. Il faut bien retenir que le Guide est toujours à la pleine hauteur des attentes divines et que ses acquis sont toujours supérieurs au niveau de progression de celui dont il a la responsabilité. Ce sont tous des Esprits moralement avancés, dont l'amour se traduit par leur dévouement incessant envers nous.

Première mission

Jean venait de terminer une difficile incarnation où son dévouement envers ses proches avait trouvé une place dans chaque journée de sa vie. Son arrivée dans l'au-delà avait apporté un grand soulagement, mais sa grande énergie, stimulée par l'allégement de son périsprit, l'incitait à se remettre vite à l'œuvre. Pour Jean, une seule forme de repos l'apaisait, celle de se dévouer pour les autres. Il était très heureux de connaître son Esprit-Guide, cet Ange gardien qui avait veillé sur ses jours et ses nuits. Il admirait le précieux travail de cet ami anonyme se dévouant dans l'ombre et avec qui il partageait le désir d'aider ses frères.

Ses acquis spirituels relevaient maintenant à un niveau suffisant pour devenir lui-même un Ange gardien et Jean se vit offrir la possibilité d'assumer cette mission. Ce retour de ses actes de bonté le combla de bonheur. Il se mit donc résolument à la tâche, voulant se montrer à la pleine hauteur de ce qu'on lui demandait.

Jean dut d'abord suivre une formation spécifique le préparant aux implications du travail d'Esprit-Guide. Il y connut une foule d'autres Esprits qui, comme lui, allaient devenir des Anges gardiens, fidèles compagnons que possède chacun des incarnés de notre Terre. Ces nouveaux amis avaient des acquis en connaissances qui différaient de l'un à l'autre, mais tous avaient atteint un niveau d'élévation donnant une splendide lumière à leur périsprit. Épurés des plus lourdes scories, on les désignait comme étant des Esprits bons, dégagés des attirances morbides génératrices de souffrance.

Par sa formation, Jean approfondissait la connaissance des lois spirituelles régissant la progression des Esprits. Il apprit les dangers qu'il devait vaincre et certaines règles qu'il devait respecter. Plusieurs Esprits ayant vécu l'expérience vinrent donner leurs conseils, en se basant sur l'exemple de leur vécu. Des Esprits encore plus avancés expliquèrent l'interaction de leur mission dans l'équilibre du plan divin. Chaque facette de sa préparation fut soigneusement évaluée par d'autres Guides assurant la formation des autres Esprits de son groupe.

Après cette importante étape, Jean rencontra des Esprits qui se préparaient pour leur prochaine incarnation. Il vit les acquis et les faiblesses de chacun d'eux, percevant leur histoire passée et les défis à venir. Il choisit lui-même celui qui allait être son protégé : un Esprit dont la route lui rappelait les pas lointains qu'il avait lui-même jadis franchis. Sa riche expérience et la grandeur de son élévation lui permettaient déjà de prodiguer de précieux conseils à ce jeune frère qu'il aimait maintenant pour toujours.

Son protégé l'écoutait avec attention et ensemble, ils préparèrent le plan de vie qui serait l'itinéraire à suivre pendant toute la durée de l'incarnation. Chaque faiblesse fut soupesée et chaque force bien évaluée. Les dettes bien comptabilisées dans le livre de vie indiquaient les obligations à rencontrer alors que les acquis visés déterminaient les épreuves à vaincre.

Jean donna toutes les recommandations que sa propre expérience lui inspirait. Le fait d'avoir déjà franchi les étapes prévues rendait plus pertinent le soutien qu'il apportait.

Pendant chacun des jours d'incarnation de son protégé, Jean se dévoua à lui inspirer la bonne route à suivre. Chaque nuit était pour lui l'occasion de revoir les victoires du jour et les points à corriger. Il lui donnait l'intuition des choses nécessaires à sa victoire. Voix de sa conscience, il l'incitait à choisir le bien lors des pièges de la route. Il éclairait sa pensée des arguments vus en Esprit. Il le détournait des dangers physiques qu'il devait éviter et l'encourageait face à ceux qu'il devait affronter. Jean travaillait sans cesse à soutenir son protégé bien-aimé dans sa lutte contre les faiblesses à vaincre. Son dévouement anonyme ne trouvait de reconnaissance que pendant les heures de sommeil, lorsqu'il pouvait échanger, en Esprit, avec celui qui l'ignorait sous le voile de la chair. Il assumait facilement cet anonymat que connaissent une très grande partie des Esprits-Guides, car la noblesse de sa mission comblait son cœur de mille bonheurs éclos sous les pas faisant avancer son protégé vers Dieu.

Suivant les autres informations qui me furent données, la mission d'Esprit-Guide ne présente malheureusement pas toujours ce visage encourageant, car il arrive que leurs protégés refusent la lumière spirituelle et cela provoque de véritables souffrances pour ceux qui assument la mission d'Ange gardien auprès d'eux. Le témoignage suivant nous donne d'ailleurs une petite idée des difficultés que cette très importante mission peut présenter.

Mission difficile

Pierre a accepté de raconter son expérience pour que nous puissions bien comprendre la résonance directe que nos actes d'ignorance peuvent provoquer auprès de notre Esprit-Guide dont l'amour est débordant.

Pierre s'était bien préparé lui aussi, mais dans un sens différent. Il avait déjà l'expérience de plusieurs missions d'Ange gardien et il s'était offert à assister un lointain parent de jadis qui s'entêtait à végéter dans les douloureuses ténèbres des passions. Il savait que la mission serait difficile, mais Pierre tenait quand même à soutenir ce frère de l'au-delà qui cumulait les coûteux échecs de ses incarnations passées.

Son protégé avait bien des acquis en intelligence, mais sa faible valeur morale le retenait dans les échelons spirituels les plus bas. Ce dernier accorda certains efforts à l'étude de son plan de vie qui l'attendait. Le fait d'avoir un Esprit-Guide de ce rang l'incitait à s'interroger plus sérieusement sur l'importance de son retour dans la chair. Il en avait grand besoin, car son périsprit chargé de tenaces impuretés matérielles le poussait sans cesse à céder sous l'invitation trompeuse des sens physiques et bloquait ainsi son accès à la lumière de l'Esprit.

Pierre lui prodigua de forts judicieux conseils. Il lui proposa même d'étaler ses épreuves sur plusieurs incarnations. Il regarda avec lui le chemin tortueux de son passé, indiquant les leçons à retenir. Malheureusement, son protégé n'écoutait qu'avec son intelligence. Son cœur ne suivait pas toujours les précieux enseignements à retenir. Bien que Pierre eût préféré que son protégé attende encore plusieurs de nos années pour mieux se préparer, celui-ci se décida à naître dès qu'il vit possibles les conditions d'incarnation qui lui faisaient tant envie. Il voyait l'appât, en oubliant le piège qu'il dissimulait. Pierre lui disait bien le défi à relever, mais son étourderie le faisait déjà partir du mauvais pied.

Pendant la période d'enfance de son protégé, Pierre put le rencontrer chaque nuit, tentant de parfaire sa préparation. Ses efforts furent grands et très pertinents, mais ils ne purent compenser la faible volonté de celui qui lui était confié. Dès l'adolescence, les premiers signes de l'échec se firent connaître. Pierre lui inspirait les idées nécessaires, mais elles ne trouvaient pas l'écho dans le cœur fermé par l'opacité périspritale. De plus, Pierre devait respecter les règles de la mission et lorsque son protégé choisissait le mal, il devait s'éloigner, laissant libre cours aux mauvais Esprits s'acharnant sur celui qu'il aimait tant. Pierre ne pouvait intervenir que dans deux cas précis : soit que le protégé désirait faire le bien, soit que les mauvais Esprits mettaient son plan de vie en danger. Dans ces cas, Pierre pouvait ordonner aux indésirables d'outre-tombe de partir et ceux-ci ne pouvaient faire autrement que de lui obéir. Il suffisait donc que son protégé veuille agir dans le bien et Pierre pouvait le soutenir de tous les pouvoirs dont il disposait pour sa mission. Malheureusement, son protégé désirait plus souvent le contraire, se vautrant dans les passions qui l'avaient pourtant déjà fait grandement souffrir.

L'amour de Pierre était grand et sa compassion pour son faible ami remplissait son cœur de tristesse. Chaque échec lui dardait le cœur, chaque dette accumulée faisait gémir son âme déchirée. Même lors des actes les plus vils, Pierre devait observer scrupuleusement, malgré sa douleur, à l'affût de tout ce qui pouvait l'aider à orienter son protégé vers le droit chemin.

Dans sa mission, Pierre endurait une souffrance très mordante, celle entretenue par la flamme de l'amour ne trouvant pas son retour. Pierre connut le faîte de ses difficultés lorsque son protégé décida de mettre fin à ses jours. Pierre cria, hurla de ne pas rejeter à la face de Dieu le don de la vie charnelle, passerelle menant dans les mondes du bonheur divin. Il vit alors, impuissant, cet être aimé poser le geste insensé menant aux prix les plus durs à payer. Malgré la fin de sa mission, Pierre continua à s'inquiéter de ce frère qu'il visita très souvent, dans l'anonymat de sa présence invisible. Il le fit pendant les cinquante ans que dura son enfer de suicidé.

***

Mes trois années d'échanges réguliers avec mon propre Guide m'ont personnellement fait découvrir un être tout à fait extraordinaire. Ses qualités exceptionnelles m'ont permis de comprendre le chemin que j'ai encore à parcourir. L'étendue de ses connaissances m'a plusieurs fois surpris. Aucune question ne demeura sans réponse sensée. Ses précieux conseils m'ont rendu d'immenses services dans mon cheminement spirituel. Il m'aida même, à certaines occasions, à solutionner des problèmes d'ordre plus matériel. Sa franchise traduisait toujours un amour profond qui s'étendait à tous ceux que j'aimais. Je conserverai toujours de mes correspondances avec lui un doux souvenir d'échanges entre amis, pour ne pas dire entre frères dont l'aîné veut aider le cadet. Sans lui, cet ouvrage n'aurait jamais existé, car il fut le pont me reliant avec l'au-delà ; plus encore, il tint les portes qui me furent temporairement ouvertes. Il n'est certes pas donné à tous de rencontrer et de connaître son propre Esprit-Guide sous le voile de l'incarnation, mais tous peuvent au moins savoir qu'il y a toujours auprès de chacun de nous un être amoureux qui nous accompagne dans chaque seconde de notre vie. Il est l'émissaire direct de la volonté divine ; celui par qui Dieu se fait le plus intimement sentir dans notre cœur.

Esprits-Guides des nations

Cette mission d'envergure ne peut être remplie que par des Esprits ayant atteint un niveau très avancé, soutenu par une très riche expérience d'incarnation. L'Esprit qui en assume la responsabilité a déjà servi plusieurs fois comme Esprit-Guide individuel et même comme Esprit intermédiaire des ordres divins.

Je n'ai pas reçu de témoignage direct d'Esprit-Guide des nations, mais mon propre Guide m'en a expliqué les principales caractéristiques missionnaires.

Chaque peuple, chaque nation possède son plan de route découlant de son histoire passée. Comme les individus qui les composent ont posé des gestes en tant que membres d'un peuple, ou d'une nation, ils en reçoivent des retours qui s'appliquent également à tout le peuple ou à toute la nation. Ainsi, le peuple usurpateur sera à son tour usurpé, le peuple conquérant sera à son tour conquis, le peuple sauveur sera à son tour sauvé. Toutes les actions que pose l'individu à travers celles de son peuple ou de son pays obéissent à la loi du contrecoup que subira l'individu à travers le sort qu'elle réserve à sa collectivité. Or, pour l'application de ces plans à très large portée, une coordination précise est nécessaire. Cette coordination est assurée par l'Esprit-Guide des nations rattaché à chacun des peuples de notre Terre.

Ces Esprits ont donc la mission spécifique de voir à l'application des plans établis pour le peuple dont ils ont la charge. Ils sont les intermédiaires entre les instances supérieures et les Guides individuels des incarnés, dans le cadre des plans généraux. Ils sont aussi les protecteurs du peuple, chez qui le regroupement des incarnés, par sympathie pour les faiblesses communes, peut attirer certains Esprits indésirables pouvant les stimuler au mal collectif.

Lorsque leur peuple se met en prière auprès de Dieu, ils se chargent de soutenir l'attention des instances plus hautes. Ils stimulent leurs troupes à persévérer dans le bon chemin, favorisant le contact avec les grands courants d'énergie universelle.

Ils sont un peu comme les saints patrons que l'Église catholique désignait comme protecteurs des différents peuples où elle était présente, sauf que dans la réalité, chaque peuple possède son Guide des nations.

De l'au-delà, l'homme est ainsi protégé par ces missionnaires de grande envergure qui n'attendent que la bonne volonté des masses pour le soutenir davantage. Il suffirait d'étouffer notre égoïsme pour comprendre le devoir collectif qu'ils nous inspirent et de taire notre orgueil pour profiter de leurs forces qui nous dépassent. Notre passé d'ignorants nous a endettés, mais le secours qui nous est offert par nos Guides individuels et celui de notre nation nous rend toujours à la hauteur des efforts à fournir pour enfin échapper à cette chaîne nous rattachant morbidement aux ténèbres des mondes inférieurs.

Lorsque j'ai demandé quels étaient actuellement les plus grands obstacles que les peuples rencontraient dans leur émancipation, mon Guide m'a tristement répondu que les politiciens du monde moderne constituaient une véritable lèpre pour l'humanité tout entière. Tous gouvernent en fonction des passions et des intérêts matériels, alors que la politique mondiale devrait être basée sur le principe même de l'Amour de Dieu, régissant tous ses enfants. Quant aux dépenses militaires, il souligna que c'était un autre signe très évident de l'infériorité de notre monde. Pour l'au-delà, l'homme de la Terre aura vraiment progressé lorsqu'il se verra guéri de cette peste purulente menaçant sournoisement lui-même et tous ses frères.

Les Anges de la mort

En remontant très loin dans l'histoire de l'homme de la Terre, nous retrouvons de multiples légendes concernant l'existence de certains êtres de l'au-delà apportant la mort avec eux. Certaines nous les montrent comme des personnages squelettiques portant une faux dont le tranchant met fin à la vie, d'autres comme une ombre planant dans les lieux funèbres.

Suivant les témoignages recueillis, exception faite des images allégoriques, toutes ces légendes traduisent une certaine vérité sur la mort que nous avons tous déjà vécue et que nous vivrons bien encore.

En effet, parmi les missions que remplissent nos frères de l'au-delà se trouve celle qui consiste à conduire certains incarnés à l'échéance de leur incarnation.

Cet accompagnement peut prendre plusieurs formes différentes, suivant le plan qui vient à terme et le genre de mort devant être vécu.

Leur intervention peut parfois revêtir un caractère très direct. Prenons l'exemple de quelqu'un qui doit mourir violemment. Les Esprits qui ont la responsabilité de voir à l'application de sa fin tragique peuvent l'inciter directement à faire les gestes qui lui seront fatals. À cette fin, ils peuvent soit lui inspirer une mauvaise manœuvre, soit provoquer de mauvais réflexes ou encore aveugler son jugement. Ils peuvent aussi réunir d'autres conditions favorisant la fin inévitable. Le plan pourra alors, grâce à eux, trouver l'application qui avait été prévue. Cette action directe n'est pas règle courante, mais n'est pas exceptionnelle non plus. En fait, lorsque nous disons de quelqu'un qu'il a couru après sa mort, c'est généralement qu'on l'y a fait courir, directement de l'au-delà.

Il est bien évident que cela ne peut s'appliquer que lorsque le plan de vie le nécessite. Il est d'ailleurs bien important ici de faire la distinction entre cette action occulte permise par Dieu et les conséquences fâcheuses que nos propres négligences peuvent parfois entraîner. Nous ne faisons, dans ce dernier cas, que subir les résultats de nos propres décisions.

Dans d'autres cas, l'intervention de ces missionnaires prend un visage beaucoup plus indirect. Par exemple, elle peut consister à faire accepter par l'incarné la réalité de la mort qui l'attend. Plusieurs mourants voyant l'heure arriver s'accrochent à leur incarnation. Certains paniquent même et refusent de passer à trépas, ce qui est de nature à retarder considérablement leur adaptation d'après-mort. Ce sont généralement des Esprits n'ayant pas compris leur vraie nature. Ce peut être aussi des Esprits s'étant trop attachés à la Terre par le canal des passions. Ce sont parfois des gens désirant continuer une œuvre inachevée ou encore des Esprits ne voulant simplement pas quitter leurs proches d'ici-bas.

Aidés des Esprits-Guides qui ont fait appel à leur assistance, ces Esprits missionnaires doivent alors intervenir auprès d'eux afin de faciliter leur passage d'outre-tombe.

Souvent, des parents et des amis les accompagnent pour faciliter leur tâche. Nous ne mourons donc jamais selon le bon gré du hasard capricieux.

Il peut nous sembler un peu surprenant de voir l'existence de cette mission particulière, mais il faut bien comprendre que ces Esprits appliquent l'ordre harmonieux de Dieu lui-même, en conformité au plan de vie qui fut tracé. Ils ne privent aucunement l'incarné des possibilités de son incarnation. Son temps est écoulé et il est l'heure pour lui de continuer sa vie dans une autre étape, sous un autre mode. De l'au-delà, la mort n'a d'ailleurs pas le même visage que pour nous. Remplir cette mission, c'est un peu comme assister l'accouchement d'un nouveau-né dans notre monde.

L'homme ignorant peut voir les Anges de la mort comme des ennemis redoutables. Son aveuglement l'entretient dans l'illusion que la vie n'est qu'ici-bas, mais celui qui sait et qui a pavé le chemin de son incarnation des pierres de l'amour et de la foi les reçoit comme des Anges de la vie, venant apporter le réconfort de l'Esprit.

Esprits initiateurs

Comme nous l'avons vu dans les témoignages antérieurs, nous ne sommes jamais laissés à nous-mêmes dans cette vie de l'au-delà à laquelle nous devons, à chaque fois, nous réadapter. Des Esprits ont la mission de nous réintroduire dans ce monde que nous avons quitté à notre naissance charnelle et dont la confusion d'incarnation nous a fait oublier l'existence. Ces Esprits missionnaires, que nous appelons les Initiateurs, assument un rôle extrêmement important pour tous ceux qui décèdent. Sans eux, plusieurs vivraient la mort dans une confusion pouvant engendrer de grandes angoisses.

Ces Esprits initiateurs possèdent une formation précise, les préparant à toute éventualité qu'ils peuvent rencontrer avec ceux qui décèdent. De plus, tous possèdent déjà une haute conscientisation de leur longue histoire d'incarnations successives. Ils peuvent se servir de leurs propres expériences de mort en plus de celles de leur travail répété. Leur degré d'avancement est toujours assez élevé pour leur permettre une supériorité sur tous les Esprits malveillants voulant nuire à celui qui décède.

Il y a toujours un Initiateur présent parmi ceux qui nous reçoivent après notre mort. Leur approche est soigneusement adaptée à ce que nous sommes et n'a toujours pour but que de nous assister dans notre arrivée, en facilitant notre adaptation première à l'autre forme de vie.

Lorsqu'ils accueillent des Esprits déjà sensibilisés à la dimension spirituelle, leur mission est agréable. Ils échangent alors avec des frères voulant pleinement profiter de leur bienveillante assistance. Ils dégustent le plaisir de les aider à atteindre l'état de bonheur que peut donner la vie de l'Esprit.

Ils peuvent vivre par contre des situations difficiles lorsque ceux qu'ils accueillent se sont trop ancrés dans les illusions de la matière. Ces derniers peuvent exiger beaucoup de patience par un refus parfois entêté d'accepter la continuité de la vie sous les dimensions de l'au-delà. Certains décédés vont même jusqu'à leur rejeter au visage l'aide gratuite qu'on leur offre pourtant dans la douceur et la bonté.

Selon les échanges que j'ai obtenus, beaucoup d'Esprits initiateurs connaissent actuellement des missions très exigeantes autour de notre Terre. La présence massive d'incarnés de faible niveau d'élévation rend le travail plus ardu, surtout lors des décès de ceux qui ont négligé de se préparer à leur survie d'après-mort. Ils doivent alors ajuster les étapes d'introduction et d'adaptation que le désincarné doit vivre dans la reprise de sa vie d'au-delà, sans perdre de vue le but ultime poursuivi par chacun de nous : l'élévation spirituelle. Ils se désolent des fâcheux retards, mais se consolent à la vision de l'éternité de bonheur qui nous attend au bout du long chemin.

Le travail des Esprits initiateurs peut être soutenu par les Esprits-Guides qui terminent leur mission et aussi par les Esprits protecteurs qui vivent le retour au bercail de leurs frères bien-aimés. Ensemble, ils peuvent parfois conjuguer leurs efforts pour faciliter davantage l'initiation d'un Esprit s'attardant trop longuement aux appels de la chair morte. Ils laissent cependant l'Esprit récalcitrant faire à sa tête. Si celui-ci persiste à ne pas les écouter, ils vaqueront à d'autres occupations en attente de son appel, du moins le temps qu'il assume sa regrettable décision.

Lorsque les Esprits désincarnés sont en mesure de vraiment les écouter, peu importe le temps qu'ils ont pris, les Esprits initiateurs les guident dans les mondes de l'au-delà, ces lieux mêmes où plusieurs retrouveront les souvenirs de ce qu'ils y ont déjà vécu. Ils dirigent leurs protégés vers les sphères qui les attendent, du moins pour tous ceux qui ne s'accrochent pas aux lieux inférieurs de leur incarnation. Ils voient ensuite à leur adaptation, terminant leur mission lorsque d'autres, parents et amis, peuvent prendre la relève de leur accompagnement.

Nous avons vu, dans quelques témoignages rapportés antérieurement, comme leur présence est active auprès de ceux qui meurent à la vie corporelle. Le rythme de chacun d'entre nous est respecté, suivant la lumière de notre spiritualisation et le degré de nos acquis.

Le travail des Esprits initiateurs diffère donc beaucoup selon le niveau spirituel du décédé qu'ils reçoivent. Pour certains cas, la mission est plus facile alors que pour d'autres, des efforts soutenus doivent être apportés. Cela est d'ailleurs bien évident puisque pour les Esprits déjà avancés, la mort est immédiatement vécue comme un simple retour à la vie naturelle de l'au-delà, alors que pour les plus ignorants, c'est un monde nouveau à redécouvrir, l'opacité périspritale faisant longtemps oublier le souvenir des morts antérieures. Il s'agit cependant d'un même but à atteindre : permettre aux revenants de bénéficier des facilités d'accueil que leurs efforts de progression leur ont courageusement méritées.

Esprits intermédiaires

Dans l'immensité de sa Création éternelle, Dieu fait appel à plusieurs de ses enfants de l'au-delà pour servir d'intermédiaires entre sa Volonté parfaite et son application dans les mondes infinis. Ces intermédiaires font déjà partie des classes avancées de l'Esprit. Leur graduation est le fruit des victoires de leurs incarnations passées et nous sommes tous, sans exception, susceptibles de pouvoir assumer un jour les mêmes responsabilités qu'eux.

Parmi ces Esprits intermédiaires, certains ont charge des plans généraux et d'autres des plans plus particuliers. Une hiérarchie déterminée par leur degré d'avancement et la somme de leurs acquis se traduit par l'importance de leurs responsabilités respectives. Selon ce qui me fut expliqué, ces Esprits intermédiaires seraient en quelque sorte des porteurs de la Pensée divine s'étendant dans les moindres confins de la création infinie. Leur état de bonheur est indescriptible pour nous. Leur intimité avec la Volonté divine leur fait partager un niveau de conscience de l'existence, les élevant à de très hautes vibrations de l'Esprit.

C'est leur présence qui permet l'harmonisation du mécanisme de la totale Création. La Pensée divine manifeste à travers eux la perfection de tout ce qu'elle émet pour l'équilibre de tout ce qui existe.

Par ces Esprits intermédiaires, Dieu conserve une complète intimité avec tout l'infini. Son Pouvoir parfait aurait sûrement pu lui permettre de se passer de ce détour, mais il a voulu faire participer ses enfants infiniment aimés à la totalité de sa Création, en partageant avec eux l'application de l'omniprésence de sa totale Conscience créatrice.

Suivant mes communicateurs, l'honneur que ressent l'Esprit qui assume ces missions ne peut se décrire par nos mots limités. Il est cependant bien différent de celui que nous connaissons sur notre Terre, trop souvent l'expression d'un orgueil enfantin.

Quand j'ai demandé à mon Esprit-Guide s'il avait hâte de pouvoir accéder à ces grandes missions, il m'a répondu que sa hâte n'était pas celle que je croyais, car, m'a-t-il dit, la seule hâte que les Esprits-Guides connaissent à leur niveau, c'est celle de servir Dieu encore et encore, ne ressentant comme ambition que celle de voir leurs frères atteindre eux-mêmes les buts ultimes, souffrant de l'échec des uns, se réjouissant des succès des autres.

Ces Esprits intermédiaires, dont le nombre est aussi incalculable pour nous que l'éternité elle-même, sont donc des instances dont l'action traduit le langage de la Pensée émettrice de Dieu. Ils conservent leur identité propre, bien que leurs traits personnels tendent à s'identifier à la personnalité divine elle-même. Ils gardent toujours leur libre arbitre, mais leur entière volonté ne cherche qu'à traduire Celle de Dieu.

Esprits adoptifs

Le plus souvent, lorsqu'un jeune enfant meurt, son Esprit qui retourne dans le monde de l'au-delà reprend après quelque temps les traits qu'il avait avant sa dernière naissance. La mort trop précoce empêche généralement l'impression de la courte identité d'incarnation de demeurer après la mort. L'Esprit revêt alors les apparences de son avant-dernière vie, en recouvrant la pleine conscience de ses antériorités. Les quelques années de sa courte vie ont alors pu servir à compléter du temps inachevé dans une incarnation d'avant ou à maîtriser des aspects particuliers concernant l'enfance. Ces décès sont généralement des moyens d'épreuve pour des parents dont le plan de vie désigne la perte douloureuse d'un enfant.

Or, il arrive que certains Esprits peu avancés, dont le plan de vie implique une mort prématurée, prolongent leur état d'enfant après leur décès. Il s'agit dans ces cas d'Esprits ayant beaucoup à apprendre et dont le périsprit encore trop obnubilé retarde leur éveil d'après-mort. Malgré leur retour à l'état d'Esprit, ils continuent à garder dans l'outre-tombe les caractéristiques de l'enfance qu'ils ont pourtant quittée.

Cet état nécessite alors un soutien d'éducation, tel que les enfants incarnés le reçoivent, bien qu'il doive répondre encore plus adéquatement aux failles que de nombreuses incarnations n'ont pas encore comblées. Ces Esprits demeurés temporairement enfants connaissent donc une croissance rappelant celle de nos incarnations, bien que le rythme soit généralement plus accéléré. Ils présentent souvent l'étourderie et l'insouciance de nos jeunes turbulents, mais ils sont plus ouverts à l'influence éducative des aînés. En fait, leurs faiblesses se font sentir, mais l'absence du corps de chair diminue leur intensité. Ils ont toutefois besoin d'un même genre d'éducation que nos enfants incarnés reçoivent pour guider leur action, assurer leur protection face aux Esprits mauvais et pour stimuler leur insuffisante adaptation à la vie de l'Esprit.

Cette responsabilité est confiée à des Esprits qui acceptent la mission de les adopter, un peu comme certains parents le font sur la Terre. Ces missionnaires sont des Esprits dont l'avancement permet de guider leur protégé vers des activités de nature à favoriser un éveil progressif adapté. Ils peuvent profiter de l'assistance d'Esprits-Guides dont l'expérience peut être encore plus grande. Ces Esprits adoptifs sont le plus souvent des Esprits ayant beaucoup désiré la venue d'un enfant dans leurs épreuves d'incarnations passées. Ils trouvent alors une occasion de répondre à leur besoin dont ils ont déjà vaincu ou payé les causes. Ces Esprits vouent un amour débordant à leurs protégés. Ils tentent, par leurs efforts soutenus, de leur inculquer les principes nécessaires à l'accélération de leur progression spirituelle. Ils cherchent alors à diriger leurs pensées dans la direction de la montée, espérant qu'ils pourront en garder l'intuition dans leur prochaine incarnation.

Les Esprits adoptifs gardent la responsabilité de leurs protégés jusqu'à ce que ces derniers soient sortis de l'état de confusion les empêchant d'être en mesure de choisir leur voie dans les activités de l'au-delà. Certains de ces missionnaires vivent le chagrin de les voir céder sous l'appel des faiblesses trop incrustées. D'autres vivent l'ingratitude de ceux qui les abandonnent, refusant la lumière offerte. D'autres, enfin, recueillent plus rapidement le fruit de leurs efforts, leurs protégés décidant de mieux se préparer pour les prochaines épreuves et d'écouter les conseils bienveillants qui leur sont adressés.

Les Esprits adoptifs jouent donc un rôle ressemblant beaucoup à celui des parents de la Terre. Ils assument la même responsabilité de guider ces protégés particuliers vers ce qui est le mieux pour eux. Ils partagent leurs joies et leurs peines, goûtent autant les fruits doux que les fruits amers de leurs actions. Ils savent cependant beaucoup mieux que toute semence donne sa moisson. Ainsi, lorsque leur travail semble déboucher sur un échec, ils comprennent que la graine est toujours bonne, que seule la Terre reste encore à travailler. Ils voient par la clairvoyance de leur Esprit que ce qui ne peut être moissonné aujourd'hui le sera sûrement demain, après le soleil et la pluie.

Esprits policiers

Bien qu'ils ne portent pas ce titre dans l'au-delà, j'ai choisi de les appeler ainsi pour bien traduire la nature de cette mission particulière. Ces missionnaires d'un niveau élevé d'avancement assistent le travail de tous les Guides qui font appel à leur intervention chaque fois que les conditions de leur travail l'exigent. Ils accourent alors, à la vitesse de la pensée, pour aider leurs frères bienveillants en lutte contre les ignorants des ténèbres.

La mission des Esprits policiers est généralement qualifiée de désagréable par ceux qui l'assument ou qui l'ont déjà assumée. Cette importante mission est indispensable dans les milieux d'incarnation inférieurs comme celui de notre Terre. Leur mission consiste à faire respecter les Lois divines régissant les rapports entre les Esprits incarnés et désincarnés. Malgré la similitude de leur fonction, leur façon d'intervenir est fort différente de celle qu'utilisent nos policiers incarnés. Pour ces Esprits, leur seule arme est leur suprématie spirituelle que leur confère leur degré d'avancement. Leur supériorité morale donne une force irrésistible à tous les ordres qu'ils imposent aux mauvais Esprits contrevenant à la Loi. Leur simple présence fait fuir les malintentionnés qui craignent les douloureux retours qu'ils ont tendance à trop vite oublier.

Leur travail incessant les oblige à côtoyer continuellement le mal et l'ignorance, et c'est ce qui rend leur tâche si pénible. Leur degré d'avancement leur donne déjà un niveau élevé de conscience spirituelle et la vue de tout ce mal qui fermente sans cesse les fait souffrir, eux qui perçoivent la grandeur infinie de l'Amour divin.

Leurs interventions protectrices se font le plus souvent auprès des groupes : des petits attroupements d'incarnés jusqu'aux grandes assemblées. C'est là que les mauvais Esprits tentent le plus vivement d'influencer les gens au mal, la foule diminuant la vigilance de leur jugement. Les Esprits policiers interviennent alors, au besoin, dès que la bonne volonté est empêchée par les influences occultes. Ils ordonnent aux Esprits inférieurs de partir ; ceux-ci quittent les lieux et les incarnés reprennent la lucidité que leurs mauvais penchants laissaient passivement obnubiler.

Sans leur présence dans l'astral inférieur de notre Terre, les incarnations d'ici deviendraient presque impossibles, car les plans touchant les individus et les groupes deviendraient inapplicables. Le mal prendrait une place telle que tout bien serait étouffé à sa source. La présence massive d'incarnés sympathiques aux mauvaises actions leur fournirait la main-d'œuvre pour l'application de leurs morbides desseins. Les Esprits-Guides ne pourraient accomplir leur travail, étant trop exclusivement occupés à repousser l'assaut des ignorants de l'au-delà jaloux du bonheur pourtant à leur portée.

Le pouvoir dont ils disposent se limite au cadre imposé par les plans établis et la marge d'application du libre arbitre des incarnés.

Plusieurs de ces missionnaires souffrent parfois de ne pouvoir intervenir davantage, bien qu'ils comprennent que le mal aboutit toujours à son contraire après en avoir payé le prix. Trois exemples de cas vécus me furent donnés pour mieux comprendre la nature de leurs interventions.

L'indésirable

Dans un petit village du Canada français, une famille d'étrangers s'était installée contre le gré de l'humeur générale. Les membres de cette famille étaient particulièrement belliqueux, surtout le plus âgé, fidèle compagnon de la dive bouteille. Après plusieurs années de tolérance, ce dernier se rendit coupable d'un méfait qui suscita la colère dans la petite communauté pourtant calme et paisible. Sollicités et menés par une de ses victimes, les gens décidèrent après délibération d'intervenir auprès de l'indésirable.

De l'au-delà, les Esprits inférieurs en profitèrent pour stimuler les gens à une plus grande colère. Ils leur inspirèrent d'abord l'idée d'incendier la maisonnette où résidait la famille du concerné. La foule était nettement montée par le travail occulte incessant des mauvais Esprits. Ces derniers voulaient se payer un bon spectacle, digne de la bassesse de leurs viles passions. Les Esprits-Guides, limités par le contrecoup des actes de leurs protégés, surveillaient de près le déroulement des événements. Non satisfaits du mal qu'ils nourrissaient, les mauvais Esprits inspirèrent ensuite dans la pensée des manifestants l'idée de lyncher le coupable. Éblouis par le contexte surchauffé, les gens devenaient une proie facile pour les manipulateurs de l'au-delà. À cet instant, les Esprits-Guides appelèrent les Esprits policiers à leur secours. Leur propre travail ne devait se limiter qu'à inspirer la conduite de leurs protégés et seuls les policiers de l'au-delà pouvaient faire en sorte que le calme revienne. À la vitesse fulgurante de la pensée, des Esprits policiers arrivèrent sur les lieux. De l'au-delà, ils ordonnèrent aux Esprits inférieurs de s'éloigner. Ces derniers déguerpirent comme des chiens battus, allant souffrir ailleurs les vifs tourments dont ils étaient les artisans. Leurs rires jaunes étouffaient à peine les gémissements plaintifs émanant de leur Esprit torturé par leurs propres vices.

Dès que cessa l'influence néfaste de l'action occulte des mauvais Esprits, la foule retrouva progressivement un calme suffisant pour se rendre compte qu'ils dépassaient les bornes du bon sens. Chacun retourna chez soi, s'éloignant sans trop comprendre la raison de cet excès. Les plus sympathiques au mal y trouvaient malgré tout des excuses alors que ceux dont l'avancement spirituel avait empêché la subjugation et qui n'avaient pas suivi la foule n'y voyaient qu'absurdité indigne de ces hommes pourtant réputés de bonne volonté.

La guerre

Plusieurs conflits entre les pays de la Terre sont sournoisement alimentés par le même type d'influence occulte que nous avons vu dans le premier exemple. Il s'agit le plus souvent de pays ayant à essuyer le contrecoup de leurs erreurs passées et dont les plans ouvrent la porte à de douloureux conflits guerriers. Des mauvais Esprits encore étourdis par le fanatisme de ces causes stupides en profitent pour exercer, de l'au-delà, une influence invisible, cherchant naïvement à épancher ainsi la soif de leur passion dévorante. Ces Esprits inférieurs sont tellement aveuglés sous leur périsprit encroûté qu'ils ne parviennent pas à surmonter leurs souffrantes faiblesses, malgré le point de vue privilégié que peut leur offrir leur état post-mortem.

Les Esprits-Guides individuels ainsi que les Guides des nations ne peuvent souvent que conseiller les incarnés touchés par cette influence. Le degré de sympathie à l'inspiration de ces mauvais Esprits détermine donc l'ampleur de l'influence que les hommes en subissent. Comme pour les plans de vie individuels, les Protecteurs n'agissent auprès des nations en cause qu'en fonction de la marge qui est jugée suffisante à chacun. Quant aux incarnés qui coopèrent avec ces mauvaises influences, ils ne font que répondre à l'écho de leur cœur. Ainsi, ils ne peuvent entièrement jeter le blâme sur cette influence occulte, car celle-ci ne peut trouver d'emprise que dans le cœur lui vouant déjà une certaine sympathie. Ils deviennent comme des incendiaires associés dont l'un fournit le carburant et l'autre le feu.

Or, dans ces situations malheureuses, les Esprits policiers jouent un rôle d'une importance capitale. Ils voient à la protection que permettent les plans de vie en imposant à l'action des mauvais Esprits une limite qu'elle ne connaîtrait pas autrement.

Dans les derniers mois de la Seconde Guerre mondiale, les peuples conquis avaient suffisamment payé leurs dettes d'anciens conquérants. L'action des Esprits policiers put alors prendre une allure directrice sur tous les fronts concernés. Pour préciser l'exemple, on me parla de la sanglante bataille du débarquement de Normandie. Malgré une supériorité militaire incontestable, les troupes de l'envahisseur ne purent résister à l'assaut des Alliés. Assistés de l'au-delà, ces derniers purent vaincre par leur courage décuplé des conditions qui auraient dû être insurmontables. Les Esprits policiers avaient chassé les mauvais Esprits et l'heure des comptes avait sonné. D'autres Protecteurs assistaient les défenseurs de la liberté, déviant les tirs, déjouant les calculs stratégiques, inspirant les leurs sur les pas à franchir. Plusieurs incarnés y trouvèrent tragiquement la fin de leur vie charnelle. Parmi eux, certains, coupables, pleurèrent l'erreur de leur choix aveugle. D'autres se réjouirent d'avoir servi la cause du bien. Certains, encore plus éclairés, se désolèrent de constater comme les hommes de la Terre sont encore loin de la sérénité de l'amour fraternel.

Cette action des Esprits policiers se maintint ainsi, jusqu'à ce que les conditions leur permettent de revenir à une discrétion d'action laissant une latitude plus habituelle au libre arbitre humain.

Un projet humanitaire

Une association d'aide bénévole aux personnes nécessiteuses se formait dans une importante ville d'Amérique. Les buts qu'elle poursuivait mettaient en péril plusieurs petits réseaux criminels qui exploitaient la précarité de leurs frères démunis. Dans l'au-delà de la Terre, les Esprits mauvais sympathiques à ce mal honteux voulurent empêcher ces bonnes âmes de venir semer la lumière dans leur fief qu'ils voulaient garder dans l'ombre.

Ils s'acharnèrent sur chacun des membres fondateurs pour les décourager de poursuivre leur projet. Ils leur provoquèrent moult déboires et désagréments, cherchant à leur faire conclure que Dieu abandonne ceux qui font le bien. Ils détournèrent d'eux certains de leurs amis plus facilement à l'écoute de leur inspiration macabre.

Pendant ce temps, les Esprits-Guides donnaient le courage nécessaire à leurs bienveillants protégés, empêchant les mauvais Esprits de trop pousser leurs mauvaises intentions. Des Esprits policiers furent alors attirés par la pensée des Esprits-Guides et ils accoururent à leur aide. En conformité avec la permission divine, ils ordonnèrent aux mauvais Esprits de cesser d'importuner leurs victimes. Vaincus, les mauvais Esprits durent plier l'échine et s'éloigner des lieux, cherchant ailleurs l'objet de leur sotte folie. L'association put voir le jour et exercer son action bienveillante visant à soulager, à sa mesure, les difficiles conditions que vivent très souvent plusieurs incarnés de la Terre.

Comme nous pouvons le voir, les Esprits policiers fournissent un précieux complément au travail des Esprits-Guides. Ces derniers sont explicitement chargés de nous accompagner dans notre progression spirituelle en nous assistant dans nos épreuves. Ils voient au respect du plan que nous suivons, mais ils ne peuvent pas toujours intervenir malgré leurs pouvoirs pour libérer notre chemin de la présence des mauvais Esprits. Ils veillent simplement à ce que notre volonté ne soit pas empêchée dans notre choix face au bien et au mal. Les Esprits policiers peuvent, de leur côté, chasser les mauvais lorsque Dieu juge que la présence néfaste de ces derniers doit cesser de troubler l'incarné.

Ce que les Esprits policiers trouvent parfois difficile dans leur mission, c'est de devoir limiter leurs interventions qui pourraient être plus vigoureuses. Ils comprennent par contre que c'est l'incarné lui-même qui doit faire d'abord ses propres pas. Ils se résignent alors à simplement assister leurs frères dans leur marche progressive qui les éloigne peu à peu de la triste situation de souffrance dans laquelle se maintiennent les mauvais Esprits dans leur rage stérile.

Esprits guérisseurs

Pour accéder à cette mission, l'Esprit doit avoir atteint un degré d'élévation suffisant le mettant en contact direct avec les grands courants fluidiques les plus subtils. Pour cela, son degré d'épuration périspritale doit présenter un allégement le dégageant de toute attirance vers la matière lourde des incarnations inférieures. Son désir de dévouement doit être motivé par un don total de soi atteignant les niveaux vibratoires les plus élevés.

La mission d'Esprit guérisseur étant le lot d'entités vibrant d'un amour débordant, ceux qui en assument la responsabilité la considèrent comme une grande récompense les remplissant d'un bonheur indescriptible. Pouvoir soulager la souffrance parsemée sur la longue route à franchir par leurs frères bien-aimés les fait participer à la manifestation directe que Dieu permet dans leur plan. Ils contribuent à ce signe sensible de la Compassion divine pour ses créatures devant se soumettre aux nécessaires règles de sa Loi.

L'action de ces missionnaires se répand dans tous les confins de la création infinie où les Esprits incarnés se tournent vers les forces d'en haut, implorant Dieu dans le déchirement de leur cœur éprouvé.

Selon la spécialisation de leurs acquis et le degré de leurs pouvoirs d'intervention, les Esprits guérisseurs peuvent agir à différents niveaux bien déterminés.

Certains agissent directement dans les courants d'énergie réparatrice. Ils servent d'aiguillage à l'émission des fluides qu'ils dirigent vers les foyers de prière. Ils utilisent alors les mêmes matériaux fluidiques qui sont nécessaires à la réparation périspritale de certains désincarnés souffrant de séquelles dans leur corps de l'au-delà. Ils peuvent atteindre directement le malade qui sert d'antenne réceptrice par l'intermédiaire des capteurs supérieurs de son corps périsprital ou simplement fournir l'énergie nécessaire à d'autres Esprits guérisseurs dont l'action se veut plus directe.

Ils peuvent aussi emmagasiner l'énergie guérisseuse en se servant de certaines matières comme piles accumulatrices telles l'eau, l'huile ou autres matériaux semblables. Le malade absorbe alors, sous une forme ou une autre, l'énergie qui vient rétablir l'ordre d'abord dans le périsprit, puis dans le corps de chair qui en dépend directement. Je ferai remarquer ici que certaines eaux dites guérisseuses peuvent aussi être le résultat de l'action des courants telluriques de la planète, qui sont également constitués d'énergie au pouvoir régénérateur. Dans ce cas, des Esprits bienveillants qui ne sont pas nécessairement des Esprits guérisseurs peuvent faire découvrir ces sources d'énergie pour favoriser la guérison de certains incarnés qui pourraient en profiter.

D'autres Esprits guérisseurs exercent une action plus directe sur le malade. Leur travail consiste à agir directement sur la partie souffrante par le concours d'un incarné servant de médium transmetteur de l'énergie guérisseuse. Pour ce type d'Esprits guérisseurs, la présence d'un médium est indispensable à leur action. Sans lui, ils ne peuvent absolument pas agir malgré toute leur bonne volonté. Dans la plupart des cas, le médium doit même prêter littéralement son corps charnel pendant l'intervention de l'Esprit guérisseur qui l'utilise. Il se soumet alors à l'influence de l'Esprit guérisseur qui donne ainsi l'impression réelle d'habiter le corps du médium consulté. L'Esprit guérisseur qui intervient de cette façon travaille directement dans la structure constitutive du périsprit. Son action est nécessaire dans les cas de certaines maladies contre lesquelles les traitements physiques ne peuvent être efficaces, vue l'origine périspritale de leurs causes.

Enfin, certains Esprits guérisseurs vont préférer s'incarner pour agir d'une façon encore plus directe. Il s'agit alors d'une double mission visant à la fois le soulagement de leurs frères et l'éveil de ceux-ci à la réalité spirituelle. L'action de ces Esprits guérisseurs se fait en étroite coopération avec les Esprits œuvrant directement dans les courants d'énergie réparatrice. Ils sont comme le prolongement charnel de leur présence bienfaitrice. Pour assumer cette forme de mission d'Esprits guérisseurs, l'Esprit doit être parmi les plus dégagés de l'influence matérielle, car pour atteindre et utiliser ainsi les hauts courants d'énergie, l'Esprit doit avoir dépouillé son périsprit des scories s'identifiant à sa sphère d'incarnation. C'est pour cela que les Guérisseurs de ce type sont toujours des gens d'un grand ascétisme au cœur désintéressé. Lorsque j'ai demandé de me donner un exemple d'Esprit guérisseur ayant assumé cette forme missionnaire, on me dit un nom de chez nous, Alfred Bessette, le bon frère André qui œuvra humblement pendant de nombreuses années auprès des malades, en ce lieu même où s'érige aujourd'hui un magnifique oratoire* témoin de son œuvre spirituelle.

Que ce soit à un niveau ou à un autre, les Esprits guérisseurs ne peuvent répondre aux appels de prière que par l'intime consentement de la Volonté divine, car Dieu seul est en mesure de connaître ce qui est vraiment bon pour nous. De plus, les plans de vie peuvent limiter les possibilités de profiter de leurs actions, l'histoire de notre passé ayant déterminé notre présent et celui-ci déterminant à son tour ce qui nous attend pour demain.

Ainsi, celui qui profite de l'action d'un Esprit guérisseur ne le peut que par son plan de vie qui fut construit avec les matériaux de ses actions passées. Dans tous les cas de guérison, cette possibilité fut prévue sur le chemin de l'incarné et c'est la nature et l'orientation de ses choix qui, souvent, lui permettent d'en bénéficier ou pas. Quand j'ai demandé pourquoi des gens de très bonne volonté n'ont pas le plan de vie leur permettant la guérison qui semble si méritée, mon Esprit-Guide m'a répondu qu'avant de naître, certains Esprits avaient choisi de souffrir pleinement leurs épreuves. Pour ceux-là, la possibilité de guérison de ce type est écartée pour la durée de l'incarnation. Malgré leurs prières, l'action des Esprits guérisseurs ne peut avoir aucun effet curatif pour eux, leur plan de vie ne le permettant pas. Ils reçoivent cependant une somme de courage et de détermination suscitant souvent la plus grande admiration chez tous ceux de leur entourage. Ils atteignent parfois même un double but : celui de réussir leurs épreuves, tout en servant de témoins à la fidélité envers leur Créateur tout aimant.

---

* Il s'agit de l'oratoire Saint-Joseph, situé sur les hauteurs de la ville de Montréal (Québec).

Esprits chargés de l'équilibre vital des forces maîtresses

De toutes les missions qui me furent décrites par nos frères de l'au-delà, celle qui m'a le plus surpris concerne les Esprits dont la responsabilité consiste à maintenir l'équilibre fragile des forces nécessaires à la viabilité des planètes d'incarnation. Cette mission peut concerner plusieurs facettes de la vie biophysique planétaire et, de ce fait, peut prendre plusieurs formes d'exécution différentes. La description de cette mission m'a curieusement fait établir un rapprochement avec certaines croyances de la mythologie gréco-romaine. Selon ces dernières, différentes divinités intervenaient dans le processus des différents phénomènes naturels. Ainsi, selon ces anciennes croyances, un dieu était responsable des vents, un autre du tonnerre, un autre de la foudre, un autre encore s'occupait de la mer, et ainsi de suite. D'autres étaient identifiés à des phénomènes plus intimes à la nature humaine tels la guerre, l'amour, la fertilité, etc. Bref, on croyait à une omniprésence de divinités qui accompagnaient l'homme dans ses activités quotidiennes.

Or, bien que l'idée de la multiplicité divine soit à rejeter, celle de l'existence d'une action occulte par voies intermédiaires est tout à fait fondée. Bien avant mes contacts médiumniques, je doutais déjà de la valeur des croyances modernes qui avancent que les énergies régissant la vie de notre planète ne sont soumises qu'à des lois agissant par automatisme aveugle. Je ne pouvais croire que la Création suivait passivement un cours sans but, soumis lui-même à des lois engendrées, maintenues et même développées par processus strictement mécanique. Je savais intuitivement qu'un Maître d'œuvre devait nécessairement intervenir dans l'harmonisation de cette extraordinaire Création infinie. Cependant, je ne parvenais pas à comprendre la nature intime de cette supervision orchestrant tout cet ensemble.

Ayant interrogé dans ce sens, je vous livre les quelques aspects qui me furent expliqués.

Les forces régissant l'existence de toute chose sont soumises à des contrôles émanant directement de la Volonté divine. Ces forces d'une nature foncièrement spirituelle trouvent leur point d'application matérielle par l'intermédiaire d'entités désincarnées. Une hiérarchisation des ordres, des fonctions et des tâches permet ce fonctionnement harmonieux du processus.

Ainsi, en premier lieu, des Esprits très avancés reçoivent des ordres de Dieu lui-même, Concepteur perpétuel. En suivant une chaîne d'harmonisation se répercutant dans les moindres recoins du Cosmos éternel, d'autres passent à leur tour les ordres successivement adaptés aux fonctions de chacun des maillons de la chaîne. En dernière étape, l'intervention d'Esprits possédant encore une importante opacité périspritale devient nécessaire. Il s'agit alors d'Esprits encore chargés des impuretés matérielles, qui peuvent librement accepter de servir la volonté divine en vue de leur avancement. Cela leur permet d'accélérer leur progression et de profiter plus vite des félicités spirituelles. S'il arrive que les Esprits inférieurs refusent la mission proposée, ils se voient imposer les ordres d'en haut, sans aucune possibilité de résistance. Ils perdent alors les mérites qu'ils auraient pu accumuler par le travail qu'ils devront quand même exécuter.

L'intervention de ces Esprits au périsprit encore lourd est nécessaire du fait qu'un Esprit épuré ne peut plus agir directement sur la matière. Il doit passer par un intermédiaire dont la nature est plus proche de l'opacité matérielle.

Son périsprit désormais subtil ne parvient plus à établir le contact direct avec la densité des mondes inférieurs, alors que l'Esprit dont le périsprit est encore chargé des scories matérielles a, au contraire, une relative facilité à agir sur le monde physique.

Les quelques exemples que j'ai reçus concernent la dernière étape, celle du bout de la chaîne où interviennent des Esprits de niveau semblable à plusieurs incarnés de la Terre.

Très intimement supervisés par les Esprits donnant les ordres, ceux qui sont choisis pour exécuter l'application de dernière main participent à la vie planétaire en jouant directement sur les éléments physiques, en conformité aux plans d'existence pré-établis par l'histoire du passé.

Le premier exemple d'application que je reçus concerne le déplacement des masses d'air de notre planète. Ces déplacements qui engendrent les vents sont indispensables à la régénérescence de l'air respirable nécessaire au maintien de la vie. Grâce à eux, nos frères entretiennent un relatif équilibre sur la surface de notre globe. Ce fragile équilibre est malheureusement constamment bafoué par l'étourderie et l'ignorance des hommes.

Les vents qui nous semblent si imprévus sont donc sciemment manipulés. Loin d'être laissés à eux-mêmes, leur direction et leur force sont soumises à une volonté spirituelle, elle-même dirigée par une intelligence encore plus éclairée.

Le deuxième exemple nous fait découvrir le travail fort important qui se fait sous les couches de la croûte terrestre. Des interventions soutenues sont appliquées dans les entrailles de la Terre pour équilibrer les pressions nécessaires aux lents mouvements des plaques de surface.

Ces mouvements sont indispensables au maintien de l'alternance du ressourcement fluidique. Chaque continent viable pour l'homme doit posséder un potentiel en énergie qu'il maintient dans son sol. Sans le minimum de ce potentiel, les incarnations ne peuvent donner leurs pleines possibilités, l'homme ne pouvant capter par ses antennes inférieures l'énergie nécessaire à son équilibre périsprital. Lorsque les terres sont épuisées de cette énergie vitale, elles doivent se ressourcer en retournant à la mer, première et plus importante source régénératrice de cet élément fondamental.

Lorsque j'ai posé des questions sur les conséquences directes de cette mission, on m'a expliqué que la surface habitable ne fut pas toujours la même sur notre planète et que celle que nous connaissons actuellement devra disparaître elle aussi pour se régénérer en énergie fluidique. Des plaques continentales s'enfonceront alors dans la mer, élément régénérateur, pour réapparaître plusieurs siècles plus tard. Pendant qu'elles seront enfouies sous les océans, d'autres sortiront à l'air libre, prêtes à prendre la relève en offrant cette énergie nécessaire à l'existence des peuples forts.

Selon ce qui me fut expliqué, plusieurs parties de notre globe sont actuellement en instance de régénération fluidique. La Terre connaîtra donc bientôt de grands mouvements aux visages catastrophiques. Certains hommes croiront alors à une vengeance divine mais, bien que très dramatique, ce ne sera en fait qu'une phase régénératrice nécessaire que la Terre doit connaître périodiquement pour assurer l'habitabilité de sa surface.

D'ici là, ces missionnaires continueront à travailler de leur mieux, devant malheureusement composer avec nos abus qui précipitent les échéances à venir.

Le troisième exemple d'application concerne le maintien de la couche protectrice située dans la haute atmosphère de notre ciel. Cette couche protectrice est nécessaire au maintien d'un taux acceptable des rayons ultraviolets émanant de notre soleil. Sans l'intervention des Esprits missionnaires à ce niveau, la Terre ne serait déjà plus habitable sur sa surface. Malheureusement pour nous, l'inconséquence de la hautaine prétention humaine les prive de plus en plus des éléments mêmes dont ils doivent se servir pour réparer ce que nos abus détruisent à pas de géant.

Pour me donner un quatrième exemple de cette intervention directe du monde des Esprits dans l'équilibre vital de notre planète, on me parla de mon jardin. J'appris alors que toute la vie végétale est elle aussi supervisée par plusieurs de nos frères invisibles. On m'expliqua que si une graine plantée en Terre n'a pas son apport individuel en énergie fluidique, la vie ne peut prendre forme en elle. Que ce soit pour la plante la plus vulgaire ou pour celle la plus recherchée, des missionnaires de l'au-delà voient à enrober chacune d'elles de l'énergie vitale qui en permet la germination et le développement. Cette énergie indispensable à la vie végétale serait perceptible par certains médiums voyants. Elle présente l'aspect d'une lueur brillante argentée.

Le cinquième exemple nous apprend que leur influence est également indispensable pour maintenir la vie animale sur notre Terre. Leurs interventions sont plus précisément nécessaires au renouvellement des espèces. D'abord, dès la conception, ils doivent se charger de lier l'Esprit animal au corps charnel commençant son existence. Sans eux, il n'y aurait que des zygotes non viables, dépourvus de leur Esprit animal incarné. Celui-ci ne possédant pas la conscience du mécanisme de la réincarnation, il ne pourrait, par lui-même, remplir les conditions biologiques et spirituelles qui permettent l'existence de la vie charnelle. Ils doivent, de plus, voir au bon fonctionnement du processus de gestation que détermine le bagage génétique propre à chaque espèce.

6

DEUX LOIS IMPORTANTES RÉGISSANT LA VIE DE L'AU-DELÀ

Des témoignages reçus sur l'au-delà, deux lois importantes y régissant la vie se constatent d'une façon plus particulière. Ces lois sont intimement reliées au principe même de l'élévation spirituelle et notre attention doit spécialement s'y arrêter, vu l'incidence que nos efforts d'incarnés peuvent en faire découler dans notre future vie post mortem.

Loi de l'ascendance spirituelle

La première loi à retenir est celle de l'ascendance spirituelle. Par cette loi, le degré d'avancement de chacun établit le degré d'autorité dont peut disposer l'Esprit dans l'au-delà. Sur la Terre, l'autorité ne tient pas tellement compte de la qualité spirituelle des candidats et candidates qui la postulent. L'ambition, la ténacité, la fortune et même la ruse sont souvent les moteurs propulseurs vers les postes de commande.

Or, dans l'au-delà, rien de cela ne peut avoir d'effet

quelconque sur la promotion de chacun. Seul le degré d'épuration spirituelle détermine le niveau de l'Esprit. Ainsi, nul mensonge, nulle perfidie ne peut résister à la lecture du grand livre ouvert que constitue notre périsprit. Chacun ne reçoit donc que les hommages qui lui sont dus, hommages non pas teintés d'orgueil, mais plutôt de respect envers les héroïques victoires sur la trompeuse matière.

Cette ascendance spirituelle, dont le plus grand signe est l'humilité sincère, permet à chacun d'accéder à des responsabilités scrupuleusement à la mesure de ses acquis. Ainsi, l'Esprit déjà avancé accepte d'emblée que celui qui est plus élevé dans sa progression soit plus haut dans l'échelle. Il n'en souffre pas, comprenant fort bien que cela garantit que chacun pourra donner la pleine mesure dont ses acquis le rendent capable.

De plus, cette loi d'ascendance confère à l'Esprit une autorité sur tous ceux dont le niveau d'élévation est inférieur à son propre degré d'avancement. Ainsi, par cette loi, un Esprit inférieur ne peut se soustraire à un ordre donné par un Esprit plus avancé. Mieux encore, plus l'ordre se teint de bonté et plus la force du commandement devient grande et son effet irrésistible.

Cette loi de l'ascendance spirituelle a fait sursauter plus d'un nouvel arrivé dans le monde d'après-mort. Les trois brefs témoignages suivants peuvent d'ailleurs nous donner une idée de la surprise que certains peuvent en retirer.

Un prêtre ambitieux

L'abbé Siméon s'était engagé dans la prêtrise pour le prestige que cela procurait dans son pays. Son ambition et son sens poussé du jeu politique le firent bientôt accéder à un important poste dans la hiérarchie cléricale. Pendant de nombreuses années, il dégusta les courbettes de ses ouailles et les titres furent pour lui un véritable délice musical.

À sa mort, Siméon était bien convaincu du mérite légitime de toutes ces attentions protocolaires. Aussi crut-il normal de s'attendre à pareilles attitudes dans l'au-delà. À sa grande surprise, son arrivée dans le monde des morts ne donna lieu à nulle effervescence d'aucune sorte. En fait, bien peu firent cas de sa présence. Il reconnut bientôt quelques-uns de ses humbles fidèles morts avant lui. À sa grande surprise, il dut bien se rendre compte que ceux-ci exerçaient une ascendance sur sa personne. En fait, leur humilité sincère lui rejetait constamment son orgueil en plein visage. Devant le caractère irrésistible de la loi de l'ascendance spirituelle, il dut se résigner à fléchir devant la grandeur de ceux qu'il avait jadis considérés comme étant si insignifiants.

Un orgueilleux

Le titre rattaché à la naissance de Virgile lui avait conféré un certain pouvoir sur plusieurs dizaines de personnes composant la horde de ses serviteurs. Son éducation prétentieuse avait stimulé son orgueil qu'il devait pourtant combattre. Son attitude hautaine causait beaucoup de difficultés dans son entourage, de sorte que sa mort, survenue à un âge avancé, provoqua un soulagement chez plusieurs de ses proches.

Dans l'au-delà, Virgile continua à vouloir manifester son oppressante prétention, mais à son grand désarroi nul ne tint compte de ses ordres et caprices. Après une certaine période de colère et de panique, il reconnut un ancien valet jadis très soumis. Il crut bien alors que les choses redeviendraient enfin à son goût, mais il dut comprendre que, désormais, ses titres et ses avoirs n'avaient plus aucun effet sur les autres. Cette situation nouvelle lui fut très difficile à accepter. Il lui fallut plus de vingt ans de déchirements avant de pouvoir accepter les règles spirituelles et écouter les conseils de ceux qu'il avait jadis refoulés, sous le voile trompeur de la matière éphémère.

Dominatrice

Catherine avait été une femme dominatrice pendant toute sa vie. Elle fut mariée à un homme bon et doux qui subit passivement ses foudres pendant plus de quarante ans. Catherine mourut quelques mois après le décès de son époux et les retrouvailles prirent un goût différent de ce qu'elle aurait pu croire.

À sa grande surprise, elle vit son mari jouir d'une grande considération auprès des gens de l'au-delà, ce qui contrastait grandement avec l'attitude que ces mêmes gens lui témoignaient. Elle dut constater qu'elle avait bafoué un être qui lui était très supérieur. Certes, elle se sentait pardonnée, mais la honte qu'elle ressentait face à elle-même l'éloignait promptement de cet Esprit qui pouvait pourtant la consoler. De plus, son caractère incisif qu'elle conserva pendant longtemps éloigna d'elle ceux qui désiraient l'aider dans sa tristesse.

Son époux, qu'elle avait relégué au rang des derniers, vivait maintenant comme un premier. Elle qui avait tant bousculé les autres pour être première se limitait par la force de ses propres erreurs au rang des derniers.

De son vivant, son caractère autoritaire lui donnait une ascendance sur les humbles et les doux, mais dans l'au-delà, elle constatait amèrement que la seule autorité réside dans la pureté de l'Esprit.

Loi de l'affinité sympathique

La deuxième loi est celle de l'affinité sympathique. Sur la Terre, la formation des groupes, des équipes et même des familles n'est pas nécessairement le fruit de l'attirance sympathique. Ainsi, même si quelqu'un n'aime pas beaucoup son voisin, il est quand même obligé de le supporter et de lui exprimer les égards auxquels il a droit. À son travail, il doit bien accepter ses confrères et consœurs, malgré tous les possibles points de divergence et d'éloignement.

Or, dans l'au-delà, le regroupement des Esprits se fait à partir du principe élémentaire de la sympathie naturelle. Nous nous retrouvons avec ceux qui correspondent à ce que nous sommes. Ainsi, si nous avons su développer des qualités d'honnêteté, de patience et d'acceptation, notre vie sera embellie d'un entourage semblable nous retournant la beauté de nos qualités. Par contre, il en sera également ainsi pour la sympathie des défauts que nous n'avons pas encore vaincus. Celui qui ne conserve que des faiblesses mineures n'a pas à souffrir d'un entourage nécessairement hostile, mais celui qui porte en lui des infériorités marquées souffre de devoir côtoyer des gens semblables à lui. Il doit alors endurer les inconvénients que ces fréquentations à l'image de ses tares sont sujettes à engendrer. Quels déchirements doivent être provoqués à vivre auprès de gens égoïstes oubliant froidement notre misère ! Quel affolement d'être toujours parmi des criminels ne cherchant qu'à faire souffrir ! Quelle fatigue de devoir écouter mensonges sur mensonges et tromperies sur tromperies, n'y trouvant que l'écho humiliant de nos faiblesses dévorantes !

Tous les incarnés ont donc grand profit à tirer en s'efforçant de s'améliorer, car ils embellissent non seulement l'image de leur périsprit, mais aussi celle de l'environnement dont ils pourront jouir dans l'au-delà.

Certains témoignages nous donnent parfois l'impression que certains Esprits peuvent échapper à cette loi, mais cela n'est jamais plus qu'une impression. Nos mérites accumulés ainsi que nos faiblesses et nos passions nous poussent irrémédiablement vers nos semblables.

Une autre forme d'affinité vécue dans l'au-delà unit les gens par l'amour, l'amitié et la reconnaissance. Cette affinité très réelle et très puissante confirme que l'amour est bel et bien éternel. Elle permet l'union de pensée liant les Esprits pour toujours. Elle ne permet cependant pas toujours aux Esprits impliqués de partager leur existence de l'au-delà, le degré d'avancement étant fondamental dans le choix des missions à accomplir. Ainsi, un Esprit plus élevé aimera visiter et prendre constamment des nouvelles d'un parent ou d'un ami plus retardataire, il voudra même le conseiller, mais ils ne pourront partager ensemble que très peu d'activités. Cela peut grandement stimuler les moins avancés unis par ces liens d'amour. Ils redoublent d'ardeur pour prendre leur progression en main, afin de rejoindre au plus tôt ceux qui maintiennent ces liens fraternels avec eux.

Ainsi, les familles de l'au-delà diffèrent-elles aussi de celles de la Terre, car ses membres se regroupent par affinité de leur degré d'avancement et par la sympathie naturelle de leurs acquis. Le plus souvent, pour tous les membres ayant atteint des degrés égaux d'avancement spirituel correspond, en plus, une expérience semblable permettant une compréhension complète et harmonieuse.

Cette loi de l'affinité sympathique s'applique généralement après la période d'adaptation. L'Esprit a alors compris les nouvelles conditions de son existence et est en mesure d'assumer les conséquences positives ou négatives de ses actes d'incarné.

Cependant, pour des actes graves comme le meurtre ou le suicide, l'Esprit se retrouve généralement plongé dans son environnement sympathique dès son arrivée dans l'au-delà.

7

L'APPARENCE DES ESPRITS DANS L'AU-DELÀ

Comme nous l'avons vu antérieurement, l'Esprit désincarné prend une apparence distincte des autres Esprits grâce à son périsprit qui conserve le souvenir des anciens corps charnels qu'il a déjà habités. Il peut prendre ainsi une des apparences qu'il a déjà eues dans ses vies antérieures, mais l'Esprit préfère généralement garder les traits de son dernier pèlerinage terrestre en empruntant les aspects de la jeunesse mature. Il reprend alors ses anciens traits dans une version améliorée. Quant aux vêtements, ils peuvent rappeler ceux que l'Esprit portait dans sa dernière vie, surtout lorsque l'Esprit veut se faire reconnaître par des gens l'ayant déjà connu. Il peut cependant modifier son apparence vestimentaire pour mieux s'harmoniser avec son milieu spirituel. Tout cela traduit la situation généralement vécue par l'Esprit moyen de la Terre qui sort amélioré de l'expérience d'incarnation.

Or, des cas d'exceptions m'ont été rapportés sur ce sujet. Certains Esprits aux tendances mauvaises expriment dans leurs traits la laideur de leurs penchants malsains. Ces Esprits ne peuvent alors prendre des traits qu'ils aimeraient présenter. Leur périsprit chargé d'impuretés ne peut qu'extérioriser leur déséquilibre spirituel. C'est ainsi que, dans l'au-delà, nous pouvons rencontrer des gens ayant une apparence s'apparentant plus à la bête qu'à l'homme. Dans ces cas, la déformation de leurs traits traduit les penchants hideux qui leur rongent le cœur. D'après mon Guide, c'est de là qu'origine l'idée que l'homme peut devenir une bête dans une autre vie. Ce n'est en fait qu'un phénomène particulier qui peut affubler temporairement certains Esprits moralement arriérés.

La férocité du cœur prend alors des traits impressionnants qui repoussent plusieurs de ceux que l'Esprit veut approcher. L'hypocrisie, la haine, le mensonge, la violence et toutes les autres faiblesses majeures peuvent trouver ainsi une façon de s'extérioriser, rendant encore plus évidents aux yeux des autres les profonds défauts qui grèvent l'Esprit inférieur.

Même les vêtements peuvent exprimer certaines impuretés telle la pauvreté du cœur chez celui qui n'a jamais voulu partager avec ses frères démunis.

Un signe certain donne cependant une idée précise du niveau de l'Esprit dans son apparence, soit celui de la luminosité qui émane de l'Esprit en passant à travers le périsprit. L'Esprit épuré donne toujours une lueur blanche, claire, éblouissante, voire même aveuglante pour nos yeux de chair, alors que cette lueur perd de sa blancheur et de son intensité pour atteindre les variantes les plus sombres chez les moins avancés.

L'apparence des gens de l'au-delà peut donc prendre une certaine importance, en ce sens qu'elle peut exprimer un état que l'Esprit doit vivre de bon ou mauvais gré.

Pour nous de la Terre, l'apparence des autres est

parfois trompeuse. Un Esprit mauvais peut très bien s'être incarné dans un très joli corps pour mieux tromper les autres, un Esprit hypocrite peut avoir choisi des traits angéliques pour arriver plus facilement à ses fins. Or, dans l'au-delà, cela n'est plus possible, car le périsprit ne peut exprimer que le niveau réel de l'Esprit.

Il faut cependant conserver une grande prudence, nous les incarnés, si un Esprit vient se révéler par apparition, car tant que nous sommes dans la chair, nous pouvons continuellement être trompés par quelques Esprits malveillants pouvant chercher à s'amuser à nos dépens.

8

LORSQUE LES ESPRITS INCARNÉS SOMMEILLENT

Lorsque le corps est fatigué, il doit entrer dans un état régénérateur que nous appelons le sommeil. Pendant ces périodes qui occupent tout près du tiers de nos vies d'incarnés, l'Esprit se dégage de son corps charnel pour revenir, le temps de quelques heures, à l'état d'Esprit libre, tel qu'il était avant le tout début de son incarnation. Il demeure cependant rattaché à son corps de chair par la corde d'argent, indispensable à la conduction du fluide vital assurant sa survie.

Pendant tout le temps que dure la période de sommeil, le corps cesse temporairement de servir d'instrument d'expression à l'Esprit presque revenu à son état naturel. L'Esprit garde cependant un étroit contact avec son corps, prêt à y entrer dès la moindre alarme. Il retrouve, en fait, sensiblement les mêmes conditions qu'il a connues pendant les neuf mois du développement fœtal de son corps.

La propriété d'étirement de la corde n'étant pas développée de la même façon pour tous les incarnés, certains Esprits se voient ouvrir l'accès à des mondes très éloignés de leur lieu d'incarnation, alors que d'autres sont confinés dans l'environnement physique immédiat de leur vie. Ainsi, sur notre Terre, certains peuvent atteindre des plans dépassant les limites de notre planète, alors que certains autres ne peuvent guère dépasser l'aire de leur chambre à coucher. Ces possibilités font alors partie des conditions qui furent élaborées et étudiées dans la planification d'incarnation.

Lorsque le corps charnel entre dans le sommeil, l'Esprit se retire donc pour replonger dans les dimensions de sa nature spirituelle.

Qu'il soit à l'état de veille ou de sommeil, l'Esprit conserve toujours la même nature qui caractérise son degré d'avancement. Cet aspect est important, car les efforts fournis pendant les heures diurnes, la bonne volonté et la sincérité des intentions de s'améliorer vont directement déterminer les possibilités de profiter des heures du sommeil physique. Dépendamment de ces facteurs, il pourra se ressourcer et se renforcer en vue de mieux vaincre dans la lutte de l'incarnation.

L'Esprit qui a à cœur la réussite de son pèlerinage planétaire profite de ces quelques heures quotidiennes pour échanger avec son Guide et ses Protecteurs sur le déroulement de son incarnation. Il analyse déjà sa façon de réagir aux épreuves tracées et cherche avec ses amis la voie à suivre dans ce qui s'en vient sur sa route.

S'il est suffisamment avancé, il voit même clairement les épreuves de son avenir avec les joies compensatoires qui les accompagnent. Il étudie alors ses faiblesses à vaincre, s'abreuvant des conseils de ceux ayant déjà franchi l'étape. Il s'arme de son mieux, emportant avec lui le souvenir de ses échanges qui, au matin, lui apparaîtront sous les traits de l'intuition dans le brouillard du voile de l'incarnation accompagnant chacun de ses réveils.

D'autres plus étourdis, encore à l'enfance du développement de leur spiritualité, gaspillent ce temps précieux en n'écoutant que l'appel de leurs faiblesses bien encroûtées dans leur périsprit opaque. Ils s'éloignent alors de leur Guide dont les conseils exigent trop d'efforts pour leur paresse. Ils suivent l'élan morbide de leurs passions grugeant ainsi les forces qui pourraient leur être salutaires. Leurs activités de l'au-delà ressemblent alors à leur vie d'incarnés. Ils cherchent à étancher leurs vils désirs sensuels, s'enchaînant davantage aux boulets qui les retiennent aux ronces de la matière.

Leur aveuglement les empêche encore de percevoir la souffrance béate qu'ils s'attirent. Ils ne peuvent voir avec toutes les facultés de l'Esprit, celles-ci étant trop obscurcies par les scories rendant l'Esprit, d'un certain point de vue, presque incarné en permanence.

Certains Esprits déjà avancés, en mission dans notre monde inférieur, profitent de ces périodes de sommeil pour préparer ou continuer des travaux dans l'au-delà, qu'ils achèveront ou feront achever après leur mort. D'autres encore échangent avec des missionnaires poursuivant les mêmes buts, pour coordonner leurs actions auprès de la masse en devenir spirituel. D'autres, enfin, enseignent à leurs frères incarnés en marche vers la lumière pour les soutenir dans leurs lentes étapes de progression vers Dieu. Ils continuent, en fait, à servir de protecteurs et de modèles pour tous ceux qui leur tendent la main. Ils deviennent les porte-parole de Dieu prodiguant sa Bienveillance auprès de ses enfants bien-aimés.

Pour plusieurs Esprits incarnés sur la Terre, le retour à la nature d'Esprit provoque, à chaque période de sommeil, une transformation plus ou moins profonde de leur perception des choses de leur vie. Le point de vue de l'Esprit peut même présenter des changements parfois radicaux chez certains. Par exemple, ce jeune homme étourdi par la recherche de la gloire qui voyait, en Esprit, la futilité de son attitude d'incarné, mais qui retombait dans les mêmes pièges dès son réveil. Il ne put garder qu'après plusieurs années une intuition suffisante pour lui faire comprendre l'importance réelle des choses de la vie. En fait, ce qui était une noble ambition à ses yeux d'incarné ne devenait que futile orgueil à ceux de son Esprit.

Comme autre exemple, une femme priait tous les jours pour voir la fin de ses épreuves. Cependant, pendant la nuit, elle comprenait mieux leur utilité et consentait bien facilement à les voir se continuer. Elle voyait, en Esprit, tout le fruit qu'elle en récolterait et son point de vue éclairé l'amenait à prendre une attitude tout autre. Dans l'au-delà, elle ne demandait plus de cesser ses épreuves mais plutôt d'avoir la force de les surmonter. Ce qui était châtiment injuste à ses yeux d'incarné devenait bienfait à ceux de son Esprit.

Lorsque nous retrouvons notre état d'Esprit dégagé pendant notre sommeil, nous percevons aussi ceux et celles qui, comme nous, sont dans leur période de repos physique. Ces rencontres ne prennent cependant pas nécessairement l'allure que nous pourrions croire. Notre relative capacité à comprendre sans le voile d'incarnation peut nous permettre de voir les liens véritables qui nous unissent les uns aux autres. Ainsi, nous pouvons voir envers qui nous sommes endettés, nous pouvons reconnaître qui est notre véritable ami et qui se joue de nous, nous pouvons cerner les raisons motivant les situations de notre existence, nous pouvons même reconnaître nos parents d'autrefois, comme nos anciens frères ou encore nos anciens ennemis.

Tout cela peut engendrer des dynamiques pouvant profondément différer de celle que nous entretenons dans nos relations d'incarnation. La loi de la sympathie spirituelle peut même créer des affinités qui sont totalement différentes de celles de notre incarnation. C'est ainsi que nous pouvons retrouver une famille et un cercle d'amis tout à fait insoupçonnés par notre conscience d'incarnés.

Les relations avec les désincarnés, les défunts de notre Terre, sont également très courantes, voire même très développées dans nos périodes de sommeil. Ceux qui semblent nous avoir quittés sont en fait de grands présents ignorés et cette présence se fait explicitement sentir pendant nos heures de sommeil. Dans l'au-delà, ceux qui nous ont vraiment aimés continuent à nous chérir et, dans la mesure de leurs possibilités et de leur avancement, ils aiment, dans ces périodes, échanger avec nous et offrir leur aide.

Depuis son passage dans l'au-delà, je reçois parfois la visite de ma sœur décédée. Elle me parle en phase de demi-sommeil et me donne certaines informations de nature à m'aider à franchir certaines étapes importantes. Parfois elle m'écrit et je lis une courte lettre rédigée sur du papier impalpable fait de la pseudo-matière de l'au-delà.

Mes échanges avec nos frères de l'au-delà se sont parfois étendus dans des directions surprenantes. Une nuit, on me conduisit en Esprit dans une chapelle qui était la reconstitution exacte de celle où, jadis, je priais pendant ma formation classique. J'y vis plusieurs de mes anciens enseignants, tous des religieux de différentes communautés, que je n'avais pas revus depuis de nombreuses années. On me présenta à chacun d'eux et je fus frappé par la correspondance, chez plusieurs d'entre eux, de leurs traits vieillis avec l'âge qu'ils devaient normalement avoir. Je pus ainsi reconnaître ceux qui étaient encore vivants de ceux qui étaient décédés.

Une autre nuit, je fus encore amené dans le monde de

l'au-delà où se trouvaient certains incarnés en période de sommeil. On attira mon attention sur une jeune femme que je connaissais. Je la reconnus telle qu'elle était dans sa vie d'incarnée, souriante et courageuse dans ses épreuves. On me montra ensuite une autre femme que je connaissais aussi, mais là, je fus surpris du contraste de son attitude d'Esprit avec celle qu'elle présentait dans ses heures de veille. Dans la vie de tous les jours, elle se montre rieuse et cherche à prendre beaucoup de place. Or, dans l'au-delà, elle se tenait seule, à l'écart des autres et semblait envahie par une très grande tristesse, voire un grand découragement. À mon réveil, je me dis qu'il s'agissait d'un simple rêve, mais la nuit suivante, on m'amena à nouveau près d'elle. Là, je compris que je percevais vraiment la réalité profonde de cet Esprit dépouillé de son masque d'incarné.

Comme nous l'avons dit plus haut, pendant nos périodes de sommeil, nous retrouvons temporairement notre état d'Esprit. Nous recouvrons donc en même temps certaines caractéristiques propres à l'Esprit, dont celle de pouvoir se déplacer dans des lieux pour s'y manifester. Je vous en relate trois faits dont deux qui me touchèrent personnellement.

Prédiction subtile

Le premier fait que je vous livre m'arriva une nuit d'été 1986. Je reçus, cette nuit là, la visite de l'Esprit d'un homme dont j'avais fait la connaissance quelques années auparavant. À l'époque où il vint me voir en Esprit, il effectuait d'importantes réparations à sa maison. Lorsqu'il m'apparut, il me dit : « Ma maison sera bientôt à vendre. » Je lui répondis que cela était insensé, que si c'était le cas, il ne ferait pas tous les travaux entrepris. Il me répliqua : « Ne te fie pas aux apparences. » Puis, il repartit sans plus rien dire.

Le lendemain, je raconte cela à mon épouse qui se montre un peu perplexe. Quelques semaines plus tard, une annonce de mise en vente est plantée devant la propriété de mon visiteur nocturne. Ma femme et moi n'hésitons pas alors à faire un rapprochement avec la prédiction reçue. Or, comble de la surprise, le soir même l'annonce est enlevée du terrain. On nous apprend, le lendemain, qu'il avait été victime d'une bonne farce que ses proches lui avaient montée.

En fait, tout s'était réalisé tel qu'il m'avait été annoncé par l'intéressé lui-même : sa maison avait paru à vendre et il ne fallait pas se fier à cette apparence.

Mon père

Le deuxième fait présente un caractère beaucoup plus sérieux. Mon père, alors âgé de soixante-dix ans, avait subi un grave infarctus et son état nous inspirait bien des inquiétudes. J'avais passé de nombreuses heures auprès de lui et, en revenant de l'hôpital, je craignais encore pour sa vie.

Le soir même, je m'étais couché assez tard et je sombrais lentement dans le sommeil en pensant à lui. Tout à coup, je vis nettement son visage devant moi. Ses traits étaient brillants et une émanation de lumière jaune en soulignait les contrastes.

Il me regarda, me sourit, puis repartit. Dans un premier temps, je craignis qu'il fût mort, mais une intuition contraire m'apaisa. Je compris qu'il venait me signifier de ne pas craindre inutilement pour sa vie.

Elle s'accrochait à la vie

Le troisième fait, encore plus prenant, me fut rapporté par une personne profondément digne de foi. Il se réfère directement à ce phénomène d'échanges spirituels entre incarnés pendant la période de sommeil. Le cas que je vous présente a cependant une particularité différente des deux autres : l'Esprit incarné communicateur était en état comateux et non pas en sommeil naturel.

Madame X. était dans le coma et les médecins ne lui donnaient plus que quelques heures à vivre. Le lendemain du diagnostic, madame X. était toujours vivante, bien que selon les théories médicales elle aurait dû décéder avant le lever du jour. Le soir de la même journée, la sœur de madame X. est tirée de son sommeil par quelqu'un se tenant près de son lit. Elle crut d'abord rêver. Ensuite, une grande peur l'envahit. L'intruse s'identifie comme étant madame X., sa sœur agonisante, et lui demande de chercher son fils demeurant au loin. Elle cherche à lui faire comprendre qu'elle ne veut pas mourir sans avoir reçu la visite de ce fils parti loin d'elle.

Pendant ce temps, madame X. est toujours vivante, malgré des signes vitaux de plus en plus dégénérés.

Au lever du jour, celle qui a reçu sa visite croit à un mauvais cauchemar et néglige d'accéder à la demande de sa sœur agonisante. Elle reçoit alors des nouvelles d'une autre de ses sœurs qui lui raconte avoir fait le même rêve. La nuit suivante, madame X. revient, mais avec beaucoup plus d'insistance. Le doute s'efface complètement et les démarches sont entreprises pour faire venir le fils tant désiré.

Pendant ce temps, madame X. s'accroche à la vie. Lorsque enfin son fils entre dans sa chambre de mourante, elle rend le dernier souffle, comme soulagée de pouvoir enfin lâcher prise. Sa sœur ne reçut jamais plus de visite nocturne par la suite.

Parmi ces échanges entre Esprits que nous vivons pendant nos périodes de sommeil, ceux qui nous permettent de rencontrer nos amis de l'au-delà sont très importants pour chacun de nous. Revoir ceux avec qui il fera si bon vivre après notre mort constitue un stimulant pour plusieurs désirant se rejoindre à un même palier de l'existence spirituelle. Connaître le cheminement d'un Esprit bien-aimé incarné dans d'autres lieux et pouvoir échanger avec lui peut également augmenter notre motivation intuitive à vouloir bien faire et à suivre la bonne route. Combien parmi nous s'éveillent plus ragaillardis par ces échanges que notre Esprit vit dans les plans plus subtils ? Le voile de l'incarnation nous empêche peut-être de retenir la lettre de ces enrichissements bienfaisants, mais chacun en retient l'esprit qui devient comme un souffle vivifiant attisant les charbons de notre volonté. Il ne reste plus alors qu'à y apporter le combustible de nos actes traduisant le bien. La chaleur ainsi dégagée nous permet ensuite de nous sentir bien au chaud, à l'abri des intempéries du mal qui n'est que le refus d'ouvrir notre cœur à notre nature véritable : celle de l'Esprit qui est l'étincelle de Dieu lui-même.

9

COMMUNICATION ENTRE LE MONDE DE L'AU-DELÀ ET LE MONDE DES INCARNÉS

L'existence des communications entre les vivants et les défunts a toujours été présente au cours de l'histoire de l'humanité. De tous les temps, dans toutes les cultures, chez toutes les nations et toutes les races il y eut des témoignages relatant cette réalité faisant intrinsèquement partie de la nature humaine.

En fait, selon les communications que j'ai reçues, ces échanges existent partout où il y a des êtres humains. Que ce soit sur la Terre ou sur d'autres planètes habitées dans le Cosmos éternel, le spiritisme exprime sa réalité malgré la naïve négation des moins éclairés. Il constitue un des instruments dont Dieu dispose pour nous faire connaître davantage notre nature réelle, celle de l'Esprit.

Les échanges que j'ai obtenus m'ont beaucoup éclairé sur la compréhension des phénomènes des communications médiumniques. Je vous transmets donc l'essentiel de ce qui me fut expliqué, espérant qu'il sera, pour vous aussi, une source de lumière face à ces phénomènes qui, selon mes interlocuteurs, se répandront de plus en plus dans les décennies à venir.

Le mécanisme de la médiumnité

Suivant le degré d'avancement des mondes d'incarnation, le mécanisme de la communication entre les morts et les vivants peut grandement différer. Dans les mondes très avancés, les incarnés vivent dans des corps dont la constitution physique est si subtile qu'elle se rapproche grandement de celle de nos périsprits actuels. Les mondes des vivants et des morts n'y sont donc pas aussi distincts que sur la Terre et les modes de communication y sont ainsi grandement simplifiés. Sur notre planète, par contre, la densité de nos corps charnels et la primitivité de nos sens obligent l'Esprit qui veut se manifester matériellement à emprunter certains détours particuliers sans lesquels le contact n'est pratiquement pas possible.

Tout d'abord, il faut bien retenir qu'un Esprit désincarné ne peut se manifester dans le monde matériel qu'avec l'aide d'au moins un incarné. Sans l'aide d'un vivant, aucun désincarné ne peut établir une communication matérielle avec nous. Le monde des morts existant à un niveau vibratoire différent de celui des incarnés, il faut obligatoirement un genre d'ajustement qui nécessite un emprunt des matériaux de communication n'existant que dans notre monde.

Ces matériaux sont entièrement constitués d'énergie et ne peuvent se trouver que dans la constitution du fluide animalisé assurant la vitalité de nos corps. Comme nous l'avons vu dans un chapitre antérieur, chacun de nous reçoit, au moment de la conception, une réserve de fluide énergétique que nous utilisons au cours de nos années d'incarnation. Sans cette réserve, l'Esprit ne pourrait animer son corps de chair, car ce dernier en deviendrait non viable. Or, pour qu'un Esprit puisse se manifester matériellement dans notre monde, il doit indispensablement disposer de cette énergie animalisée. Il doit donc la puiser à même la réserve d'un incarné que nous appelons un « médium ».

Or, pour qu'un incarné puisse fournir de son fluide animalisé à un Esprit, il faut tout d'abord que sa constitution le permette. Il n'est pas possible à tout le monde de servir de station d'approvisionnement à ceux qui veulent se manifester matériellement dans notre monde. Il faut ensuite que son plan de vie le permette également. Un incarné qui donnerait ainsi son fluide sans que cela ait été prévu avant sa naissance risquerait dangereusement d'épuiser prématurément sa réserve d'énergie ; ce qui se répercuterait directement sur sa santé physique dans un délai plus ou moins long.

Il peut arriver cependant qu'un incarné fournisse de son énergie sans s'en rendre compte. Il s'agit le plus souvent d'un vol d'énergie vitale commis par des Esprits mauvais. Cela est toujours sévèrement puni dans l'au-delà. Heureusement pour nous, en plus de ne pas tous avoir la constitution permettant cet échange énergétique, nos Guides veillent de leur mieux à ce que nous ne soyons pas les victimes d'Esprits sans scrupules qui n'hésiteraient pas à vampiriser toutes nos forces vitales.

Quoi qu'il en soit, lorsque l'Esprit dispose de cette énergie, il la combine à son périsprit qui prend momentanément certaines caractéristiques des corps charnels. Cela lui permet d'entrer en contact matériel avec notre monde physique.

Par exemple, un Esprit qui veut déplacer un objet doit d'abord disposer d'un incarné médium chez qui il puisera l'énergie fluidique indispensable à l'action matérielle dans notre monde. Lorsqu'il obtiendra ce fluide, il le combinera dans son périsprit, lui donnant plus de densité matérielle.

Il pourra alors agir facilement sur la matière en exerçant une pression « résistant » aux impacts matériels. Il faut souligner ici que plus le périsprit de l'Esprit communicateur est chargé de scories matérielles, plus la force de son action physique sera grande. Un Esprit moins spirituellement avancé peut donc avoir beaucoup plus d'impact sur la matière qu'un Esprit plus épuré. C'est pour cela que les manifestations physiques tels les bruits ou les déplacements d'objets ne sont pas de bon augure, leurs auteurs étant inévitablement des Esprits de bas niveau, aux instincts matériels lourds.

L'Esprit qui voudra se matérialiser agira de la même façon, sauf qu'il utilisera le fluide pour donner une densité physique à la forme de son périsprit. Comme nous l'avons vu, après la mort physique, l'Esprit conserve un corps périsprital ayant la même apparence que le corps de chair qu'il avait. En situation normale, ce corps n'est pas visible à nos yeux de chair. Or, si l'Esprit dispose du genre de fluide animalisé dont il a besoin, non seulement pourra-t-il se rendre visible à nos yeux de chair, mais, dans des conditions particulières, il pourra matérialiser son corps périsprital au point de paraître véritablement incarné.

Un médium à effet physique m'a rapporté le fait suivant. Il est un bel exemple de matérialisation complète. Il nous donne une idée de l'intensité que peut prendre le phénomène.

Un bon samaritain

Un après-midi d'automne, Anabelle roulait en plein cœur de la forêt sur une route tortueuse en terre battue. Une petite motocyclette lui servait de véhicule et tenait difficilement la route peu carrossable. En chemin, le mauvais temps se leva brusquement. Une pluie froide mêlée de neige fondante rendait la visibilité passablement limitée.

Soudain, en prenant une courbe, le moteur s'arrête et Anabelle perd le contrôle de son petit véhicule. Elle fait une chute et se retrouve à quelques mètres de sa motocyclette immobilisée sur le côté. Anabelle est littéralement prise de panique. Il y a beaucoup de chemin à faire, que ce soit pour continuer sa route ou pour revenir à son point de départ. La pluie battante la transit de froid et Anabelle demande intérieurement à Dieu de l'aider à surmonter la situation.

À cet instant, tout près de sa motocyclette, un homme apparaît, semblant venir de nulle part. Il soulève le petit véhicule et pose la main sur la clé de contact. Sans dire un mot, il fait signe à Anabelle de reprendre sa moto. Anabelle, qui est complètement figée de peur, lui demande qui il est et d'où il vient. Anabelle s'approche de sa motocyclette et tente de la démarrer. Le moteur se lance sans manifester aucun signe de bris quelconque. Anabelle peut alors regagner son domicile sans plus de problèmes. Le même personnage réapparaîtra un peu plus tard, dans des circonstances semblables où son intervention matérielle fut aussi directe.

Fait à retenir, Anabelle est tout à fait incapable de décrire les yeux de son protecteur. Aucun souvenir sur ce détail ne peut venir à sa mémoire.

D'autres modes de communication matérielle exigent plus que le fluide animalisé. Pour ces modes, non seulement l'Esprit doit-il prendre de l'énergie au médium dont il se sert, mais il doit, en plus, agir directement sur le périsprit de celui-ci.

Comme nous l'avons vu plus haut, notre périsprit permet à notre Esprit d'agir directement sur notre corps de chair. Sans lui, notre moi ne pourrait commander à notre corps charnel les mouvements volontaires ou involontaires nécessaires à une vie d'incarné.

Or, pour certains types de communications, l'Esprit de l'au-delà doit emprunter le même chemin pour parvenir à se manifester. Pour ce genre de manifestation, une collaboration étroite entre l'Esprit du médium et celui de l'au-delà est souvent nécessaire pour obtenir des messages d'intérêt réel.

Pour bien comprendre le processus, nous prendrons le cas d'un Esprit qui se manifeste par l'écriture automatique. Dans la médiumnité de l'écriture automatique, l'Esprit prend le contrôle de la main du médium. Il écrit lui-même les communications qui apparaissent par le mouvement du crayon tenu dans la main du médium. L'Esprit qui se révèle par cette voie doit agir sur les centres cérébraux. Or, comme il ne peut le faire qu'en passant par l'intermédiaire du périsprit, il doit, comme l'Esprit d'un incarné, transmettre ses impulsions par ce tampon nécessaire au contact. Pour ce faire, il doit harmoniser les vibrations de son propre périsprit avec celles du périsprit du médium. Cette harmonisation permet ensuite à l'Esprit d'agir directement sur les centres cérébraux du médium. Il prend alors le contrôle des centres du langage écrit, comme si le corps du médium était le sien. Quant à l'Esprit du médium, il devient momentanément le complice passif de celui qui se communique par lui.

Il n'est pas toujours possible à l'Esprit d'harmoniser ses vibrations périspritales à celles du médium. C'est pour cette raison qu'un médium ne peut pas servir d'intermédiaire à tous les Esprits qui désirent se manifester.

De plus, si nous voulons obtenir de saines communications, il est indispensable que le médium soit d'un niveau spirituel assez avancé. Dans le cas contraire, les Esprits trop élevés pour le médium peuvent ne pas parvenir à harmoniser leurs vibrations et la communication devient impossible. Les participants courent ainsi le risque de n'obtenir que des communications d'Esprits légers ou, pire encore, d'Esprits menteurs sans scrupules.

Le même processus se fait également pour la médiumnité parlante. Le contrôle est cependant plus difficile à obtenir par l'Esprit puisque l'organe phonateur implique une action encore plus complexe dans la mécanique neuronique cérébrale.

Que ce soit donc sous une forme ou sous une autre, l'expression matérielle d'un Esprit de l'au-delà dans notre monde physique implique nécessairement la présence d'un incarné médium qui fournit à l'Esprit désincarné les matériaux de communication dont il a besoin.

Il existe une autre forme particulière de communication qui nécessite une grande quantité de fluide animalisé de la part du médium, soit la superposition ectoplasmique des traits de l'Esprit sur celui du médium. Dans ce cas, l'Esprit de l'au-delà exprime ses traits personnels en densifiant la forme de son périsprit directement sur le corps physique du médium. Une transformation du visage s'effectue progressivement et le phénomène peut durer pendant quelques minutes.

Il existe certaines formes de médiumnité n'impliquant pas d'effets matériels dans notre monde physique. Dans ces types de manifestation, le médium utilise directement les sens subtils de son périsprit. Les principaux modes sont la médiumnité d'entendant et la médiumnité de voyant.

Il ne s'agit pas ici de ceux qui voient ou entendent par les sens de leur corps physique. Dans ces cas, l'Esprit communicateur produit des effets physiques qui ont nécessité l'utilisation de fluide animalisé de même type que ceux que nous venons de voir. Je parle plutôt de ceux et celles qui peuvent voir et entendre directement par les sens spirituels de leur Esprit.

Dans cette forme de médiumnité, le médium perçoit en Esprit exactement comme s'il était désincarné. En fait, il voit à la fois le monde physique et le monde plus subtil de l'au-delà. Bien que cette médiumnité demande beaucoup d'énergie de la part du médium, l'Esprit communicateur n'utilise pas celle-ci comme matériau d'expression. Le fluide écoulé sert plutôt de source d'énergie dynamique permettant le contact, un peu comme l'électricité permet à la radio de fonctionner et de capter ainsi les ondes qui l'atteignent.

Comme les médiums à effets plus physiques, ces derniers ne peuvent obtenir de rapports qu'avec ceux qui veulent bien se révéler et qui en ont reçu l'Autorisation divine.

Nous pourrions nous étendre longuement sur la description des nombreux types de médiumnité, mais je sais que d'autres auteurs en ont déjà fait de très beaux ouvrages qui donnent d'excellentes explications. Ce que je voulais souligner ici, c'est le lien très étroit qui relie toutes formes de manifestation de nos frères de l'au-delà à l'indispensable présence d'un incarné médium. Les seuls cas qui pourraient nous sembler d'exception ne sont en fait que des modes particuliers d'application chez les Esprits. Par exemple, pour les effets physiques (bruits, déplacements d'objets, etc.) l'Esprit peut profiter de la présence d'un médium pour prendre son énergie fluidique et l'emmagasiner dans une masse matérielle. Celle-ci sert alors de genre de pile électrique. Il ne reste ensuite à l'Esprit qu'à l'utiliser à l'heure qu'il avait planifiée, sans que la présence du médium soit nécessaire « au moment » de la manifestation. Il s'agit donc de particularités ne niant aucunement cette loi naturelle qui restreint tout Esprit de l'au-delà à recourir à un incarné médium pour se manifester dans le monde physique.

Les dangers de la communication avec l'au-delà

Comme nous l'avons vu, notre Terre est une planète d'épuration et d'épreuve. De ce fait, plusieurs Esprits d'un ordre encore inférieur s'y trouvent incarnés. Cette situation entraîne une présence assez massive d'Esprits errants peu éclairés dans l'au-delà enrobant notre astral planétaire inférieur. Toute tentative de communication non préparée avec l'au-delà immédiat de notre globe a donc de fortes probabilités d'établir plus facilement le contact avec des frères spirituellement peu avancés. Cette réalité doit toujours être sérieusement considérée par toute personne désirant communiquer avec les désincarnés. De pieuses et sincères précautions doivent accompagner toute tentative d'établir des contacts avec l'au-delà.

Tout d'abord, il faut que chaque participant entretienne de bonnes intentions. Un grand sérieux doit enrober tout le lieu où se fera la séance médiumnique. Chaque participant doit harmoniser sa pensée dans un désir sincère d'agir selon la volonté de Dieu. Une prière profonde doit ensuite précéder les invocations en prenant grand soin d'implorer la protection divine. Celle-ci est tout à fait indispensable pour être protégé contre la malveillance des Esprits mauvais rôdant dans l'au-delà immédiat qui nous entoure. Ceux-ci n'attendent souvent que l'occasion de se manifester pour exprimer leur état et se jouer des gens imprudents. Leurs sentiments modérés peuvent se transformer facilement en rage et ils sont capables de faire beaucoup de mal autour d'eux. Ils ne sont que rarement disposés à laisser tomber le contact direct qu'ils détiennent enfin avec le monde physique. L'opacité de leur périsprit leur donne, en plus, de grandes possibilités d'action sur la matière et vous pouvez me croire que ce n'est jamais pour réconforter leurs victimes qu'ils l'utilisent.

Les premières invocations doivent toujours être adressées à un Esprit-Guide. Par leur avancement, ils sont en mesure d'éloigner les mauvais Esprits et d'assurer ainsi une relative protection à tous les participants. Cet Esprit-Guide devrait même être le président des communications, en ce sens que les participants ne devraient jamais laisser parler un Esprit sans avoir demandé l'avis de l'Esprit-Guide.

La qualité des participants est très importante. N'oubliez pas que chacun d'entre nous avons nos Esprits familiers qui ont les mêmes défauts que nous. Un participant hypocrite ou menteur amènera donc avec lui des Esprits familiers hypocrites ou menteurs qui pourraient brouiller les communications. Seule une protection particulière peut, dans ce cas, surmonter cet obstacle.

Le choix du médium doit être judicieux. Plus le médium est spirituellement avancé, plus les communications pourront être de qualité. Il est important aussi de connaître l'histoire de sa médiumnité. Certains médiums dont les débuts furent centrés sur des objectifs futiles et légers et qui ont ainsi servi à des Esprits inférieurs se voient littéralement suivis à la trace par leurs premiers communicateurs. Ceux-ci attendent que leur médium soit consulté à nouveau pour prendre la place des autres Esprits et mentir en leur nom. Il s'agit, dans ces cas, de médiumnité gaspillée qui ne devrait jamais être utilisée.

Les Esprits sans scrupules se lasseront alors et cesseront de suivre leur intermédiaire devenu inutile.

Il ne faut jamais oublier que nos intentions déterminent, pour une grande part, le niveau spirituel des communications que nous obtenons. Malgré la sincérité de tous les participants, il peut quand même arriver que des mauvais Esprits prennent toute la place et qu'ils veuillent rester. Dans ce cas, la prière est le seul moyen de se protéger et, par précaution, toute séance doit être arrêtée sur-le-champ.

Enfin, à la fin de chaque séance, il faut remercier Dieu avec une grande sincérité pour sa protection et pour les communications qu'il a permises.

Malgré toutes ces mises en garde tout à fait fondamentales, les gens s'adonnant à la communication avec l'au-delà courent constamment le risque de subir les tentatives d'exploitation de la part de certains mauvais Esprits. Il s'en trouve parmi eux d'une adresse tout à fait surprenante. Leur capacité à saisir nos faiblesses leur concède un avantage qui doit nous faire redoubler de prudence. Il ne faut jamais oublier que parmi eux peuvent se trouver les plus grands malhonnêtes de leur génération.

Certains Esprits mauvais qui réussissent à soudoyer certains médiums prennent un malin plaisir à se venger de la résistance de ces derniers. D'autres vont même jusqu'à l'attaque physique et si le plan de vie le permet, ils n'hésitent pas à atteindre la limite de leurs vils instincts.

Tout cela pour dire que la communication avec l'au-delà n'est pas un jeu. C'est une chose extrêmement sérieuse qui nécessite une solide préparation.

Pour ma part, je conseillerais à tous ceux qui seraient tentés par l'expérience de commencer par lire les publications relatant le vécu de ceux qui les ont précédés.

Ensuite, priez beaucoup et attendez que Dieu fasse le

signe de son appel. Si votre plan de vie vous trace cette voie, tout sera mis en œuvre par votre Esprit-Guide pour vous y conduire. Si ce n'est pas le cas, faites de votre mieux pour réussir votre incarnation et ne tentez pas de forcer la main de Dieu. Faire le contraire pourrait vous astreindre à en payer un prix fort coûteux.

10

LES DEGRÉS D'AVANCEMENT DES ESPRITS DE L'AU-DELÀ

Comme nous l'avons vu, chaque Esprit s'élève progressivement vers son épuration complète en franchissant une multitude d'étapes chargées d'épreuves et de défis de toutes sortes. Chacun d'entre nous y accroît ses acquis, dont la somme détermine le degré de son élévation.

Or, autant pouvons-nous constater sur la Terre cette disparité des acquis chez chacun des incarnés, autant pouvons-nous l'identifier et même encore plus chez nos frères de l'au-delà.

En mourant, nous emportons avec nous l'ensemble de nos qualités et de nos défauts. Nous continuons donc d'être nous-mêmes, en exprimant sensiblement la même personnalité que nous avions de notre vivant, surtout dans les premiers temps qui suivent chacun de nos décès. Les Esprits qui se révèlent à nous ont donc leur propre degré d'avancement et ce dernier détermine la qualité des échanges qu'ils sont en mesure de donner.

Pour toucher avec précision la gradation de l'échelle que nous avons à parcourir dans notre lente progression, il faudrait presque la subdiviser en autant d'échelons qu'il y a d'Esprits. Chacun montant à son propre rythme, à travers une personnalité et une histoire qui lui sont spécifiques, une foule de degrés intermédiaires apparaissent dans la réalité concrète vécue par l'ensemble des Esprits.

Pour le besoin de notre étude, nous diviserons notre échelle en six grandes étapes de progression. Nous aurons ainsi une idée assez générale du chemin à parcourir tout en saisissant les caractères particuliers de chacun des principaux degrés d'élévation que nous pouvons reconnaître chez les Esprits de l'au-delà. Celui qui échange avec le monde des morts doit absolument connaître et approfondir ces caractéristiques, car il doit apprendre à évaluer le degré de l'Esprit qui se manifeste à lui. Il peut ainsi déjouer plus facilement les ruses des Esprits trompeurs et s'éviter, par le fait même, de désagréables déceptions.

Premier degré : les Esprits mauvais

C'est dans ce plus bas degré que se regroupent les Esprits ayant la dimension morale la moins développée. Nous y retrouvons les assassins et les criminels de tout acabit. Leur orgueil est très fortement ancré dans leur périsprit. Bien qu'ils souffrent de leur infériorité, ils continuent à faire le mal, surtout à ceux dont ils sont farouchement jaloux. Ils se montrent souvent très susceptibles. Leur égoïsme profond les empêche de ressentir de la compassion pour les autres. Ils ne sont pas encore en mesure de prendre leur situation en main d'une façon vraiment autonome. Ils subissent donc l'automatisme des lois de l'au-delà qui les amènent, malgré eux, à prendre le lent chemin de l'amélioration.

Leur attirance vers les mondes matériels est extrêmement forte. À ce point que même dans l'au-delà, ils ne peuvent goûter à la vie spirituelle. En fait, leur périsprit trop chargé les ferme aux dimensions subtiles des joies de l'Esprit. Ils passent leurs périodes d'erraticité parmi les incarnés qu'ils aiment côtoyer dans leur invisibilité. Ils y recherchent alors les contextes qui faisaient leur délice, précipitant ainsi leur retour dans les souffrances de l'incarnation.

Plusieurs parmi eux peuvent démontrer un développement intellectuel surprenant. Leurs mauvais penchants les ayant éloignés des dimensions spirituelles, ceux-ci ont souvent préféré ne se grandir qu'en intelligence, y voyant une façon de s'approprier plus facilement le pouvoir sur la matière tant convoitée. Malheureusement pour eux, leur intelligence élevée accentuera leurs douleurs à l'heure de leur éveil spirituel, car à ce moment ils comprendront encore plus l'humiliant ridicule de l'infériorité béate de leur passé. Ils saisiront mieux la lourdeur des réparations à venir et regretteront amèrement leurs choix aveugles qui repoussaient la lumière.

Ces Esprits se montrent facilement hypocrites et menteurs. Chez certains, l'absence de scrupules ne semble pas avoir de limites. Il y en a même parmi eux qui n'hésiteront pas à se moquer de Dieu lui-même. Leurs bas instincts les poussent à faire le mal et la souffrance accrue qui en découle augmente leur rage qu'ils cherchent à apaiser sur le dos des autres.

La vue de ceux qui sont heureux leur est difficilement soutenable. Leur jalousie et leur envie les poussent à vouloir leur nuire. Certains peuvent même tenter d'intervenir lorsqu'ils voient qu'un des leurs, incarné, est en voie de réussir ses épreuves.

Les mauvais Esprits pullulent autour de notre planète. Plusieurs nous accompagnent dans nos activités quotidiennes, mais leurs lieux de prédilection sont ceux où le mal est entretenu par les incarnés.

Sans la présence de nos Esprits-Guides et des Esprits policiers de l'au-delà, les incarnations deviendraient impossibles sur la Terre, tellement leurs actions créeraient le chaos.

Dans les communications avec l'au-delà, il faut constamment se méfier des mauvais Esprits. Ceux-ci sont subrepticement à l'affût de la moindre séance qui pourrait se faire. Ils cherchent alors à s'immiscer dans les conversations pour tromper les participants. Heureusement que la bassesse de leur élévation se dévoile tôt ou tard, mais plusieurs médiums peuvent souffrir à cause d'eux. Le temps de découvrir leurs tromperies peut parfois être suffisant pour leur permettre de faire beaucoup de mal. Malheureusement, les mauvais Esprits n'attendent pas toujours qu'il y ait une séance pour se manifester. Dans la vie courante, ils n'hésiteront pas à importuner des bonnes gens, souvent même ceux qui leur fournissent, sans le savoir, l'énergie fluidique dont ils ont besoin. Dans tous ces cas, ils expriment d'une façon évidente l'infériorité de leur Esprit.

Les deux cas que je vous rapporte ici vous donneront une certaine idée du type de manifestation qu'ils peuvent produire. Les situations décrites furent vécues par des gens qui firent appel à moi pour les aider à trouver une solution à leur problème. Bien que d'un caractère relativement modéré, la situation aurait pu connaître un dénouement beaucoup plus grave.

Esprits tenaces

Joseph est un homme retraité qui vit avec sa femme. Ils habitent depuis cinq ans un petit logement de construction récente et, jusque-là, tout est calme dans leur foyer. Il faut souligner ici que Joseph souffre d'insuffisance cardiaque et qu'il doit éviter toute émotion. Les manifestations rapportées s'échelonnent entre mars 1985 et octobre 1986.

Mars 1985

Il est deux heures du matin et Joseph dort paisiblement. Tout à coup, il est éveillé par une voix de femme l'appelant par son nom : « Joseph... ! Joseph... ! n'aie pas peur ! »

Aussitôt bien éveillé, Joseph voit tout près de son lit une femme toute vêtue de noir, dont le visage est voilé.

Il frissonne de tout son corps et, prenant son courage, il trouve la force de lui demander de lui laisser la paix. Elle s'évanouit alors comme si elle fondait dans le plancher. Le lendemain, Joseph est très bouleversé. Son cœur donne des signes inquiétants.

Avril 1985

Le calme semble être revenu. Joseph craint cependant que le phénomène ne se répète. Chaque fois qu'il s'éveille, il songe à ce qui lui est arrivé. Cette nuit-là, une présence dans la chambre le sort de son sommeil. La même dame se tient à nouveau au pied de son lit, mais cette fois elle ne dit aucun mot. L'Esprit repart de la même manière, en fondant littéralement dans le plancher. Joseph ne comprend pas ce qui lui arrive. Il a très peur et il s'en remet à la prière.

Juin 1986

Plusieurs mois de calme se sont maintenant écoulés. Malgré une persistante inquiétude, Joseph finit par croire que tout est terminé jusqu'au jour où la ronde recommence.

Vers deux heures du matin, ne pouvant plus dormir, Joseph ouvre ses yeux. Il voit sortir du mur et passer à travers le rideau de la fenêtre, un bras d'homme qui s'approche tout près de son visage. Une peur indescriptible l'envahit et Joseph ordonne à l'entité de partir. Aussitôt, tout disparaît.

Joseph sent son cœur battre très fort dans sa poitrine. Il doit absorber plusieurs comprimés pour éviter la crise cardiaque.

Juillet 1986

Ce soir là, Joseph s'était couché très tôt, rompu par la fatigue occasionnée par tous ces événements.

Vers vingt-trois heures, de grands bruits retentissent dans la cuisine. Joseph se lève à la hâte pour voir ce qui se passe. Les bruits se localisent dans la porte d'entrée et leur intensité est telle qu'il semble à Joseph que la porte va s'arracher de son cadre.

Après vérification, Joseph ne constate aucune trace de dommage matériel. Il reste cependant profondément impressionné par les bruits entendus. Joseph les décrit comme ceux que produiraient de violents coups de massue.

Octobre 1986

Vers minuit, Joseph est brusquement éveillé et en ouvrant les yeux, il voit comme un nuage enrobant le pied de son lit. Ce nuage approche vers lui et, en son centre, Joseph voit une croix prendre forme. Il tente de la saisir et dès cet instant tout disparaît immédiatement. Il voit ensuite un inconnu se tenant dans la porte et le regardant fixement. Ses prières font cesser la manifestation.

Lorsque Joseph fit appel à moi, en juillet 1986, j'entrepris une série de séances quotidiennes de prière dans les lieux mêmes où se produisaient les manifestations.

La première fois, je pus entendre des bruits de raps

dans le plancher. Ce fut la seule fois qu'ils se manifestèrent en ma présence.

Après une période d'accalmie, les phénomènes semblèrent vouloir recommencer, mais tout cessa dès la reprise des prières et le calme revint définitivement dans le petit logis.

Joseph fut grandement affecté par ces manifestations. Son état cardiaque empira et sa santé devint extrêmement précaire.

Une grande peur

Marlène est une jeune femme qui fit appel à moi alors qu'elle était aux prises avec des manifestations qui lui inspiraient une grande peur. Marlène était de celles qui ne croient pas à ce genre de chose. Elle allait même jusqu'à douter de la santé mentale de ceux qui affirmaient y porter foi. L'expérience qu'elle vécut dut, bien malgré elle, lui faire constater que la possibilité des actions de l'au-delà dans notre monde fait partie de notre réalité.

En mai 1986, Marlène, emménage dans un nouveau logement. Celui-ci est loué en colocation avec une autre personne, le partage du coût du loyer répondant aux impératifs de son budget.

Au début, tout semble bien aller, lorsque les premières manifestations commencent à se faire sentir.

Une nuit, des ronflements insistants sortent Marlène de son sommeil. Furieuse, elle réveille sa colocataire dormant dans un lit adjacent au sien, afin qu'elle cesse ses ennuyeux ronflements. À sa grande surprise, celle-ci lui répond qu'elle ne dort pas et qu'elle croyait que c'était plutôt Marlène qui ronflait. Les deux femmes se recouchent avec le doute en tête. Les ronflements reprennent de plus belle dès qu'elles sont sur le point de s'endormir. Ne comprenant pas ce qui leur arrive, une grande peur les envahit. Elles ne peuvent trouver le sommeil avant le petit matin.

Quelques jours plus tard, ce sont des déplacements d'objets qui commencent. D'abord des bibelots qui bougent tout seuls, puis le phénomène s'acharne sur un marteau qui ne cesse de changer de place pour toujours se retrouver au même endroit : une garde-robe qui devient à son tour le siège d'une autre manifestation particulière. Une profonde trace, longue de trente centimètres, apparaît sur un mur du placard. En examinant la trace de près, Marlène se rend compte qu'elle est composée d'une matière ressemblant à des cheveux. Cette substance s'agglutine au toucher. Cette trace disparaît ensuite graduellement dans les jours suivants. Il s'agissait en fait d'une matière ectoplasmique que l'Esprit avait prélevée chez une des deux occupantes. Après cette étape, les manifestations deviennent plus violentes. La colocataire de Marlène, qui fait des esquisses, trouve à son lever ses dessins bariolés au crayon à bille. Plusieurs de ses dessins sont ainsi détruits par une mystérieuse main invisible.

Un peu plus tard, c'est le coffret de la guitare qui en mange un coup. C'est l'heure du souper et des convives accompagnent Marlène. Pendant le repas, un grand bruit retentit dans la chambre à coucher. Tous se lèvent pour voir ce qui a bien pu provoquer un tel bruit et chacun constate que le coffret s'est déplacé au centre du lit. Plusieurs traces profondes apparaissant nettement sur le boîtier, semblant avoir été faites par un couteau tranchant. Marlène raconte alors à ses invités ce qui se passe dans son logement et ceux-ci quittent les lieux sans plus y revenir.

Le soir même, alors que la peur règne dans le logis, de

fréquents coups frappés résonnent dans les murs et ce, même durant le jour qui suit.

Plus tard, le visiteur invisible s'en prend au téléviseur qu'il s'amuse à ouvrir et à fermer à des moments qui sont des plus dérangeants. Il s'en prend ensuite aux robinets qu'il s'évertue à ouvrir quand ce n'est pas la télévision qui devient son jouet. Marlène ne peut maintenant plus dormir seule dans cet endroit. Elle y passe de moins en moins de temps.

Un beau matin, alors qu'elle se maquille dans la salle de bains, le miroir qui est devant elle lui éclate au visage en mille morceaux. Marlène comprend la violence dont cet être est capable et décide de quitter définitivement la place.

Par la suite, Marlène emménage dans un autre logement et elle ne fut jamais plus la cible ni le témoin d'aucune autre manifestation.

J'ai préféré vous citer ces deux cas parce que je fus personnellement appelé à m'y engager. Nous aurions cependant pu en voir d'autres où les manifestations ont un caractère beaucoup plus grave. Plusieurs mauvais Esprits sont tellement peu soucieux du respect des autres qu'ils peuvent même aller jusqu'à infliger des blessures physiques à leurs victimes. Certaines publications sur le sujet rapportent plusieurs cas où les biens matériels sont aussi visés.

Je profite ici de cette description de la réalité des Esprits du premier degré pour rappeler à nouveau le danger de s'aventurer dans le spiritisme sans aucune préparation adéquate et le risque de devenir les victimes de ces entités sans scrupules.

Deuxième degré : les Esprits légers

Bien que pouvant ressembler aux Esprits du premier degré, les Esprits de cet échelon commencent à développer certaines attitudes susceptibles de les orienter vers la bonne voie. Cependant, leur infériorité morale les entraîne encore à choisir le mal, bien que leurs intentions soient déjà beaucoup moins malveillantes que celles des Esprits mauvais.

Leur manque de sérieux peut les entraîner à causer des souffrances, parfois même très graves, aux victimes qu'ils ont choisies. Dans l'au-delà, leur existence accuse une perte de temps qu'ils regretteront tous amèrement. Leur étourderie étouffe souvent leur compassion envers ceux qu'ils attaquent. Ils préfèrent alors rire bien à leur soûl des ennuis qu'ils ont pu provoquer. Ils adorent faire peur aux incarnés qu'ils rencontrent sur leur chemin de l'erraticité. Ils y voient un moyen de bien s'amuser, oubliant dans leur légèreté les souffrances que cela provoque chez leurs frères incarnés.

Certains d'entre eux possèdent déjà une importante connaissance qui pourrait les aider à se sortir de leur stagnation, mais ils s'en servent plutôt pour gonfler leur orgueil qui les aveugle encore trop. Leurs manifestations spontanées provoquent le plus souvent des bruits insolites ou des déplacements d'objets sujets à faire peur. Le but qu'ils poursuivent est généralement de s'amuser et ce, dans une insouciance crasse. Ceux qui, après leur mort, rejoignent les rangs de cet échelon sont des incarnés peu soucieux de l'ordre moral dans leur vie. Les menteurs, les tricheurs de toutes sortes, les hypocrites, les railleurs cinglants, les inconscients sociaux, les profiteurs et tous les autres porteurs de défauts traduisant une indiscipline morale face aux autres expriment des caractéristiques d'Esprits légers réincarnés.

Autant avons-nous le réflexe naturel de nous méfier de ces individus dans nos vies d'incarnés, autant devons-nous l'avoir lorsque nous établissons des contacts directs avec le monde de l'au-delà.

Les Esprits légers sont très friands des séances médiumniques et cherchent continuellement à s'y immiscer. Ils prennent alors souvent les traits de quelqu'un de sincère, prenant bien soin de donner l'impression de vouloir aider les autres. Heureusement pour nous, leur hypocrisie finit toujours par se trahir, mais un manque d'expérience des participants peut leur laisser suffisamment de manœuvre pour qu'ils atteignent leurs buts de tromperie.

Lorsqu'un Esprit léger se révèle, il y a toujours anguille sous roche. C'est pourquoi il faut être prudent dans les échanges médiumniques. Lorsqu'ils trompent leur auditoire, plusieurs de leurs semblables se regroupent autour des assistants en espérant rire un bon coup aux dépens des autres. J'ai personnellement reçu une communication d'un Esprit léger qui ne se cachait pas de son état. Ses tentatives de farces plates dénoncèrent rapidement son intention de nous faire perdre notre temps. Nous dûmes alors demander l'aide de mon Esprit-Guide pour rétablir le sérieux de nos échanges.

Les Esprits légers ont plus souvent qu'on le pense une influence directe sur nos vies d'incarnés. Très habiles à identifier nos faiblesses, ils peuvent chercher à les exploiter à nos dépens. Combien de disputes entre gens qui s'aiment sont inspirées par eux ! Percevant la fatigue de chacun, les frustrations intimes de leur cœur, ils exploitent la situation à leur insu et se paient un bon spectacle de bataille verbale et même physique. Parfois, ils s'y prennent à plusieurs pour stimuler l'agressivité. Si leurs victimes demandent l'aide divine pour se maîtriser, comme plusieurs croyants le font, leur force tombe nulle et les Esprits-Guides les repoussent. Par contre, si ce sont des gens qui négligent d'avance leur nature spirituelle, ils ont le champ relativement libre, surtout si la situation peut constituer une épreuve cadrant avec le plan de vie des personnes impliquées.

Leur influence néfaste peut également se manifester dans les moments d'importantes décisions que nous connaissons tous dans certaines étapes de notre vie. Tous ceux qui placent ces décisions dans les mains de Dieu font donc preuve d'une grande sagesse intuitive. Ils se protègent de l'influence négative que peut avoir l'inconscience parfois débridée des Esprits légers qui pourraient les entourer.

Dans les séances médiumniques, lorsque les Esprits légers réussissent à tromper leurs interlocuteurs, ils exploitent avec délice la naïveté de gens qu'ils soudoient. Je vous cite un cas de ce genre qui s'est produit il y a quelques années.

Chasse au trésor

Des gens, sans trop grande préparation, avaient formé un genre de petit cercle privé dont l'occupation était d'échanger avec les Esprits de l'au-delà. Voyant à qui ils avaient affaire, plusieurs Esprits légers, dont un encore plus finaud que les autres, décidèrent de prendre la situation en main. La légèreté des participants leur ouvrait toutes grandes les portes et ils voulaient exploiter au maximum le ridicule de ces apprentis médiums.

Avec une ruse bien enrobée, ils convainquirent le petit groupe de participants d'une fabuleuse richesse à venir. Ils leur firent miroiter un avenir des plus exquis en leur promettant de leur indiquer l'emplacement d'un immense trésor.

Après quelques paroles bien calculées, ils leur indiquèrent où ils devaient creuser. Ils prirent bien soin de leur conseiller le secret absolu, s'assurant ainsi d'éloigner les gens trop éclairés qui auraient pu faire découvrir leur fourberie.

En pleine nuit, à l'abri des regards indiscrets, les victimes creusèrent à l'endroit indiqué, à une profondeur de presque trois mètres. Il est inutile de souligner ici le travail que cela demanda, n'ayant que des pioches et des pelles pour creuser leur trou, pour ne faire que le moins de bruit possible. Naturellement, ils ne trouvèrent rien malgré tous leurs efforts.

Les Esprits légers, de leur côté, se moquaient avec beaucoup de verve de ces naïfs bien trompés.

Revenus en séance, ils eurent le culot de leur demander de creuser à nouveau dans un autre endroit. Nos chercheurs de richesse, comprenant leur tromperie, décidèrent donc de mettre fin à leurs activités occultes. Ils durent pour cela essuyer la foudre des Esprits légers très déçus de perdre ainsi leur petit amusement stérile. Leurs demeures furent le théâtre de bruits insolites et de déplacements du mobilier qui durèrent pendant plusieurs mois.

D'autres Esprits légers ont déjà provoqué des désagréments pires que ce que nous venons de voir. Certains ont exploité la cupidité de leur interlocuteur en leur indiquant des placements financiers soi-disant prometteurs et qui n'ont donné que des pertes complètes. D'autres ont même exploité l'élan de générosité de quelques donateurs en leur indiquant de faux bénéficiaires qui n'en avaient pas besoin.

En découvrant le genre d'existence de ces Esprits inférieurs, nous pourrions peut-être penser que, d'un certain point de vue, ils n'ont pas l'air si malheureux que ça. Or, il faut bien se détromper. Leur semblant d'amusement n'est qu'une façon très déplacée de tenter d'oublier leurs tiraillements intérieurs. Leur souffrance incessante les incite à rechercher des occupations qui les reposeraient. Ils choisissent donc en fonction de ce qu'ils sont, exactement comme nous le faisons pour nos propres loisirs. Malheureusement pour eux, plus ils s'adonnent au mal, plus leur souffrance intérieure devient grande, avec toutes les dettes supplémentaires à payer... jusqu'au jour où, enfin, ils comprennent la route à suivre.

Troisième degré : les Esprits neutres

Les Esprits de cet échelon expriment bien le titre qui les désigne. À ce niveau, les Esprits commencent à être conscients de la nécessité du bien et de la futilité du mal. Leurs intentions ont cessé d'être alimentées par la constante pulsion du mal. Ils portent encore beaucoup d'imperfections, mais leur périsprit commence à exprimer une lueur spirituelle pouvant stimuler beaucoup leur courage à gravir le chemin vers Dieu. Leur attitude générale trahit une étape où l'instinct du bien n'est pas encore très ancré, malgré que celui du mal y soit beaucoup délogé.

Plusieurs de ces Esprits neutres s'incarnent sur les planètes du niveau de la Terre. Ils ont encore plusieurs dettes à payer, dettes principalement accumulées lorsqu'ils végétaient dans les degrés plus inférieurs. Ayant beaucoup d'acquis à gagner, une foule d'épreuves pointe encore sur leur route à venir, mais leur volonté est déjà suffisante pour franchir courageusement les difficultés nécessaires à leur progression.

À ce degré d'avancement, les Esprits ne se vouent plus

au mal. Cependant, les scories encore présentes dans leur périsprit peuvent les amener à poser des actes de nature mauvaise, accroissant ainsi les dettes à rencontrer. Leurs principales faiblesses résident dans l'orgueil et l'égoïsme. C'est sur ces deux points qu'ils risquent le plus de succomber. Dans leur vie d'incarnés, ils doivent encore lutter contre les embûches de ces tares spirituelles qui alourdissent trop leur élan de progression.

Le dépouillement des scories périspritales est par contre suffisant pour laisser s'exprimer une attitude de bonté. À ce niveau, les Esprits font déjà du bien autour d'eux. L'étendue de leur bienveillance se limite cependant au cercle de ceux qu'ils aiment ou apprécient beaucoup. C'est par cette étape qu'ils développent leur oubli de soi et leur dévouement envers les autres. Ils y font leurs expériences du don de soi, bien que leur conscience du partage soit encore relativement limitée.

À travers l'émergence d'un début d'élévation véritable apparaît sporadiquement l'évidence de la présence encore active de certaines faiblesses invaincues. Par exemple, celui qui est généralement doux aura parfois des colères, ou encore celui qui est généralement honnête aura des manquements passagers, mais l'Esprit est sur la bonne pente et suit la bonne route. Certains prendront plus de pèlerinages d'incarnation pour consolider leurs acquis, mais à chaque retour, ils sauront intuitivement qu'ils achèvent les plus difficiles épreuves.

Dans les échanges médiumniques, les Esprits neutres peuvent apporter de fort intéressants propos. Étant d'un niveau équivalent à beaucoup d'entre nous, ils constituent une bonne source d'informations sur le sort qui peut nous attendre après notre mort. La prudence est quand même de mise, car leur préoccupation d'aider se limite à un cercle encore fermé et certains d'entre eux peuvent exprimer des penchants trop prononcés pour certaines formes de mensonge.

Pour obtenir une relative assurance, il faut donc s'adresser à des gens que nous avons connus et dont nous savons les sentiments bienveillants envers nous. Ils pourront alors prodiguer de précieux conseils dans la mesure de ce qui leur est possible de connaître et permis de dire.

En jetant un regard sur les communications d'Esprits neutres que j'ai obtenues sous la supervision de mon Esprit-Guide, je constate que les échanges ressemblent beaucoup à ceux que nous entretenons dans nos conversations entre incarnés. Leur point de vue de l'au-delà leur confère cependant une plus grande objectivité face à tout ce qui peut nous tenir à cœur sous notre voile d'incarnation.

Quatrième degré : les Esprits bons

Les Esprits de cet échelon sont libérés de l'emprise du mal. Bien que la matière puisse encore exercer certaines formes d'attraits, ils sont désormais maîtres de leur destinée spirituelle. L'essence de leur être exprime toujours la bonté. Leur générosité est suffisante pour permettre un total oubli de soi envers leurs frères connus et inconnus.

Les rapports qu'ils entretiennent sont toujours calmes et paisibles. Leur humilité transparaît constamment dans leurs propos. Conscients des limites de certaines de leurs connaissances, ils n'hésiteront pas à avouer leur ignorance plutôt que d'induire quelqu'un en erreur.

Les Esprits de ce niveau ont déjà parcouru beaucoup de chemin. Ce sont le plus souvent de vieux Esprits, ayant vécu une multitude d'incarnations. Les acquis apportés par leur expérience peuvent rendre d'immenses services à celui qui veut bien écouter leurs inspirations silencieuses. Les Esprits bons partagent tous les soucis du sort humain des incarnés. Leur altruisme développé les pousse souvent à accepter des missions désagréables dans le but de soutenir les efforts de leurs frères moins avancés.

À cet échelon, les incarnations sur les planètes de notre niveau ne sont généralement plus obligatoires, car ils ont payé leurs dettes et réparé leurs erreurs. Cependant, plusieurs acceptent de revenir dans notre chair douloureuse pour aider plus adéquatement les humains à atteindre leurs buts spirituels. Ce sont alors des êtres qui ressortent de la masse par leur grande bonté et leur grande générosité. Plusieurs parmi eux ont fait l'objet de canonisation par les Églises de la Terre. C'est à ce degré que commencent à être choisis les Esprits qui serviront de Guides à ceux moins avancés devant se réincarner.

Bien que leur niveau de progression soit assez élevé, ils devront se réincarner à nouveau pour monter dans les sphères plus subtiles. Leurs réincarnations à venir n'ont cependant plus le caractère pénible que nous connaissons sur notre globe. Ils raffermiront leurs connaissances et raffineront leur élévation sur la matière dans des conditions désormais fort enviables à nos yeux. À ce stade, la souffrance perd son visage de férocité. La connaissance s'obtient désormais dans un climat plus facile.

La plus grande partie des informations que j'ai recueillies me furent données par des Esprits de cet échelon. Une grande sincérité spirituelle et de bienveillantes intentions furent nécessaires à chacun des participants pour obtenir le contact avec eux. Conscients de l'importance réelle des choses, ils n'ont pas de temps à perdre en futilité et en légèreté.

Bien que capables d'un humour très raffiné, leurs

propos sont presque toujours profondément sérieux. Ils démontrent un degré de compréhension de nos faiblesses qui donne de solides leçons à notre intolérance humaine.

Le champ de leurs connaissances est très étendu. Ils présentent une réponse sensée à toutes les questions pertinentes et n'accusent jamais de contradictions dans les propos qu'ils tiennent.

Celui parmi eux que j'ai le mieux connu est sans contredit mon Esprit-Guide à qui je voue beaucoup d'admiration et de reconnaissance. Son dévouement envers moi pour la réussite de mes recherches spirituelles fut l'élément déterminant dans leur bonne marche. Ses conseils éclairés m'ont grandement aidé et sa présence bienveillante fut un formidable point d'appui sur lequel je pouvais toujours me fier.

Nous ne pouvons soupçonner l'ampleur des services que nos Esprits-Guides nous rendent dans l'anonymat de leur invisibilité. Ils sont d'une disponibilité des plus généreuses et ne cherchent qu'à nous soutenir dans notre montée. Parfois ils ne peuvent agir, bloqués par l'attention que nous donnons à nos passions, mais une seule pensée suffit pour qu'ils franchissent la porte entrouverte et volent à notre secours.

Dans les échanges avec les Esprits bons, nous remarquons une ambiance de paix et de sécurité qui se dégage constamment. Leur élévation transparaît dans toute la pièce, un peu comme si nous sentions que les entités inférieures n'osent plus pointer le nez pour venir déranger la bonne marche de nos recherches.

En dialoguant avec eux, j'ai compris à quoi Dieu voulait en venir avec nous. J'ai saisi, en les côtoyant, les stades que nous devions viser et atteindre. Cela ne diminue en rien la difficulté de le faire, mais il est encourageant de voir concrètement que d'autres ont réussi avant nous.

Cinquième degré : les Esprits supérieurs

Je ne peux me baser sur mes échanges avec les Esprits de ce degré pour vous décrire leur réalité, car il ne me fut jamais permis d'atteindre des Esprits de cet échelon. Je vais cependant vous donner les grandes lignes de ce qui me fut confié sur leur situation, ce qui, je crois, est suffisant pour saisir l'essentiel de ce que peut représenter leur existence.

Lorsque les Esprits atteignent ce haut niveau de progression, leur détachement envers la matière compacte dans laquelle nous vivons est total. Leur Esprit étant libéré des lourdes scories périspritales, ils accèdent aux sphères les plus élevées où chacun comprend enfin la nature intime de Dieu. Leur degré de bonté se traduit par une éclatante lumière aurique dont les rayons s'étendent tout autour d'eux, pour atteindre des distances inimaginables dans le Cosmos éternel.

Les Esprits de cet échelon sont les instances supérieures de l'au-delà dont les missions s'inspirent directement de la Pensée divine.

Certains médiums de la Terre ont pu servir d'intermédiaires à ces instances de haut niveau. Leurs messages se traduisent alors par de hautes pensées dont le souci constant et absolu est d'aider chaleureusement leurs frères à monter vers eux.

Lorsque certains de ces Esprits viennent livrer leurs messages dans notre monde, des efforts immenses leur sont nécessaires. Ils le font donc en des temps choisis où leur venue correspond à un grand besoin de Lumière.

L'orgueil est totalement disparu de leur Esprit. Seule y brille une humilité traduisant la compréhension de notre nature intime, soit celle d'une créature à qui Dieu donne tout, malgré tous les refus que nos passions Lui opposent.

Bien que leur élévation soit le fruit de leurs efforts héroïques, ils n'en deviennent jamais prétentieux. Ils y voient plutôt le signe évident de l'infériorité de leurs origines. Leurs luttes passées leur inspirent beaucoup de compassion et d'amour envers tous ceux qui n'ont pas encore réussi les étapes à franchir.

Malgré leur élévation spirituelle, la réincarnation leur est encore nécessaire pour compléter les dernières phases de leur épuration. La pureté de leur périsprit ne fait alors que prendre de l'intensité. D'ailleurs, les corps qu'ils prennent sont d'une subtilité qui les laisse en rapport constant avec les mondes de l'au-delà. Il arrive très rarement qu'un Esprit du cinquième degré vienne s'incarner parmi ceux de notre niveau pour dispenser directement ses conseils. Ils choisissent, dans ces cas, des conditions de vie très difficiles, donnant un support bien concret à leur invitation à fuir les attraits trompeurs de notre monde inférieur. Ce sont toujours des gens tout à fait remarquables par la sublimité de leurs pensées traduisant un absolu désir de faire le bien.

Sixième degré : les Esprits purs

Cet échelon correspond au point d'arrivée visé par l'Esprit de chacun d'entre nous. Il est l'aboutissement du long chemin des innombrables réincarnations. À ce stade final, les Esprits sont complètement libérés de la nécessité de se réincarner. Leur Esprit brille du maximum de leur éclat, leur périsprit ayant perdu toute trace de la matière inférieure. Non seulement comprennent-ils déjà la nature intime de Dieu, mais leurs vibrations sont maintenant au diapason de cet Être premier qui les a créés dans un temps fini pour les faire entrer, petit à petit, dans l'éternité de la vie sans fin.

Les incarnés de la Terre ne peuvent recevoir de communications médiumniques de ces frères complètement épurés. Nos vibrations trop inférieures nous éloignent des possibilités d'établir des contacts avec eux. Il faut donc prendre avec beaucoup de suspicion les témoignages de médiums affirmant avoir été en contact avec un Esprit pur tel Jésus-Christ ou un autre. Il ne faut pas nécessairement en conclure à un manque d'honnêteté chez le médium, mais aussi songer à une tromperie dont il aurait pu être victime.

Le bonheur vécu par les Esprits purs prend des formes que nous ne pourrions saisir à notre insuffisant niveau d'élévation. Les témoignages reçus par mon Esprit-Guide et qu'il m'a rapportés laissent entendre que leurs activités sont continues. La réalité de leur état serait en fait très éloignée des suppositions que plusieurs croyances en donnent. L'idée de les imaginer en béate adoration devrait être remplacée par celle d'une participation active et incessante à la Volonté divine qu'ils partagent désormais dans leurs actions les plus spontanées.

11

L'ÉCHO DE NOS PRIÈRES DANS L'AU-DELÀ

Au plus loin que reculent mes souvenirs, je me revois apprenant la prière, cette porte ouvrant notre cœur au souffle divin. C'est sur le chemin de la prière que se posèrent mes premiers pas sur la voie spirituelle. Grâce à elle, j'appris de bonne heure à penser à mon Créateur et à mes compagnons toujours présents malgré leur invisibilité.

Ces compagnons des premiers jours prirent d'abord l'image des personnages vénérés par mes proches, suivant l'inspiration de leur religion catholique. Dans mon enfance, le soir, en m'endormant, j'adressais mes demandes spéciales à mon Ange gardien pour qu'il en fasse mention auprès d'eux et surtout auprès de Dieu.

En vieillissant, je remis parfois en cause l'efficacité de la prière. Ignorant l'existence des plans de vie régissant l'incarnation de chacun d'entre nous, je me demandais parfois si ce n'était pas prétentieux de croire en la force de nos prières.

Un élan intuitif maintenait cependant un puissant

bénéfice du doute en faveur de cette croyance qu'on m'avait enseignée.

Les échanges avec nos frères de l'au-delà m'ont enfin permis de comprendre la nature intime de la prière, en répondant intelligemment aux interrogations que je me posais. Alors que la tradition religieuse laisse trop souvent dans l'ombre l'essentiel à en saisir, les explications que je reçus me donnèrent enfin un portrait descriptif de la prière, autant dans sa nature que dans la portée réelle de son action.

Le mécanisme de la prière

Dans l'enseignement catholique des années cinquante, la définition qu'on donnait de la prière la décrivait comme étant une élévation de l'Esprit vers Dieu pour Lui parler. Bien qu'imprécise, cette image de l'Esprit incarné allant vers les niveaux supérieurs pour établir une communication de pensées indiquait déjà la bonne direction à prendre dans notre réflexion sur la compréhension de la prière.

Vue de l'au-delà, la prière est une pensée émettant un niveau intense de vibrations particulières dont la propagation ne peut se faire que par des chemins fluidiques spécifiques. Contrairement aux autres formes de pensée, dont la propagation se fait généralement de façon diffuse un peu comme la bougie qui éclaire tout autour d'elle sans orientation déterminée, la prière focalise ses rayons dans des sens bien définis.

La composante de ses vibrations est essentiellement constituée d'énergie d'amour, qu'elle soit émise pour donner ou encore pour recevoir. Ainsi, lorsqu'un incarné malintentionné implore la vengeance sur ses frères, le phénomène de la prière est tout à fait inexistant. Il ne fait qu'attirer à lui l'assistance des Esprits errants inférieurs dont les penchants aveuglent leur bon sens le plus élémentaire. Les pensées émises le sont alors d'une façon diffuse et leurs vibrations sont très inférieures.

La prière est donc une pensée-énergie positive qui prend des chemins spéciaux pour atteindre les objectifs qu'elle porte en elle. Pour bien voir le tracé de ces chemins particuliers, commençons par aborder le point de départ de notre réseau-prière : le prieur lui-même.

Pour formuler ses demandes ou ses remerciements, le prieur doit établir le contact avec son interlocuteur. Il doit donc se placer en un état particulier lui permettant une relation plus subtile et plus spirituelle. Une fois l'intention devenue active, il faut que la prière parte de l'émetteur pour atteindre son destinataire. Ici, nous devons nous référer à nouveau au corps périsprital, cette enveloppe semi-fluidique que chacun d'entre nous porte intrinsèquement en lui-même.

C'est par son périsprit que le prieur forme le pont connecteur le plaçant en émission-réception des ondes de sa prière. Au faîte du corps périsprital, la prière perce un genre d'ouverture se prolongeant dans un étirement d'énergie, formant peu à peu comme un rayon concentré s'élevant dans le monde des Esprits invoqués.

Plus la prière est sincère et bienveillante, plus ce rayon d'énergie est net et solide. C'est pour cela que tous les champions de la prière doivent toujours être des gens débordants d'amour envers leurs frères incarnés.

Dès l'émission, le rayon d'énergie focalisant la prière obéira scrupuleusement aux intentions du prieur. Il se dirigera directement vers le destinataire et remplira son rôle tant que durera la communication.

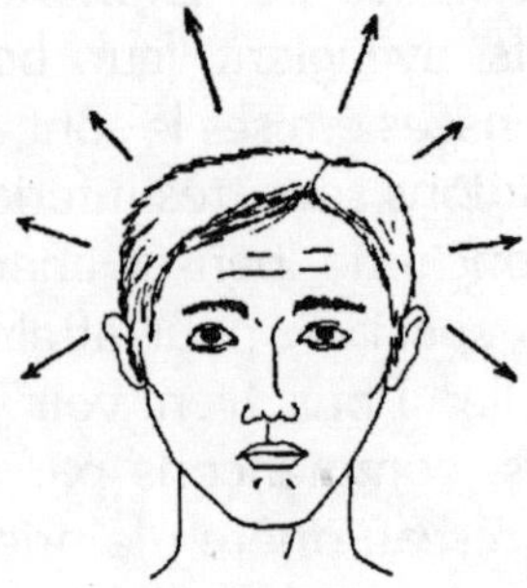

1
La pensée commune

2
La prière

1. *La pensée commune se propage généralement de façon diffuse.*

2. *La prière perce un genre d'ouverture se prolongeant dans un étirement d'énergie formant peu à peu un rayon concentré.*

En suivant le parcours de la prière, nous pouvons observer qu'elle se rend parfois directement à Dieu. Il s'agit alors d'un incarné s'étant adressé à Lui sans intermédiaire. D'autres fois, la prière se rend vers un Esprit vénéré ou encore vers un désincarné avec qui le prieur a des liens particuliers. Dans ce cas, le rayon d'énergie n'arrête pas son parcours au destinataire ; il y effectue comme un relais le conduisant encore à Dieu. En fait, cela se comprend facilement lorsque nous savons que tout ne peut se faire que par la volonté divine. Toute personne de l'au-delà recevant une prière ne constitue donc qu'une étape conduisant toujours à Dieu. Elle sert ainsi d'intermédiaire à la Volonté suprême, seule dispensatrice des permissions donnant libre cours à l'action des gens invoqués.

Une fois rendu à Dieu, le courant focalisé redescend parfois directement à l'émetteur. Il s'agit alors de prières qui ne concernaient que le prieur lui-même. Dans ces cas, le rayon de prière peut se rendre d'abord vers les intermédiaires invoqués, avant de revenir vers son point de départ.

Pour d'autres prières, l'énergie focalisée se subdivise en un réseau de plusieurs courants de force intacte atteignant plusieurs bénéficiaires pour qui on a prié avec sincérité. Il s'agit de prières charitables adressées pour les autres. La ramification n'affaiblit en rien la qualité des énergies émises.

Ici, un élément important est à souligner. Suivant toutes les éventualités que l'on pourrait décrire, le prieur reçoit toujours l'équivalent de ce qui fut accordé grâce aux prières qu'il a adressées. Dans tous les cas de prières charitables, le courant d'énergie revient au prieur avec la même force qui a servi pour ceux qui en ont profité.

La prière sincère qui est adressée pour aider son frère

est donc très enrichissante pour ceux et celles qui la pratiquent. En fait, le mécanisme de la prière fut conçu par Dieu pour que celui qui demande du bien pour les autres reçoive le plein retour de sa générosité.

En recevant l'explication du mécanisme de base que je viens de vous résumer, j'ai demandé à mes communicateurs s'il ne s'agissait que d'une représentation imagée du phénomène. On m'a répondu qu'on m'avait bien expliqué l'aspect réel que prend la prière dans sa nature énergétique. Selon eux, certains médiums voyants pourraient même observer directement le phénomène chez les gens qui sont en prière sincère. Ces médiums décèleraient lesquelles des prières sont susceptibles d'atteindre leurs buts, car chez ceux dont la sincérité n'est pas suffisante, l'ouverture ne forme pas de rayon focalisant et la prière se réduit à une simple pensée diffuse ne pouvant atteindre les plans plus élevés.

Quant aux prières de groupe ou de masse, ces explications nous permettent de nous faire une idée de l'impact extraordinaire qu'elles peuvent avoir lorsque les participants réussissent à harmoniser leur pensée. Les planètes où tous les habitants comprennent ce phénomène établissent des liens spirituels d'une force telle qu'ils entrent en relation directe avec les instances les plus élevées. Selon mon Esprit-Guide, cette maîtrise de l'énergie-prière est à la portée des hommes de la Terre. Seule ne manque que la volonté à pouvoir la pratiquer.

Pourquoi plusieurs prières semblent ignorées ?

Pour aller plus loin dans notre compréhension du processus de la prière, il serait peut-être pertinent de nous attarder quelques instants sur l'impression profonde que plusieurs prieurs sincères ressentent face à leurs prières, soit celle de ne pas être écoutés.

Comme nous l'avons vu, la prière peut générer des phénomènes très réels d'énergie spirituelle. Toutes les prières sincères se rendent à leurs destinataires et chacune d'elles est bel et bien entendue dans l'au-delà. Or, comment se fait-il qu'elles semblent si souvent ignorées ?

Nous ne parlons pas ici des prières dont la ferveur est insuffisante pour être réellement une prière telle que nous l'entendons. Le prieur est alors soit un pratiquant pour la forme, soit un Esprit dont les attaches empêchent l'élévation spirituelle de sa pensée. Nous ne parlons pas non plus, dans notre réflexion, des demandes extravagantes dont le seul souci vise à s'encroûter encore plus dans la matière trompeuse. Tels, par exemple, ces naïfs promettant des dons généreux en retour d'un gain à la loterie. Il s'agit d'un véritable enfantillage spirituel négligeant les principes les plus élémentaires du gros bon sens. Nous ne visons pas non plus toutes les prières égoïstes qui ne font qu'affermir nos faiblesses spirituelles de tout ordre.

Nous parlons ici des prières respectant la condition qui devrait normalement donner des résultats concrets : le vibrant désir de respecter la Volonté de Dieu.

La réponse à notre question se trouve dans le principe même des plans de vie qui régissent l'existence des individus et des nations.

Dans l'au-delà, lorsque les instances invoquées reçoivent nos prières, elles sont impérativement obligées de respecter et de faire respecter la Volonté divine. Or, celle-ci a présidé à l'élaboration du moindre plan de vie existant. Ceux que nous prions sont donc limités dans leurs actions par cette ligne tracée à notre mesure pour mieux nous faire avancer.

Mais alors, la prière est-elle inutile ? À cette question, nos frères de l'au-delà nous répondent doublement « non ».

Premièrement, nul ne connaît son plan de vie. Or, sur la route de l'incarnation, chacun possède des possibilités qui sont prévues ne pouvoir s'obtenir que par la prière. Ce sont des jalons placés sur notre chemin, pour servir de stimulants spirituels ou encore pour offrir la possibilité de mieux s'engager dans une croisée des chemins. Celui qui ne prie pas se prive de ces possibilités qui sont présentes près de lui, à la portée de sa volonté. Tous ceux qui bénéficient de l'obtention de faveurs du ciel par leurs prières ont donc obligatoirement rencontré cette condition du plan de vie. Ils reçoivent ainsi le fruit de leurs efforts spirituels dans le cadre de ce qui leur est permis. Ceux de l'au-delà qui travaillent à exaucer ces prières sont toujours remplis d'une grande joie, car non seulement ils aident un de leurs frères, mais ils comprennent qu'ils apportent ainsi une autre lueur sur les ténèbres matérielles.

Le deuxième facteur, qui affirme l'utilité de la prière, concerne l'aide précieuse qu'elle nous apporte dans le soutien face à nos épreuves terrestres.

Très souvent, lorsqu'une demande concrète n'a pas été satisfaite, nous ne voyons pas le retour extraordinaire dont nous bénéficions : l'aide spirituelle de nos amis d'en haut.

Lorsque notre plan de vie nous empêche d'être exaucés sur les points précis de nos demandes, notre déception et parfois même un découragement spontané peuvent nous empêcher d'entendre et d'apprécier tout le support que nos prières nous ont attiré. Car chaque fois, une énergie nouvelle vient stimuler notre Esprit. Notre cœur peut enfin étancher sa soif de la présence divine par cette affection intime enveloppant notre vie. Si celui que nous prions ne peut pas guérir nos maladies, nous donner un emploi, sauver nos enfants, empêcher nos douleurs de toute sorte, il pourra toujours, grâce aux liens privilégiés établis par la prière, apporter un soutien direct à notre courage et à notre volonté. Nous sortirons alors gagnants de l'épreuve, renforcés par cette énergie amicale baignant directement notre périsprit.

La prière est donc toujours écoutée et Dieu ne reste jamais indifférent à nos implorations. Ce que nous faisons trop souvent, c'est nous limiter au visage matériel de notre vie sans approfondir la réalité spirituelle qui la supporte. Nous ne voyons pas l'aide qui nous est fournie et tombons dans le doute stérilisant qui a éteint tant de lueurs naissantes.

Les témoignages de l'au-delà sont donc très clairs sur ce point : la prière est un précieux atout dans nos vies d'incarnés et nous n'avons que des avantages à la pratiquer.

J'aurais pu vous citer des exemples de prières telles qu'elles me furent inspirées de l'au-delà, mais je vous donne plutôt l'essentiel à en retenir. Ces prières sont certes fort valables, mais je préfère plutôt vous dire que ce qu'il faut toujours comprendre de la prière, c'est qu'elle trouve son énergie dans la justesse de la pensée et dans la profondeur de notre sincérité. L'erreur à éviter, c'est la récitation mécanique de formules, sans l'élan de son cœur. Quant aux textes, vous n'avez qu'à vous adresser à Dieu et à nos frères désincarnés dans votre propre langage, avec la ferme conviction qu'ils reçoivent toute l'intimité de votre pensée. Il n'existe pas de formules plus efficaces que d'autres, ni de tournures magiques. Seule la vérité du cœur peut toucher la Volonté divine, en accord avec les possibilités de notre plan d'incarnation.

Quant aux circonstances idéales de la prière, la vie de chacun d'entre nous en dicte les temps les plus opportuns. Il ne faudrait pas oublier cependant que ce n'est pas tout de recevoir, mais encore qu'il faut savoir en rendre grâce à Dieu en nous montrant dignes de l'attention du ciel par notre conduite.

Quant aux épreuves que nous cherchons futilement à éviter, il faut bien conserver à l'esprit qu'elles sont le gage de notre épuration et de notre avancement spirituel. Qu'il plaise à Dieu que chacun qui lira ces lignes en comprenne le sens le plus profond.

CONCLUSION

Lorsque nous arrivons à la conclusion d'un ouvrage, l'idée nous est généralement suggérée que nous mettons un point final au sujet qui en constitue la teneur. Or, je souhaite ardemment que celle-ci soit, au même titre que chacune des pages de ce livre, une continuité de la réflexion sur le sens profond de l'existence.

J'ai voulu partager avec vous cette expérience que Dieu m'a permis de vivre, car elle m'apparaît porter des éléments de réponse nécessaires à toute personne cherchant la lumière par le chemin de son intelligence.

À ce titre, les échanges que j'ai entretenus pendant ces trois années privilégiées ont toujours fait appel à un raisonnement agissant comme une étincelle de lumière. Dans l'enseignement religieux venant des hommes de la Terre, la foi que l'on souhaite à tous agit parfois comme un éteignoir étouffant la flamme naissante. Or, c'est en faisant appel au gros bon sens et à la logique la plus fondamentale que l'au-delà me donna sa réponse à chaque interrogation posée. Il ne fut jamais question de devoir accepter leur point de vue sans les objections de ma raison, ce don si précieux que Dieu lègue à tous ses enfants.

Les plus grands questionnements que l'homme se pose

sur cette Terre se réfèrent souvent aux souffrances qui pullulent sur notre planète. Voir que le mal y est si facile alors que le bien demande tant d'effort et de lutte peut facilement éteindre la foi chez celui qui en ignore les causes. Le point de vue des invisibles nous en donne une explication simple et profonde, nous stimulant grandement à tendre vers le bien. Il démasque le jeu hypocrite du matérialisme qui invite l'homme à s'abandonner à ses instincts, emprisonnant ainsi la Lumière divine qui est en lui. Il nous permet de saisir l'utilité de la souffrance, condition essentielle à l'élévation spirituelle, mais surtout de savoir qu'elle est constamment à notre mesure, dans le respect fondamental du principe de justice le plus profond. Que ce soit par choix ou par conséquence des actes passés, elle ne constitue toujours pour l'Esprit qu'un précieux épurateur accélérant la montée vers Dieu, notre Père créateur.

Par les échanges avec nos frères d'outre-tombe, nous comprenons que rien n'est absurde, que tout a un sens bien précis, respectant des lois parfaites, immuables et éternelles.

Un jour, j'avais demandé à mes interlocuteurs ce que les plus avancés pouvaient bien penser de nos faux raisonnements limités par notre manque de lumière. Ils me répondirent qu'ils ne faisaient que se reconnaître dans ce qu'ils avaient déjà été. Quant à Dieu, ses expériences éternellement passées Lui démontrent amplement que tout n'est qu'une question de temps, chacun finissant tôt ou tard par s'harmoniser avec ses grandes Lois spirituelles régissant l'Univers éternel.

En découvrant l'existence si active du monde occulte pouvant se répercuter dans nos vies d'incarnés, nous apprenons à nous méfier des élans négatifs étouffant parfois notre cœur. Nous savons maintenant que l'on peut chercher à se servir de nous, mais aussi que nous ne sommes jamais seuls dans notre lutte. Un Esprit ami nous accompagne toujours, cet Esprit-Guide ou ange gardien n'agissant que pour notre bien dans la mesure de nos bonnes intentions.

Je vous ai livré l'essentiel des messages reçus. D'autres auteurs ont déjà publié sur le sujet de l'après-mort et plusieurs apportent des témoignages fort pertinents. Je ne peux que vous conseiller de les lire judicieusement.

Au moment où j'écris ces lignes, mes communications médiumniques par l'écriture ont cessé. Certains échanges se sont prolongés après la fin de mes recherches, mais les sujets abordés ne trouvaient plus la profondeur de pensée obtenue pendant les trois années qui m'ont permis la cueillette des informations que je vous livre. Sans doute que le temps qui m'avait été réservé était écoulé. J'ai donc cessé depuis toute séance spirite.

C'est un peu après avoir interrompu mes échanges médiumniques que je reçus l'inspiration d'écrire cet ouvrage. Désormais, mes rares contacts directs avec mes frères bienveillants s'entretiennent sur un plan plus discret.

Le dernier signe reçu de leur présence que je peux vous citer avant la rédaction finale de ce livre date du 19 février 1989.

Il était sept heures du matin. Je venais à peine de m'éveiller lorsque je sentis quelqu'un couché à ma droite. Je crus qu'il s'agissait de mon jeune fils. J'étais légèrement tourné vers ma gauche, de sorte que je ne pouvais voir qui était là.

Sentant sa main toute proche, je la saisis et la serrai fortement. En me retournant, je constatai que non seulement il n'y avait personne, mais qu'en plus j'étais couché beaucoup trop près du bord du lit pour que quelqu'un ait pu s'y tenir.

Je me suis alors levé pour vérifier si mon jeune fils dormait toujours, et à ma grande surprise, je l'entendis au second étage de la maison. Il était en train d'écouter la télévision. Lorsque tout le monde fut levé, je me suis informé si quelqu'un était venu avant que je ne me lève et tous affirmèrent ne pas être entrés dans la chambre ce matin-là.

J'avais pourtant bien senti le contact réel d'une petite main qui semblait bien physique et bien vivante.

Bien que cela fût parfois très exigeant, je suis heureux d'avoir pu servir d'intermédiaire à nos frères plus avancés qui ont voulu nous confirmer la réalité de l'après-mort et de ses lois.

J'espère maintenant que vous pourrez profiter à votre tour de ces connaissances, en priant Dieu qu'elles puissent éclairer les pas de tous ceux et celles qui cherchent le sens de leur vie sur la Terre.

LEXIQUE

NÉOLOGISMES ET TERMES TECHNIQUES UTILISÉS

ACCUMULATRICE : Qui accumule de l'énergie.

ANIMALISÉ : Se dit du fluide vital baignant chaque cellule corporelle et en assurant la survie.

CONSCIENTISATION : Prise de conscience profonde.

DÉPENDAMMENT : Conditionnellement à.

DIVE : Diminutif poétique de divine. Désigne ce qui est exquis.

DRACONIQUEMENT : D'une manière très sévère.

ERRATICITÉ : Période vécue dans l'au-delà, entre deux incarnations.

FÊTARDE : Se dit d'une personne aimant particulièrement la fête.

KARDÉCISTE : Désigne ce qui appartient à l'enseignement d'Allan Kardec, père du spiritisme moderne.

MAJORITAIREMENT : Avec majorité.

MÉDIUMNITÉ : Aptitude à être médium.

MORBIDEMENT : De façon morbide.

ORIGINANT : Venant de.

PÉRISPRIT : Enveloppe permanente de l'Esprit.

PÉRISPRITALE : Relatif au périsprit.

PRÉFÉREMMENT : De préférence.

PSEUDO-MATIÈRE : Énergie cosmique sous forme de fluide malléable. Désigne la matière de l'au-delà.

PSEUDO-MATÉRIEL : Formé par la pseudo-matière.

RÉGÉNÉRESCENCE : Action contraire à la dégénérescence.

RESSOURCEMENT : Processus par lequel se refait le plein d'énergie.

SUBJUGATION : Action occulte désignant l'ascendance que peuvent exercer les Esprits errants sur les incarnés.

TRANSMETTRICE : Qui fait passer l'énergie d'un point à un autre.

Composition et mise en pages réalisées
par ÉTIANNE COMPOSITION
à Montrouge.

Cet ouvrage a été imprimé par

FIRMIN DIDOT

GROUPE CPI

Mesnil-sur-l'Estrée

pour le compte de France Loisirs
en avril 2004

Imprimé en France
Dépôt légal : mai 2004
N° d'édition : 40545 – N° d'impression : 68055